本书根据 Rowman & Littlefield 出版社 2012 年版本译出。

冲绳之怒

美日同盟下的抗争

〔澳〕加文·麦考马克（Gavan McCormack）
〔日〕乘松聪子（Satoko Oka Norimatsu）/ 著

董　亮/译

RESISTANT ISLANDS

OKINAWA CONFRONTS
JAPAN AND
THE UNITED STATES

社会科学文献出版社
SOCIAL SCIENCES ACADEMIC PRESS (CHINA)

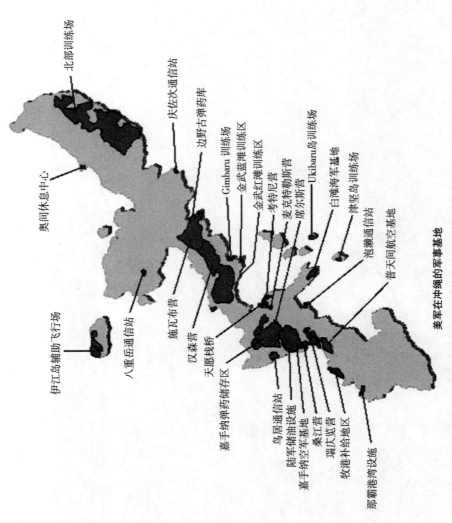

北部训练场

庆佐次通信站

边野古弹药库

Gimbaru 训练场

金武蓝滩训练区

金武红滩训练区

考特尼营

麦克特勒斯营

席尔斯营

Ukibaru 岛训练场

白滩海军基地

津坚岛训练场

泡濑通信站

普天间航空基地

奥间休息中心

伊江岛辅助飞行场

八重岳通信站

嘉手纳弹药储存区

施瓦布营

汉森营

天愿栈桥

鸟居通信站

陆军储油设施

嘉手纳空军基地

桑江营

瑞庆览营

牧港补给地区

那霸港湾设施

美军在冲绳的军事基地

图片来源：得到冲绳县县知事办公室的许可。

普天间航空基地

图片来源：《琉球新报》。

作者介绍

加文·麦考马克（Gavan McCormack）

澳大利亚国立大学荣休教授、澳大利亚人文学院院士（FAHA），一系列现代及当代东亚研究的作者。他先后毕业于墨尔本大学法律系、伦敦大学中文系，并于 1974 年获得伦敦大学博士学位。自 1962 年以来，他是日本的一位常客，也是日本诸多大学的客座教授。他最新的著作是《附庸国：美国怀抱中的日本》（2007 年，英文版），现已被翻译成日文、韩文和中文出版。

乘松聪子（Satoko Oka Norimatsu）

和平哲学中心的负责人（总部在加拿大温哥华，http：//www. peacephilosophy. com）。她先后毕业于日本庆应义塾大学（1990 年，获文学学士学位）和英属哥伦比亚大学（2001 年，获工商管理硕士学位）。在英属哥伦比亚大学跨文化交流中心任教后，她于 2007 年成立了和平教育机构。她常就冲绳的美国军事基地以及二战历史与回忆这类问题进行写作、演讲和教学。乘松聪子还负责协调北美和日本学生到广岛和长崎旅行的和平考察团。

以上两位作者是《亚太学刊：日本热点》（http：//www. japanfocus. org）的协调人，由于向世界传播冲绳问题而做出的贡献，他俩人于 2008 年被授予"池宫城秀意纪念奖"（Inaugural Ikemiyagi Shui Prize，由冲绳的日报《琉球新报》颁发）。

日文名字说明

在所有的日本出版物中，日本人的名字是按照先姓氏后个人名字的传统顺序标记的，并且，原则上，这也是在本书中他们的名字被引用时的标记方式。因此，鸠山由纪夫与大田昌秀是前首相鸠山先生与前冲绳知事大田先生的全名。

然而，西方对日本人名的媒体报道与流行写法通常是颠倒的，更确切地说是西化了人名顺序。举个例子，上述名字变成了由纪夫鸠山与昌秀大田。另外，一些日本作家，尤其是那些居住在以英语为母语的国家的人，在他们用英语写成的作品中常把自己的名字冠以西方的顺序，这本书的合著者，乘松聪子（Satoko Oka Norimatsu）——乘松（Norimatsu）女士就是其中的一位。

我们的规则是对于引用的是日本的材料的作者或者文中出现的主要日本人物，保持日本的姓名顺序不变。但是，对于那些习惯用英语出版或者引述与其相关材料的那些人，由于他们的名字西化了，因此遵循西化的姓名顺序。因此，很有可能在我们的文章中对于被引述的同一位作者来说，当我们用日本的资料引述时会按照日本的姓名顺序，而当我们引用英文资料时则按照西化的姓名顺序。这些困惑或许能通过参考英文索引来解决，在那里书中列出的所有人名都按照姓氏和个人名字（日本的习惯）或者姓氏后面带逗号及个人的名字（西方的习惯）的原则被引述。

中文版序言

我们很高兴,《冲绳之怒:美日同盟下的抗争》的中文版即将在中国出版,我们特别向社会科学文献出版社和本书的翻译董亮先生表示感谢。

本书于 2012 年出版了英文原版,随后日文版在 2013 年翻译出版。大约在 2015 年年初,中国版也将出版。

此书的中文版让我们特别满意,原因在于这本书不仅是以冲绳本岛和"冲绳问题"为内容的,而且也是关于中国东海的。临近中国(包括台湾岛)、日本,中国东海是一个至关重要的区域,其范围内的国家和人民在 21 世纪剩下时间里将有两种可能:或是构建一种和平与合作秩序,或是以敌对和军事化的模式相互对抗,同时伴随着可能的灾难性后果。

虽然在该地区的显赫人士,包括胡锦涛、福田康夫、鸠山由纪夫,就这样一个区域的和平与合作区不时发出呼吁,然而目前的趋势却是向相反方向发展。在某种程度上,钓鱼岛/尖阁列岛问题(我们写了一个章节的相关内容)是拥有主权的周边国家之间的激烈较量的结果,但这个问题也是深深植根于更广泛的历史之中的。

本书记录了日本如何适应中国作为区域性和全球性大国的崛起过程和美国政府通过对日本的严加控制巩固和加强其亚太霸权的各种尝试。前首相鸠山由纪夫曾说,在阅读本书的日文版时,他从我们的章节之中学到的内容甚至比他执政时学到的还要多。

特别是自 2010 年以来,日本领导层已经极力强化在美国霸权秩序下的同盟纽带关系,并且深化了美国遏制中国战略的国家承诺。然而,18 年来,冲绳民众已经成为这一议程的主要障碍。他们与日本和美国政府在冲绳岛北部建设一个新的重要的美军基地所做出的极大努力相抗衡，但更普遍的是，他们反对更紧密的美日军事合作道路上的每一步。

同样的，冲绳的市民社会在近几十年来表现出非凡的韧性，致力于非暴力的抗议、反对军国主义和现在看起来更广泛而又迫切的问题：中国东海（包括钓鱼岛）问题。

在骨子里，冲绳人深知为了生存，他们必须建立一种联系中国东海的人民间的和平与合作的秩序，否则面临着的有可能是1945年席卷了他们的灾难的重演。他们要么把岛屿变成"和平中心"（peace hub），抑或会看到他们的岛将演变成一个1000公里长的围堵中国的"长城"。

要想建构一个跨越中国东海地区、在现有国家边界的、一个区域性的超国家身份，就要重新思考民族国家的概念，也就是"民族国家认同为独一无二的体现"这一概念。这与最近日本政治领导人所设想的"骄傲的""纯粹的"日本对历史的认识简直是南辕北辙，但这也挑战在该地区所有国家持有的绝对国家主权的假设。在憧憬这样一个未来的过程中，冲绳人回头看到的是一个半世纪以前，与明清时期的中国的友好关系的历史，这也与日本其他地区形成鲜明对比。

一个关键的区域问题，同时也是重要的全球性问题，就是如何处理好与美国的关系，尤其是现在，这个国家经历了几十年的愚蠢和失败后试图从中东撤退，并欲支撑其东北亚地区的霸权。奥巴马总统在2012年1月所宣布的"重返太平洋"（Pacific Tilt）的矛盾是巨大的，然而，美国必须保持它总体霸权的这个隐含的假设确实是值得注意的。不过，没有什么地方可以与在冲绳的强烈反对相比的了。

我们这本书讲述了这样一个关于冲突的非凡故事，一群小岛屿对世界两大强国的中央国家机关说"不"，阻止他们反复磋商所达成的协议的执行，并且寻求对日本战后长期依赖的美国模式的再谈判。我们希望中国的读者欣赏这个故事，并且更为深入地了解"冲绳问题"。

加文·麦考马克于澳大利亚堪培拉

乘松聪子于加拿大温哥华

2014年12月22日

Contents | 目 录

第一章

琉球/冲绳：从任人宰割到顽强抵抗

身份含混的列岛

1972 年 5 月，在被美国直接军事控制 27 年之后，琉球群岛以"冲绳"这个名字作为日本的一个县被归还。因此，2012 年标志了其归还四十周年纪念。这些岛屿有着复杂的历史，每年的纪念庆典都因为痛苦的联想而被不时打断。今日的冲绳回顾其历史：它曾作为独立王国，与中国的明清两朝（1372 ~ 1874 年）拥有密切关系；既与中国和日本关系紧密，又因被日本南部萨摩（Satsuma）实行有效统治（1609 ~ 1874 年）而成为半独立王国；现代日本的一个县（1872 ~ 1945 年）；美国曾经的军事殖民地，首先作为被征服的领土，在 1952 年后成为《旧金山条约》（1945 ~ 1972 年）的自决对象；从 1972 年至今，它再次作为日本的一个县，但仍被美国军队占领。在了解这些处于美日关系中心的近来的当代争端之前，它作为一个交替进出"日本"股掌的地区的曲折历史有必要进行详细描述。

冲绳的岛链——大约包括六十个有人居住的岛屿，更多的是无人岛——沿日本鹿儿岛（Kagoshima）县与台湾岛之间的西太平洋往西南延伸约 1100 公里（683 英里）。其中面积最大、人口最多的岛大约 100 千米长、4 ~ 28 千米宽，整个群岛相当于夏威夷群岛面积的 1/7。直到大概一百万年前仍与亚洲大陆地块相连，此后这些岛屿一直被一条非常深也非常危险的海湾隔离，从而允许一个对于人类和动植物来说富饶且独特的相对隔绝地区的出现。今天冲绳的民众既是"日本人"，说着基本标准的日语并且是日本民族国家的组成部分，但也是"非日本人"，他们的祖先们在一个世纪之前还说着不同于日语的语言，更确切地说，是独立的语言而不是方言，而且这些语言中的五种在今天仍然被使用，尤其是在外围岛屿上。这些语言被联合国教科文组织认定为"濒危"和"极度濒危"的语言。①

2008年，联合国公民与政治权利委员会将冲绳人确认为原住民，呼吁日本政府承认他们的这一身份，并且"采取特别措施保护、保存并推动他们的文化遗产与传统生活方式，同时承认其土地所有权"。② 该委员会同时呼吁给予"琉球/冲绳儿童获得其语言和文化在正规课程中接受教育"的充足机会。三年后，日本政府在这些方面仍没有采取认真态度，而且，如后文所述，所谓冲绳问题的核心是冲绳人重获被强行占领的土地，而这是六十多年前美国为了军事目的而强行获取的。

这些岛屿属于温和的亚热带气候，并拥有丰沛的降雨以及丰富的海洋珊瑚环境。从15世纪作为一个富庶自治的国家，琉球王国就开始与中国沿海地区有贸易往来，南至越南（Vietnam）和暹罗（Siam），构成以中国明朝为中心的东亚朝贡体系的一部分。尽管实际上这部分传统历史记忆基本被抹杀，但是前现代时期（premodern）的冲绳曾经是一个充满活力的地方，有独立的经济、文化和政治体系，而且在早期亚洲太平洋的边界上繁荣一时。它的音乐、表演艺术和手工制品，包括漆器、染布和陶器，受到广泛认可和喜爱。然而，这个在15~16世纪繁荣的岛国，深刻地受到始于16世纪并延续至20世纪的全球地缘政治均势的重大转变的影响。

在欧洲海上扩张的早期及之后的成熟阶段，17~19世纪，欧洲人开拓了新的商业航线，传播了新的观念和技术，并且促进了一些国家的瓦解和改革。17世纪，由战争和科技支撑的欧洲资本主义与民族主义，掠夺了非

---

① Kunigami, Miyako, Yaeyama Okinawa, and Christopher Moseley Yonaguni, eds., *Atlas of the World's Languages in Danger*（Paris：UNESCO Publishing, 2010），3rd ed., http：//www. unesco. org/culture/en/endangeredlanguages/atlas.

② United Nations Human Rights Committee, *International Covenant on Civil and Political Rights*（Geneva：United Nations, 2008）.

洲，殖民了美洲，并且蚕食了亚洲。日本，在经历了一段长期的内战以及一系列把亚洲作为征服对象的企图失败之后（16世纪90年代），退回到所谓闭关锁国（sakoku）的政治状态之中。然而，日本在1609年进行了再一次扩张尝试：一支由3000名手持滑膛枪的武士组成的征服琉球王国的侵略部队攻入琉球，目的是惩罚其对秀吉（Hideyoshi）大陆侵略计划的顽抗态度。数日内，琉球宫廷屈服了，而尚宁王（King Sho Nei，1564～1620年）及其随从被押送到鹿儿岛。①

一种新秩序被强加于琉球，以往巫教的、仪式性的宫廷秩序被更加理性化、官僚化的秩序取而代之。这种秩序往往是很严苛的，必须服从于660公里之外的鹿儿岛（萨摩藩的首都）决定的基本政策。琉球国王和他的宫廷一直存在，但是国王不再是最高统治者。

冲绳或琉球变成了一个类似于波将金（Potemkin）②的剧场政治。冲绳人不得不掩藏他们被纳入日本制度之内的事实，以维持对中国的朝贡关系，那些往返于中国的进贡使团奉命掩藏所有的日本物品，而那些在江户（东京）使馆的人则被要求穿戴特殊的、非日本的服饰。这样，琉球表面上的独立就保留下来，通过由日本控制的琉球王国的中国朝贡使团，维持了其在中日之间的贸易窗口的作用，幕府的特权通过其外交使团的宣誓效忠的方式得以强化。

此后，琉球实际上变成了日本的殖民地，它的国王依附于日本的萨摩藩，并借此依附于江户（Edo）时代的日本国家，同时它继续维持着依附于中国北京宫廷的所有表现。这种双重附庸持续了几个世纪之久。这就意味着冲绳的官员们被要求做以掩藏其政治权力轨迹和性质的戏剧表演，而首里城（Shuri Castle），琉球国王的所在地，则是一个精心构建的舞台。

---

① 琉球的抵抗被更先进的兵力所镇压，特别是预先武装准备。Gregory Smits, "Examining the Myth of Ryukyuan Pacifism," *Asia - Pacific Journal*: *Japan Focus*, September 13, 2010, http://japanfocus.org/ - Gregory - Smits/3409.
② 俄国女皇叶卡捷琳娜二世的情夫波将金，官至陆军元帅、俄军总指挥。波将金为了使女皇对他领地的富足有个良好印象，不惜血本，在"今上"必经的路旁建起一批豪华的假村庄。于是，波将金村成了一个世界闻名的、做表面文章和弄虚作假的代号。常用来嘲弄那些看上去崇高堂皇实际上却空洞无物的东西。——译者注

直到 19 世纪中叶，这出充满特殊状态的戏剧大幕才落下。经过了一个短暂时期之后，琉球的前景看起来还不错。随着日本江户时代的秩序危机深化而给琉球留下了异乎寻常的策略，琉球宫廷作为一个独立王国与美国人、法国人和荷兰人（1854 年，1855 年和 1850 年）① 谈判现代的"开放"条约。访客们对琉球的印象很深刻。当美国海军准将佩里（Commodore Perry）驾乘着他的黑色舰队要求日本开国时，1853 年他们航行到被称作"鲁库"（the Loochoos，琉球岛）的地方，他的科学顾问汇报说这是一个富饶、友好并且繁荣的国家，它拥有一种"极为富裕和高度耕种的农业地貌"和一种更像是园艺的农业，在"这样的体系内农业已经发展到了极致"，而那里的村民"相当浪漫，并且比任何我曾见过的喜爱装扮的人们都要漂亮"。② 法国传教士弗雷（Furé），在 1858 年到 1861 年间曾住在那霸，将那里的村落描绘为"颇似英格兰最美丽的花园"。然而，那时的琉球已经从它繁荣的 16 世纪顶峰滑落，同时其需要保持一种危险的自治，要明智地向周边两个强大而敏感的邻居表达尊重：一个是北部的萨摩王国（一个藩属，以鹿儿岛为中心与日本国家结构形成松散联系），而另一个是西部位于北京的清朝宫廷。冲绳的国王们依靠地处偏远的位置与外交技巧来实现相对自治，他们享有对两个强大邻国的双重依赖。

然而，琉球含混的、双重主权的身份，是无法与扩张、贪婪和军事化的现代国家和相互竞争的帝国间的"新世界秩序"相融合的。据说拿破仑·波拿巴（Napoleon Bonaparte，1769 ~ 1821 年）在圣赫勒拿岛（St. Helena）被流放时，当路过的水手们告知他有这样一个没有武器并且忽视战争的国家时，其惊呼难以置信。当这个岛上的精英在给 1853 年来此"访问"的准将

---

① Nishizato Kiko, "Higashi Ajia shi ni okeru Ryukyu shobun," *Keizaishi Kenkyu*, No. 13, February 2010, p. 74.

② J. Morrow, "Observations on the Agriculture, Etc, of Lew Chew," *Narrative of the Expedition of an American Squadron to the China Seas and Japan, Performed in the Years 1852, 1853, and 1854, under the Command of Commodore M. C. Perry.*, United States Navy（Washington: A. O. P. Nicholson, 1856), p. 15; D. S. Green, "Report on the Medical Topography and Agriculture of the Island of Great Lew Chew," *Narrative of the Expedition of an American Squadron to the China Seas and Japan, Performed in the Years 1852, 1853, and 1854, under the Command of Commodore M. C. Perry,* United States Navy（Washington: A. O. P. Nicholson, 1856), pp. 26, 36.

佩里合理答复时，他们展开了争论，努力解释清楚他们的岛屿双重依附的地位，中国像是母亲而日本像是父亲，而他们希望事情一如既往。而位于东京的新现代日本民族国家的政府精英采取了一种严格现代化的、法理的世界观，其中主权是绝对的、不可分割的，并且疆界必须固定。1872年，日本的旗帜第一次在琉球主岛升起，并且于1873年相继在外围的久米岛（Kume）、石垣岛（Ishigaki）、宫古岛（Miyako）、西表岛（Iriomote）及与那国岛（Yonaguni）诸岛升起。

琉球宫廷面临难以抉择的两难境地。无论他们如何坚持这种体制，双重封地的现状都无法维持，而清朝宫廷也无法用中国的"世界秩序"施以援助，因为中国处于从中亚到印度支那（Indochina）和朝鲜的包围之中，而且这个国家的大部分地区刚刚从太平天国和内战的劫难中缓慢地恢复。清政府不太重视琉球，认为它只是一个"海洋里的小王国"①。在经受了许多痛苦折磨之后，首里宫廷在1879年结束了其无力的抵抗。② 它屈服于来自东京明治维新的国家秩序的"处分"，并且反应不温不火。这是后来接受了的一系列现代"处分"（shobun）或"处置"中的第一个，它交出了城堡并将国王尚泰（Sho Tai，1843~1901年）流放。琉球融入现代日本国家的方式很独特，将单方面并且依靠武力的处分（shobun）作为其中一部分才得以完成，因此变成了一块"无法识别的殖民地"，而随后形成了以持续的怀疑、歧视和强制同化③为标志的国内地位。

根据一个可能是杜撰的故事，当尚泰国王（King Sho Tai）在1879年将首里城臣服于明治政府的上级军队时，他说了这句"生命是多么宝贵啊"（Nuchi du takara）。这些话稍后成为理解冲绳人道德价值的核心观点，而1945年冲绳战役这场横扫各岛的浩劫被当作他们智慧的证明。面对压迫、军国主义和殖民主义，冲绳人民奋力捍卫这种生命超越死亡、和平超越战争、三弦（sanshin）超越手枪的至高无上的理念。

①　Li Hongzhang, quoted in Nishizato, "Higashi Ajia," p. 99.
②　一位琉球学者兼官员，Rin Seiko（1842~1880年），他一直活跃在"救亡运动"之中，于1876年寻求在北京避难，并且在1880年抗议的新秩序中绝望地自杀了。
③　Hideaki Uemura, "The Colonial Annexation of Okinawa and the Logic of International Law: The Formation of an Indigenous People," *Japanese Studies*, Vol. 23, No. 2, September 2003, pp. 107-124, 122.

民族国家的重负

就这样，冲绳在日本的国家结构中被置于从属地位。位于东京的新的民族国家政府，将这些岛屿当作国家防御的关键，而不是作为民族共同体不可或缺的要素。这一点在他们所表达的意愿中清晰可见，从1879年与中国谈判开始，他们将岛屿划分为两部分，割让最远的岛屿——宫古岛和八重山岛（Yaeyama）给中国，以换取在中国范围内的"最惠国"的贸易权利。作为回应，中国提出三种划分计划，南部归中国，北部归日本，同时在主岛恢复琉球王国。最终，双方没有达成协议。① 只是在1895年的《马关条约》中，作为中日战争的部分解决方案，中国才正式承认日本对琉球群岛的主权，并且包括割让台湾岛及其附属岛屿给日本。②

历史学家西里喜行（Nishizato Kiko）给出了这一明智的评价：

> 那些推动"琉球民族救亡运动"而不是将朝贡秩序当作绝对的琉球人，能够顺应新纪元的曙光，同时考虑植木枝盛（Ueki Emori）和郭嵩焘（Guo Songtao）③的建议作为可行的前进道路，并与朝鲜王国和夏威夷④，或者越南建立联系，他们或许已经能够找到一种新的推进方式。但是投入民族救亡运动的琉球人将朝贡秩序看作是绝对的，而且仅仅向清朝当权者寻求帮助以恢复琉球王国。那就是他们的历史局限性。⑤

尽管今天这段历史在很大程度上被遗忘了，但它仍是有启发性的。在

---

① Nishizato, "Higashi Ajia," pp. 107 – 108.

② Ishii Akira, "Chugoku no Ryukyu/Okinawa seisaku: Ryukyu/Okinawa no kizoku mondai o chushin ni," *Kyokai Kenkyu*, No. 1, 2010, p. 73.

③ 植木（Ueki），在19世纪80年代的日本是一个在"自由和人民权利运动"中的卓越人物，而郭嵩焘是在19世纪70年代一个在中国的"自强运动"中清政府的卓越成员，两者都赞成琉球/冲绳都的独立。

④ 夏威夷国王，King Kalākaua，在1880年或是1881年访问中国表示了希望对中日两国关于琉球/冲绳的协议进行调解，以在促进亚洲团结的背景下，抵制欧洲美国的压力和促进亚洲的崛起（Nishizato, "Higashi Ajia," p. 120）。

⑤ Nishizato, "Higashi Ajia," p. 120.

21 世纪东亚早期再次出现的冲绳人，现在居住在一个与日本其他地区相比更靠近中国大陆（和台湾省）的县，寻找一条道路与中日双方和平相处，并且以某种形式的东亚共同体（East Asian Commonwealth）形成的方式与两者合作。在 17~19 世纪，国际体系占主导的范式与琉球的渴望有着悲剧性的矛盾，在冷战后的 21 世纪（在美国一定程度的衰落与中国崛起的背景下），通过降低美国军方或者日美共管的铁腕控制，冲绳的前景或许会好转，并且随着民族国家必然将它们更多的权威让渡于超国家的国际制度，地区与全球合作的趋势（movement）也在增长。

较晚地与现代日本国家的融合，冲绳人民为了变成"日本人"，被迫遵循一条自我否定，抛弃他们独特的语言、文化和"冲绳属性"的路径。因使用他们自己的语言而受到惩罚，他们被要求为服务日本天皇，以及参与日本本土的神话与礼制并重新调整他们的身份。推行身份改变这一进程还不到 70 年，冲绳就因 1945 年为防止攻击"本土"和保护"国家政体"（意味着天皇制度）而被牺牲掉了。以灾难性的冲绳战役为标志，战火烧到日本"本土"。当时冲绳有 1/4~1/3 的人口，即大约 12 万人死亡。1945 年 3 月至 6 月发生的一切，标志着冲绳的毁灭。在当代冲绳的表面之下，其恐怖的往事仍历历在目，并且它也构成了思考现在和未来的源泉。

从 1945 年 3 月末冲绳战役开始，冲绳及附近的岛屿（南西诸岛，Nan-sei）被从日本分离出来，听命于美国太平洋舰队指挥官、海军上将 C. W. 尼米兹（C. W. Nimitz）① 的指挥。数月后，北纬 30°被定为分割线。② 当战争灾难结束时，分离出来的冲绳转变为美国的"太平洋基石"。日本天皇裕仁（Hirohito，1901~1989 年）表达了冲绳分离及由美军长期军事占领的愿望。当公布支持剥夺了他所有政治权力的 1947 年 5 月宪法时，裕仁告诉占领指挥官道格拉斯·麦克阿瑟将军（General Douglas MacArthur），他坚信日本的安全依赖于"代表着盎格鲁－撒克逊（the Anglo‐Saxons）的、

---

① "Proclamation No. 1（The Nimitz Proclamation），5 April 1945，" Gekkan Okinawa Sha, *Laws and Regulations during the U. S. Administration of Okinawa，1945－1972*（Naha：Ikemiya Sho-kai，1983），p. 38.

② "Navy Military Government Proclamation No. 1－A，26 November 1945，" *Gekkan Okinawa Sha, Laws and Regulations*，pp. 41－42.

美国的积极行动"。而在 1947 年 9 月，裕仁表示美国对冲绳的军事占领"应该建立在长期租借——25 至 50 年，甚至更长时间——同时主权保留在日本的基础上"①。他的话确实证明了美国当局保留其在位（in office）而不是把他作为一名战争罪犯送上东京国际军事法庭接受审判的被告席是明智之举。

尽管新宪法承诺在处理国际事务中放弃"以武力相威胁或者使用武力"，天皇显然相信，只有在麦克阿瑟将军指挥下的巨大的军方力量才能够确保日本自身的安全。而对于麦克阿瑟来说，美国军方长期控制冲绳为日本长期接受的这一事实，给予他以掌控日本本土的非军事化的信心。然而，"25 至 50 年，甚至更长时间"延长至"更长时间"，这些向麦克阿瑟将军所作出的帝国承诺没有被遗忘。

因此，在一项以最高级别达成的安排中，日本本土变成一个遵循宪法的"和平国家"而冲绳则是"战争国家"，在美国太平洋及亚洲冷战的帝国基地内共存。在日本本土，美国的占领于 1952 年结束，在奄美岛（Amami）以及位于大琉球列岛（the major Ryukyu Islands）最北端的岛屿是 1953 年 12 月结束的，但是冲绳自身及其毗邻岛屿，以及宫古和八重山诸岛，美国的军事占领持续到 1972 年。

1972 年，当这些岛屿的直接控制权归还给日本政府时，在转换过程中将其中国名字"琉球"（Liuqiu）改为日本名字"冲绳"，大幕开启了一种与众不同的"剧场国家"②。舞台上的一切都与它表面看起来的不一样。首先，归还并没有达到"交还"的程度，正如这个词所暗示的，事实上是一种"购买"（稍后详细讨论）。其次，"归还"是一种"非归还"，因为美国军方继续占领及免费享用大量最肥沃的农用土地，并且控制其领海与领

---

① 对于前者，就在 1947 年 5 月 3 日，新宪法生效仅仅三天后，天皇就陈述了该观点。Toyo-shita Narahiko, *Anpo joyaku no seiritsu: Yoshida gaiko to tenno Gaiko* (Tokyo: Iwanami shoten, 1996), p. 144; and Toyo - shita interviewed in Narusawa Muneo, "Showa tenno to Anpo joy-aku," *Shukan Kinyobi*, May 1, 2009, pp. 11 - 17; 对于后者，Shindo Eiichi, "Bunkatsu sareta ryodo," *Sekai*, April 1979, pp. 45 - 50。（对于后者，"天皇的信"被讨论并且由裕仁的助手寺崎秀成执笔，但是由天皇发表。）

② 这一概念，旨在阐述通常被西方人忽略的政治关系维度，即展示性和表演性的政治模式。——译者注

空。最后，在这场买方与卖方角色互换的奇怪交易之中，日本将冲绳保留大量美国军事存在作为国家政策。为防止任何大规模削减美国军力的情况的发生，日本开始支付一项逐年稳步增加的费用。为了避免归还，日本所支付费用稳步增长。日本也采取措施确保归还交易的真相被隐藏，并且无情地追查那些敢于掀起大幕的人。

冲绳人民先前就已经做出寻求归还的努力，即将他们从武力支配下解脱出来，归还他们大量肥沃的土地，并恢复他们以往非军事化的、和平岛屿的理想。因此，1972 的条款令许多人失望和愤怒。在回归庆典当天，冲绳新近当选的七位国家议会成员没有一人参与东京的庆典活动，而在那霸（Naba），聚集在与仪公园（Yogi Park）抗议归还条款的民众远比参加官方庆祝活动的要多。对他们来说，5 月 15 日是一个屈辱的日子。屋良朝苗（Yara Chobyo，1902～1997 年），一位归还的主要支持者及冲绳的首任公选的县知事，把归还条款称为"不是我们为之如此不屈不挠地抗争所想得到的"。不过，他设法表达了一种希望："克服冲绳总是被作为一种手段的历史，并且把它变为一个有所期许的县。"①

正式文件和权力手段，就像琉球在 17 及 18 世纪同时向中国和日本朝贡以表示效忠一样，是欺骗性的和让人误解的。1972 后冲绳执行日本主权、宪法和平主义（Constitutional pacifism）、县级自治及区域自治，事实上主权只是部分归还（美军基地和美国军事特权保持完整）。《美日安全保障条约》继续充当冲绳的核心特权，实际上超越并否定了宪法，而且所有重要的决定都保留给东京和华盛顿。尽管在名义上融入了宪法和平主义的日本，但已经成为美国军事殖民地的冲绳由于军事化而变成日本与美国的双重殖民地。

由于日本将一种"军事优先"的政体强行施加给冲绳，并且确保其核心为美日同盟高于宪法、军事高于公民或民主原则，以及对国家利益高于冲绳人民利益的这一议程的服从，冲绳的反对必定是无效的。因此，归还建立在欺骗和妄言、贿赂与谎言之上。日本试图用烟雾和镜子制造一个可以欺骗和说服绝大多数冲绳人民的剧院。

---

① Arasaki Moriteru, *Okinawa gendaishi* (Tokyo：Iwanami shoten, 2005), 2nd ed. , p. 34.

"归还"之后二十年，冷战结束了。美国军事基地结构（structure）所对抗的敌人直接垮台了，但是基地综合设施仍然保持着。这些军事基地不仅保留着，而且令冲绳人极其失望的是，美日两国政府都强调合作应该加强。在波斯湾、伊拉克及阿富汗战争中，美国要求日本担负更重要的军事作用，而位于东京的政府以冲绳为关键之所在竭力回应。"深化同盟"意味着加强日本的从属地位，继而强化了日本的不负责任感。截至2012年，占冲绳岛总面积将近20%的地域为美国基地占用。冲绳县，仅占日本总面积的0.6%，却承担着美国75%的驻日军事基地，这意味着美国军事基地在冲绳的密度大约是本土的500倍。

　　渴望将他们的岛屿从战争与占领的军国主义中归还并转变成以和平为中心的日本宪法价值的冲绳人，最终发现在后冷战秩序中指派给他们的角色却是保留美国支配的从西太平洋到中亚秩序的力量投射的堡垒。在1972年归还与1991年冷战结束之后，冲绳与美国关系的关键，不是宪法，而是与美国的军事关系。

　　冲绳人民对冷战后仍然存在的美军基地的不满，在1995年三名美军士兵强奸女学生之后达到顶点（稍后讨论）。1996年所达成的新的归还协议仍旧是一场骗局。如果1972年的"归还"意味着保留（或者购买），那么在1996年这开始意味着美国军事基地的替代、现代化与扩大。密集的基地网络遍及冲绳主岛，没有哪座基地比普天间海军航空站更急切地寻求回归，它不安地坐落在繁华城市宜野湾中部。当两国政府通过承诺普天间的归还来寻求遏制1995年危机的时候，美日两国只是附加了一座替代设施将首先被建造的条件，它们认为可以给冲绳民众强加这一解决方式。与1972年采取的以"归还"这一说法来模糊实际状态的做法如出一辙，对新基地以"直升机场地"的称谓使基地的规模看起来更小，以"基地缩小"的说法来给人以基地整体的负担减少的印象。

　　冷战后的同盟重组要求日本从依赖和半主权国家转变成完全的属国（zokkoku）或者"附庸国"。① 在很大程度上，属国主义（clientelism）与日

---

① 参见 Gavan McCormack, *Client State: Japan in the American Embrace* (New York: Verso, 2007)。

本国家依赖于美国的军事力量（指美日军事同盟）可以被日本本土人民忽略，因为它不会影响他们的日常生活，但是对承受了过重负担的冲绳人来说却是无法承受的。当其他地方的抗议被驱散或轻易玉制，冲绳的抗议却在稳步增长。冲绳人也能够看到只有很少日本本土人民能看到的：美国极力主张日本的屈从和支持是为了使其霸权秩序提升，而在美国的可信性全方位缩水，如在经济上、政治上，尤其是在 21 世纪早期所发动的非法的侵略战争以及采取诸如虐待和暗杀等手段的道义层面上。

今天，就像 16 世纪末至 17 世纪初和 19 世纪一样，旧秩序再一次被打破。美国领导的、军事化的由同盟支持的新自由主义国家的全球联盟不安地面对着它们曾坚信不可动摇的秩序的崩溃。对于冲绳来说，地缘政治与经济不稳定构成了威胁与机遇：再次忍受被控制和操纵的地位，或者坚持历史参与者的特殊角色。四个世纪里交替"进""出"日本，以及在此之前同一时期以中国为中心的"朝贡世界"（部分与其一致）的一位不可或缺的成员，冲绳人意识到有机会介入当下的危机：在民族国家与军事集团之外造就一条道路，并且作为连接日本、中国、朝韩和亚太地区的桥梁，将自身重塑为东亚或东北亚共同体崛起过程的中心。

抗　争

在过去 400 年的历史中，冲绳数次被强大的外国势力剥夺其主体性，这些外国势力以专恃武力为共同特征，1609 年是萨摩、1879 至 1945 年是日本、1945 至 1972 年是美国军方直接统治，以及 1972 年以来则是实质性的日美军事统制。尽管无法避免或反抗过去的任意支配，但是从 1996 年开始平衡被打破了。冲绳逐渐在地区和全球系统内开始产生重大作用，尽管很少被承认。它变成了抗争的状态。

在冲绳历史环境下或长期作为牺牲品的记载中，没有任何东西能解释清楚是什么造就了当今冲绳最独具一格的特征：它根深蒂固的、持久的反抗。几乎与拒绝他们的愿望和自治等同的是，冲绳人挑战的不只是他们自己岛屿的命运，也是日本"附庸国"地位和美国施加的地区和全球秩序所依赖的支柱。本书尝试解释从被任意处置、压迫和疏远变成抗争的过程。

有关普天间的海军陆战队基地以及计划替代这个基地的争论，通常被描述成仅针对单一基地建设问题的斗争，其实远不止如此。它使得冲绳的社会团体与日本和美国两个民族国家对立。正如下文详细介绍的，截至2012 年，我们相信冲绳，强烈地坚持人民主权的宪法原则（shuken zaimin）出乎意料地保持了斗争优势。这在 21 世纪早期的全球民主运动的大背景下很值得了解。

就像日本依靠美国强加给日本的地区秩序一样，日本也复制了这种依赖型秩序。日本通过分发大量的馈赠收买在野党以取得共识，逐渐形成一种机制。这种国家设计是冲绳受困的几个条件的其中之一：首先，因为冲绳被视为（并且将自己视为）发展迟缓的地区，人均国内生产总值以及其他经济指标均低于日本本土的其他地方，以致它不得不"追赶"；第二，"发展"资金被国家官僚们看作培养行乞心态的最好策略，借此使冲绳的反基地和环境运动失去动力。因此，"发展"项目往往集中于有关基础设施建设的公共工程项目上，这些项目往往又是经济效益不好、对生态环境有害且易导致债台高筑的（日本政府使用相同的手段以使不愿服务的本土居民接受核电项目）。自然环境，作为实际上没有限制的修改（seibi）对象，"修建国家"（doken kokka）的公共事业在日本本土地区进行时会受到恶评，但在冲绳得以进行，导致环境被破坏。①

如今没有比经常去冲绳的访问者所能看到的更可悲的了。在北部，持续的压力企图强行在近似原始的水域和大浦湾（Oura Bay）的珊瑚礁上兴建一座巨大的新军事综合设施（而相关的停机坪将穿越山原森林）；而在南部，逐步开垦泡濑（Awase）滩涂湿地（冲绳的"热带雨林"）以建造人工海滩。② 基于维持基地存在之目的的"发展"，于本土出现 20 年后再现于冲绳，这就是"修建国家"最恶劣之处，它给这个县的经济和生态带来毁灭性的后果。然而，在 2010 年，正如我们在下文详细介绍的，名护市

---

① 更多内容参见 Gavan McCormack，"Okinawa and the Structure of Dependence," in Glenn D. Hook and Richard Siddle, eds., *Japan and Okinawa*：*Structure and Subjectivity*（London，New York：RoutledgeCurzon，2003）。

② 根据冲绳大学的 Sakurai Kunitoshi 的研究，冲绳有 38 人造海滩，并计划再建造十多个，而其天然海滩在不断缩水。Sakurai Kunitoshi，"COP 10 Igo No Okinawa," in *Okinawa wa doko e mukau no ka*（Okinawa University，December 19，2010）.

的人民表明他们已经看穿了这种操纵方法并断然拒绝。

1609 年之前的几个世纪里，冲绳较小的规模以及其与大国在地理位置上的隔离是它的优势。1609 年以后，在民族国家通过武力争夺并取胜的威斯特伐利亚时代，这些优势则变成了它的弱点。今天，日本政府（及其美国保护者）仍然视冲绳为保卫"整个日本"以及增进美日双方利益的全球及地区的军力投射的关键环节。冲绳人从他们的历史中了解到，军队不会保卫人民并且安全实质上依靠与周边国家形成的亲密、友好与合作关系。为了获得这种安全，冲绳的为确保美国遍及亚太的力量的"战争准备"功能必须转而成为"和平建设"功能。冲绳的地理位置和多元化的历史使它非常适合作为服务于未来的一个和平中心，一座中日桥梁，以及一个东北亚各国一致行动的核心机构所在地的显而易见的候选，就像一个亚洲的卢森堡或布鲁塞尔一样。

因此，在某种程度上说，这是一本以一个相对遥远和边缘地区以及此地区一个甚至更遥远的村庄和海湾来的视角来探讨两个伟大且实力强大的国家间关系的书。无论如何，我们相信，通过这种不从资本和国家权力中心的方式看待问题，还有很多东西是可以进一步了解的。除了冲绳、边野古和大浦湾的未来，在这些当下的问题之外，正在进行的抗争突出了一些重大问题：如果，事情似乎如此，日本宪法对人民主权、基本人权与和平的保障并没有赋予冲绳，对于这个国家的其他地方来说，这意味着什么呢？① 在大国关系的背景下，尤其是在那些"同盟"关系中，2009～2010 年美国与日本之间所发生的集中于冲绳基地问题的对峙，其中的虐待和恐吓导致政府倒台，应该被怎样理解呢？透过历史的镜头，像冲绳今天做的这样，整个县联合起来对日本中央政府和世界军事巨头（美国）说"不"，这意味着什么？这种不协调是否能够由当前的政府制度解决，或者冲绳是否能够朝着从日本半分离甚至完全分离的方向前进？

这些事件不仅对专注于现代日本、美国和亚太地区的学者意义重大，而且涉及每一个地方的公民。我们不能断言在这本书中解决它们，但是我

---

① Editorial, "Okinawa no min - i - Kennai isetsu 'No' ga senmei da shusho wa omoku uketome eidano," *Ryukyu Shimpo*, November 3, 2009.

们希望能给读者们提供足够的材料，以对其做出更佳的判断。

　　特别的，这是一个进程不断推移的故事，第一次在日本的历史上，基层民主力量掌握主动，并且在持续不断的时期内变成决定历史进程的关键节点。冲绳人的这次抗争具有深远的意义。他们当前给日本和美国政府的信息很简单：对新基地项目说"不!"。但是，不仅仅是对日本和美国，它还是一种包含着对不同未来的积极展望的否定，一种向它周围所有国家传递的信息。而其中"生命是多么宝贵啊"（nuchidu takara）的原则居于核心地位。

第二章

战争，记忆与纪念

没有哪个县像冲绳一样对战争的策划与实行全无责任与作用，但是也没有任何县遭受过如此广泛的痛苦、人的生命与财产的丧失，并且最终屈服于军事占领。

——乔治·H. 克尔（George H. Kerr）[1]

没有经历过六十五年前发生的事情，即冲绳战役的震惊与恐怖（1945年3月26日至9月7日），就无法理解当代的冲绳。这本书主要用于了解近代和当代的冲绳，我们因此把这一章专门用来阐明这些事件，介绍它们的背景以及它们被铭记和纪念的方式。假如冲绳人今天极其憎恨战争、不信任军队（无论日本的或美国的），并拒绝接受"国家防卫"议程（无论是来自东京的或者华盛顿的），这些都是基于冲绳战役的经验和记忆所产生的。正如丹治三梦（Miyume Tanji）所说的，冲绳战役的记忆是战后军事基地反对运动的"思想根源"。[2] 被动员、操纵、欺骗，然后被抛弃，冲绳人遭受了一种难以想象的灾难后果。那时，他们被迫"保卫"的不是他们的生命和财产，而是日本本土，特别是天皇制度。冲绳没有获得对其无谓牺牲的感激，反而他们被再一次抛弃了。25年之后其曾被告知"归还"

---

① George H. Kerr, *Okinawa：The History of an Island People*（Bostor，Tokyo：Tuttle, 2000），p. 465.

② Miyume Tanji, *Myth，Protest and Struggle in Okinawa*（New York：Routledge, 2006），p. 37.

日本，然而，冲绳再一次被日本以国家防卫的名义强行牺牲掉。

如今，当冲绳人与在他们的岛上强迫他们接受任何新基地的人做斗争时，他们至少试图拿出热情和决心，与任何否定或者歪曲他们所牢记的冲绳战役的恐怖历史的行径做斗争。

战　争

帝国的目标

随着冲绳县被并入现代日本国，为帝国事业而进行的动员从 19 世纪 70 年代随即开始，不久之后，日本切断其与中国朝廷长期和密切联系，并在冲绳部署来自西南部熊本的日本陆军第六师团。从表面含义上，这一过程被称为琉球处置（Ryukyu shobun），部署或者惩罚，而第一个军事基地是设计用于恐吓和征服冲绳人的一部分。作为原冲绳县知事及冲绳战役的幸存者，大田昌秀（Ota Masahide）叙述道：

> 事实上，这是日本政府将琉球转变为军事基地的开始，随后美国政府也跟着这么做。更不用说，它也是在太平洋战争中冲绳悲剧的真正原因。①

皇民化（komin – ka）政策旨在教导和同化冲绳人从而使他们追随帝国的目标。就像在朝鲜和其他地方的殖民目标一样，冲绳人被迫学习和使用日语，也就是说，用这种新确立的国家语言来取代日常生活中使用的冲绳的语言。那些在学校里被抓住的说冲绳语的人，被用将一个木制"方言标语牌"（hogen fuda）戴在脖子上的方式进行羞辱。鼓励冲绳人以主流的日本名字替换特殊的冲绳名字，引进以天皇为中心的国家神道，并将神社设在冲绳神圣的御岳树林前。而学校建造的石制神龛"奉安殿（ho-anden）"则供奉着天皇的照片，他被作为活着的神明而受到尊敬。教师们和学生们被迫学习并在特殊场合背诵《教育敕语》（*The Imperial Rescript on*

---

① Ota Masahide, *This Was the Battle of Okinawa* (Naha: Naha shuppansha, 1981), p. 2.

Education），作为一种仪式用以灌输和强化以天皇为中心的教育准则。

"最血腥的"战役

冲绳战役（美国军事史上的冰山行动，Operation Iceberg）经常作为太平洋战争中最血腥的战役而被提及。这个故事可以用残酷的统计数字来概括。这次战役是 548000 名美军士兵（在进攻阶段主要是 183000 名步兵和海军士兵，其余是支援部队）与超过 110000 名日本士兵（其中约 25000 名是冲绳士兵和高中学生）之间发生的战斗，但它也包括以各种方式被迫服役的超过 400000 名的当地平民。任意而不间断地从海上、空中和陆地进行的投弹与炮击——"铁暴风"[1] 持续了三个月，平均每个冲绳居民承担约 50 枚炮弹[2]，并且还杀害了大量的平民、婴儿、妇女、儿童和老人。冲绳战役杀害了超过 210000 人，包括 460000 名冲绳人口中的 120000 多人[3]。冲绳非战斗人员的伤亡人数（约 94000 人）远远超过日本自卫队的那些冲绳成员（28228 人）。冲绳战役也杀害了 65908 名来自日本其他县的士兵及 12520 名美国人，以及其他国家较小数量的人员[4]。约 100000 名朝鲜人，包括被日本军队征用为劳工的男性以及慰安妇也都被杀害了。

战争横跨太平洋

即使在轰炸和入侵冲绳本土之前，冲绳平民就已经遭受了非常严重的灾难，例如许多冲绳人——大部分由于二十世纪二十至三十年代的贫困而移居国外，并且已经在南太平洋的岛屿和世界其他地方定居。截至 1940 年，超过 57000 名冲绳人居住在日本边境以外。[5] 有 25772 名冲绳人生活

---

① 冲绳战役在英文里称作 "Typhoon of Steel"，日文称作 "铁雨"（鉄の雨，tetsu no ame）或 "铁暴风"（鉄の暴风，tetsu no bōfū）。这些代号代表战斗之激烈程度、火力之密度及盟军参战战舰和车辆数量之庞大。——译者注

② "Okinawa Prefectural Peace Memorial Museum," Sogo Annai ed., *Okinawa Prefectural Peace Museum*（Itoman：Okinawa kosoku insatsu kabushiki geisha, 2001），p. 69.

③ Ota, *This Was*, p. 96.

④ "Okinawa Prefectural Peace Memorial Museum," p. 90.

⑤ Arashiro Toshiaki, *Junia ban Ryukyu Okinawa shi*（Itoman：Henshu kobo toyo kikaku, 2008），p. 209.

在塞班岛（Saipan），4799 人在帕劳岛（Palau），以及 1145 人在波纳佩岛（Ponape）。[1]

1944 年 2 月，美军开始对特鲁克岛（Truk Island）进行空中轰炸，随后攻击塞班岛和提尼安岛。[2] 这是战争进程指向日本自身的一个毫无疑问的信号。位于冲绳的非冲绳裔居民撤退至日本本土，在 1944 年 3 月 22 日，第三十二军为保卫冲绳而建立。随着南太平洋岛屿变为战场，许多当地居民，包括从冲绳和日本来的移民，陷入了战争与杀戮之中。1944 年 7 月塞班岛的陷落是摆在冲绳面前的预示。在丧生的 15000 名日本移民中有 13000 名是冲绳人，而许多人则是因为"gyokusai"而被迫自杀，按字面理解是"玉碎"（shattering the jewel），这个词语被用来描述出于天皇的缘故而自杀。

1943 年 9 月，帝国军部决定为保护日本本土而加强西南诸岛（从九州南部至台湾岛东部，包括冲绳岛）的防卫。所有的冲绳当地居民，"能站起来和走动的'全部'（nekosogi）都接受动员而被征募入伍"[3] 以建造贯穿这个县的机场。

在 1944 年 4 月之后，作战部队陆续从中国和日本本土到达冲绳。由于只有极少量的兵营，村庄里的学校建筑和其他社区建筑被用作基地、军需品仓库和"慰安所"（comfort stations）——安置日本天皇军队的慰安妇的地方。军事人员与平民的这种混居是后来高伤亡率的原因之一。同样地，随着军事秘密被暴露在平民，尤其是冲绳的百姓眼中，这些日本军人被命令不要相信人们，这导致了日本士兵对冲绳人的残杀。

撤离与对马丸（Tsushima maru）的沉没

1944 年 7 月，正当参谋长联席会议开始准备联合登陆时，日本发布了从琉球及其附近岛屿疏散妇女、儿童和老人的命令。出于对家庭离散的抵抗以及对途中遭遇敌军潜艇的忧虑，疏散计划进行得并不顺利。[4] 1944 年

---

[1] "Okinawa Prefectural Peace Memorial Museum," p. 31.

[2] 又称天宁岛，美国称北马里亚纳群岛。——译者注

[3] Ishihara Masaie, *Okinawa no tabi: Abuchira gama to Todoroki no go* （Tokyo: Shueisha 2007），p. 199.

[4] Tsushima maru Memorial Museum, "Tsushima maru gekichin jiken towa," http://www.tsushimamaru.or.jp/jp/about/about1.html.

8 月 22 日，"对马丸号" 在驶往日本本土最南端的港口鹿儿岛（载有 1788 人，包括 834 名学童、827 位教师和其他成年人，以及 127 名船员）的途中，由于被美国 "波芬号"（Uss Bowfin）的鱼雷击中而沉没。确认死亡的有 1418 人，其中包括 775 名儿童、29 位老师和看护人员、569 名其他成年人和 21 名工作人员。此事在冲绳的记忆里，被铭记为大规模屠杀平民事件。在冲绳战役开始之前，只有 100000 名冲绳人撤离出来，490000 人被滞留在岛上无路可逃。[1]

在 1944 年 10 月 10 日，美国对冲绳的空中轰炸摧毁了首府（那霸）90% 的面积，杀害 668 人（军人和平民合计）。随着地面战争迫近，日本军队专注于灌输给冲绳人 "军队、政府和平民，生死与共" 的行为准则。这一原则是理解在冲绳战役中平民何以遭受巨大牺牲的关键。[2]

天皇的指示

1945 年 2 月，前首相和天皇近侍近卫文麿[3]（Konoe Fumimaro）谏言天皇，战败 "在所难免"，而日本应该寻求条件终止战争。战败将会承担共产主义革命的风险，它可能会危及国体（kokutai）——天皇制度。裕仁天皇表示反对，并且提出在没有实现再胜一仗的军事胜利之前不应该谈判。

在日本本土论及战败，以 8 月 15 日接受《波茨坦宣言》投降时天皇的所谓 "圣断" 最为引人注目。但对于冲绳而言，重点在于天皇对近卫的谏言置若罔闻，继续进行战争所应负的责任，而不只是冲绳人为天皇的这一决定付出代价。大多数日本本土的平民在战争中的伤亡（据估计在 500000 人左右，包括广岛和长崎）[4] 发生在天皇拒绝近卫的谏言之后。社会学家林博史（Hayashi Hirofumi）认为冲绳人通过其战争经历培育了独立思考和行动的基础，尤其是在涉及天皇的战争责任时，而日本本土人却落

---

[1] Oshiro Masayasu, "Okinawa sen no shinjitsu o megutte," in Soten: Okinawa sen no kioku (Tokyo: Shakai hyoronsha, 2002), p. 19.

[2] Ishihara, Okinawa no tabi, p. 201.

[3] 又译为近卫文磨。——译者注

[4] Yoshida Yutaka, Ajia taiheiyo senso (Tokyo: Iwanami shoten, 2007), pp. 219 – 220.

在了后面。①

庆良间（Kerama）诸岛

随着 3 月 23 日的空袭和第二天的海军轰炸，1945 年 3 月 26 日美国军队在那霸以西大约 40 公里的庆良间诸岛登陆。随着战役的开始，孤立而惊恐的岛民们被日本军官召集起来并强制实施集体自杀。换句话说，他们被命令自杀和杀死家庭成员，而不是投降。日本军队担心冲绳人可能会变成美国人的间谍，因此迫使他们相信投降者是可耻的，而且男人将被屠杀、女人将被强奸后杀害。手榴弹被分发，当手榴弹被分光之后，绳子、刀、镰刀、剃刀和石头都被用上了。这些"被迫集体自杀"或者"玉碎"，开始时被称作"集体自杀"（shudan jiketsu）或"被迫集体死亡"（kyosei shudanshi）。数百人就这样于 3 月 26 日和 3 月 28 日死在庆良间诸岛上。②

冲绳主岛

在 1945 年 4 月 1 日，美军在冲绳主岛的西海岸登陆，在读谷（Yomi-tan）和北谷（Chatan）之间兵分为两队，一队往北，其余向南。由于日本的策略是拖延美国对日本本土的地面入侵，所以日军避免与美军进行滩头反登陆作战，以保存实力进行持久战。美军由此得以毫无损失地登陆，日本人称之为"无血上陆"。同时，日本将其保留的攻击力量集中在 2000 架自杀式飞机上，从台湾岛和九州岛基地起飞的"神风特攻队"（kamikaze tokkotai，特殊攻击团队）开始攻击美国军舰。美国共计动用了 1400~1500 艘军舰以及大约 548000 名士兵（包括 183000 名陆军和供给护航人员）。

---

① "在有土地战斗经验或没有经验的基础上，已经通过的战斗经验养成了这种集体主体性（shutai）的冲绳出现了很大的差距（gap），而经历了失败的战争没有从诅咒真正解放的皇权制度的大陆（Yamato）并没有正视面对这一事实本身。对于那些通过冲绳战役想活下来但是没能活下来的人，我觉得这个问题是在大陆，而不是在冲绳。"Hayashi Hirofu-mi, *Okinawa sen to minshu* (Tokyo: Otsuki shoten, 2001), pp. 365 – 369.

② 座间味岛 234 个，庆留间岛 53 个，屋嘉比岛大约 10 个，并且在渡嘉敷岛上有 329 个。Ota Peace Research Institute, *Okinawa kanren shiryo – Okinawa sen oyobi kichi mondai* (Naha: Ota Peace Research Institute, 2010), pp. 5 – 6.

相比之下，日本只拥有一支大约 100000 人的军队（估计陆军为 69000～86400 人，海军为 8000～10000 人）。把年龄在 13～70 岁的被征召为防卫队（boei－tai）、义勇队（giyu－tai）的当地人、男女中学生、女子救护班和炊事班都包括在内，或许为 110000～120000 人。① 美军不仅数目超过日军，而且也拥有具有压倒性优势的武器装备，另外，其几乎完全掌控了制海权与制空权。

图 2－1　冲绳战役中的平民受害者
图片来源：美国国家档案馆。

美军主力于 4 月 8 日到达日本前线。由于日本军队的强烈抵抗，美国人用了 50 天时间才突破日军防线，并在 5 月 11 日开始对首里城（日本司令部）发动全面进攻。尽管在安里（Asato）的嘉数高地（sugar loaf hill）和西原富士（untamamui）森林拼死抵抗，截至 5 月末，第三十二军已经损失了 70% 的兵力，此后其放弃了首里司令部开始南逃。牛岛满中将（Gen-

① 据石原正家（Ishihara Masaie），历史学家还在追寻日军在冲绳战役的更准确数目的研究。根据冲绳县和平纪念博物馆指南，估计有 69000 名陆军和 8000 名海军士兵，Sogo Annai,"Okinawa Prefectural Peace Memorial Museum," p. 81。而根据 Ishihara, *Okinawa no tabi*, p. 202 记载，则分别是 86400 名陆军和 10000 名海军士兵。

eral Ushijima）命令将司令部转移至在南部的摩文仁（Mabuni）山设立的一个新司令部，他计划在那里召集余下的 30000 人部队并继续战斗。对于日本来说，冲绳将作为一个"防浪堤"——或者"捨石"（sute ishi）——以保全本土，容许日本本土争取时间并尝试就准许保留天皇制度的和平协议进行谈判。① 1945 年 4 月 20 日，帝国军部发表了一份"决定性卫国战役的训令"，提出：

> 即便是当敌人用当地居民和妇女作为他们的盾牌而前进，并试图削弱我们的斗志时，我们也要毫不犹豫地歼灭敌人，并坚信他们（当地居民）希望我们帝国的胜利超越了他们对自己延续生命的希望。②

对于帝国军队而言，冲绳人的生命是可以任意支配的。

在冲绳南部的日本军队在首里与摩文仁（Mabuni）之间遵循这一指示，在往南撤退的路线上，那里许多妇女、儿童和老人已经疏散，军队在战斗绝望的最后阶段把他们当作盾牌。冲绳人认识到，军队远不是在保护当地居民，而是把他们当作攻击的目标、逼迫他们自尽，甚至还经常直接杀害他们。残杀平民和集体自杀就发生在日本军队所在的地方。

在岛屿的南端，当地平民在被称作"gama"的天然形成的石灰石溶洞里避难。从岛屿中部逃来的日本军队抢占了这些溶洞，驱赶当地居民并将他们暴露于危险之中，后者通常死在外面。一些人被日军以从事间谍活动为由惨遭杀害。随着日军和平民从遭到炮火攻击、炮弹袭击和火焰喷射的那霸、首里和冲绳中部逃来避难，南方变成了混乱的战场。美军运用当时所谓的"骑师策略"（horserider tactics），从两翼横跨包围山洞入口，并扔进炸弹和火把，把平民和士兵以同样的方式屠杀了。

在牛岛满中将及参谋长长勇（Cho Isamu）于 6 月 22 日③自杀后，日本

---

① Arasaki Moriteru, *Okinawa gendaishi*（Tokyo：Iwanami shoten, 2005），2nd ed.，pp. 2 - 3.

② Directive（*kokudo kessen kyorei*）archived in the library of the National Institute for Defense Studies，Ministry of Defense，quoted in Ishihara Masaie，*Okinawa No tabi*，p. 204.

③ 关于牛岛和长勇是否自杀和如何自杀，在 6 月 22 日或 6 月 23 日，存在混淆记录和证词。Ota Masahide and Sato Masaru，*Tettei toron Okinawa no mirai*（Tokyo：Fuyo shobo shuppan，2010），pp. 34 - 38.

图2-2 冲绳战役，作者丸木位里
（Maruki Iri）、丸木俊（Maruki Toshi）

图片来源：先真（Sakima）美术馆。

军队有组织的活动终止了。① 然而，牛岛满最后的命令是继续战斗到最后，因此许多士兵和平民在他之后丧生。三十二军的正式投降在1945年9月7日，是在天皇宣布投降三周以及在东京湾举行的投降仪式之后的第五天。

保卫位于冲绳南部的小禄半岛（Oroku Peninsula）的日本海军司令官大田实少将（Ota Minoru）也在1945年6月13日自杀于海军地下司令部内。在他的最后一封电报中，即在他死前一周，他称赞了冲绳人在该战役中的献身精神并断定："这就是冲绳人民战斗的方式。而由于这个原因，我要求从现在开始致以冲绳人民特殊的敬意。"② 由于他对冲绳人所遭受苦难的认可以及他对于"特殊的考虑"的要求，大田往往比牛岛满更受爱戴。③

① 本章概述了冲绳战役中，除非特别说明，是基于冲绳县和平纪念博物馆的 Sogo Annai 的记述；Ota Masahide, *This Was*；Ota Masahide, *The Battle of Okinawa：The Typhoon of Steel and Bombs*（Nagoya：Takeda Printing Company, 1984）；Arasaki Moriteru, *Okinawa gendaishi*；Arashiro Toshiaki, *Junia ban Ryukyu Okinawa shi*；Arasaki Moriteru et al., *Kanko kosu de nai Okinawa：Senseki, kichi, sangyo, shizen, sakishima*（Tokyo：Kobunken, 2008）, 4th ed.；Ishihara Masaie et al., *Okinawa sen to beigun kichi kara heiwa o kangaeru*, Iwanami DVD Books Peace Archives（Tokyo：Iwanami shoten, 2008）；Ishihara Masaie, *Okinawa no tabi*.
② 大田实（Ota Minoru）的最后电报的英文翻译在前日本海军地下总部展出。
③ 很久以后，大田的儿子，大田秀雄对这种倾向提出质疑，担心他富有同情心的军事领导的父亲的话和例子，会被政治家和官僚用于促进军国主义。Ota Masahide, *Shisha tachi wa imada nemurezu*（Tokyo：Shinsensha, 2006）, pp. 30 - 35.

战争中的人们

背叛

冲绳战役从一开始就是毫无希望的，仅仅是一个血腥的用于延迟盟军登陆日本本土的计划而已。由于冲绳没有被真正当作日本的一部分，所以日本很少耗费精力保护冲绳的民众。冲绳的记忆更多是被忽视、虐待、剥夺，甚至是遭到日本军队屠杀的人数比由美国进攻所引起的平民伤亡还要多。这种经历如此多，而更多的创伤是由于他们被教导成为日本人与天皇忠诚的臣民。事实上，很多人为了被同等对待，设法比日本人更像日本人，日本价值的内化加重了由日本军队的行为所引起的背叛感。

总动员

在"总动员制度"之下，日本在 1937 年发动了全面的侵华战争，战时措施被强加于人们生活的每个方面，而所有的文化、社会、经济和人力资源被严格地控制在天皇和内阁的命令之下。日本要求冲绳提供士兵、劳动力和食物。男人被征召入伍，而女人当劳动力（通常在本土的工厂）。1944 年根据第三十二军的部署，全面动员和对当地平民的剥削出现了，而 1944 年 10 月的空袭后，平民动员的速度加快了。年龄在 17 至 75 岁之间的男性被首先征用去建造飞机场，并且在 1945 年 1 月之后去增补军事力量的短缺。

儿童

第三十二军在 1945 年 3 月末将所有中学生动员作为士兵或者进行准军事的服务。岛上至少 1787 名初中男孩，大部分是 14 到 19 岁，被选派为"铁血勤皇队"成员（Tekketsu Kinnotai）。超过半数（至少 921 人）丧生。① 中学女生被编入"随军看护团"并日夜在野战医院或临时洞穴医院里工作，照料受伤的士兵、参加手术和处理截肢。已知 717 名女孩被调用

---

① Ota Peace Research Institute, *Okinawa kanren shiryo*, p. 2.

为军队护士，283人已知死于冲绳战役。学生伤亡人数仅仅占全部婴儿和儿童伤亡的一小部分。据一份军事报告估计，11483名14岁以下的儿童死于这场战役，超过平民伤亡总数的10%。将近90%的死亡是由于给日本士兵腾出空间而将儿童从他们避难的洞穴驱赶出去造成的，每一次驱赶都意味着暴露于直接死亡的巨大风险之中。其他人死于为军队所做的日常杂务，诸如烹饪、救援工作以及运送食物和其他补给。300名儿童是"强制集体自杀"的牺牲品，换句话说，他们为被迫相信这种做法势在必行的家庭成员杀害，目的在于保护他们所爱的人免于成为敌人的猎物。14人被日本军队射杀。总之，绝大部分的儿童死亡是由于日本军队对他们不提供保护或对其直接使用暴力。在这11483名有记录的死亡的儿童中，有5296人，或超过50%的人都是五岁以下的幼儿。①

军方谋杀平民

随着数万日本部队抵达冲绳岛，这里明显缺乏食品和武器，他们经常从冲绳人那里任意拿走他们想要的。当士兵和平民在同一片战场"生死与共"时，军队担心军方信息将通过他们泄露出去，尤其是如果他们投降了。因此军队发布了一项命令，"任何说冲绳语言的人都将作为间谍而受到惩罚"。② 那些拥有美国鼓励投降的传单或者尝试说服别人投降的人通常会被立即处决。战俘被美国士兵杀害和强奸的事件也在战役当中时常发生。③

久米岛大屠杀（The Kumejima Massacre）

1945年6月13日，当主岛战役朝着日本不可避免的失败迈进时，美国军方绑架了那霸以西100公里的久米岛的三名当地人。久米岛海军守卫队指挥官命令被绑架者一经美军返回便应上报，并且要回收并上交敌机空

① Rikujo jieitai kanbu gakkou（GSDF Officer Candidate School），*Okinawa zakusen kowa kiroku*，1961. As quoted in Ota Peace Research Institute，*Okinawa kanren shiryo*，p. 4.
② 引自冲绳冲绳守卫司令在1945年4月19日所发布的通讯（newsletter），同年5月5日，它以参谋长长勇的名义正式宣布。Ota Masahide，*Soshi Okinawa sen*（Tokyo：Iwanami shoten，1982），p. 180.
③ Hayashi，*Okinawa sen to minshu*，pp. 356 – 362.

投的传单，违抗者将被视为间谍而接受死刑惩罚。6月26日，美国军队登陆该岛，两名被绑架者被送返。由于战局恶化及村民们不知道卫队指挥官的位置，这次返回没有上报。最终当海军守卫队成员发现这些人后便用刺刀刺死了他们及他们的家人和两名社区领袖，并放火烧了他们的房子。在那个时候，有组织的战争已经结束，但是由于牛岛满司令官下达了"战斗到最后一个士兵"（keep fighting until the last remaining soldier）的命令，日军的抵抗及其对当地居民的暴行仍然在持续着。久米岛的暴行即便是在8月15日天皇发表投降声明之后仍在持续。8月20日还发生了一起仅仅因怀疑一名朝鲜人有通敌的嫌疑，守备队便将其一家七口全部杀害的惨案。①

被迫集体自杀

在庆良间岛，数百人死于被迫集体自杀。对于居民们来说，在美国停止轰炸和炮击之后，最大的恐惧是隐匿的日军残部进行的"抓捕间谍"活动②。被迫集体自杀在冲绳战役的叙述中很突出，但是它们通常发生在军方暴力针对冲绳平民的背景下，例如像发生在久米岛的那种平民大屠杀。最终，如石原昌家（Ishihara Masaie）所强调的一样，杀害当地居民和被迫集体自杀是基于阻止投降与信息泄漏这一目的：

> 军方已经在冲绳人的思想里植入了强烈的恐惧，威胁说那些尝试举手投降的人将被枪决；战俘，如果他们是男性，将被撕成一块一块，如果是女性，将被强奸后杀害。当地居民早已在心理上被吓得不知所措了。政府将"shudan jiketu"（集体自决）解释为"居民愿意为了天皇和国家而献身"，但实际上，集体自决是以军事命令、强迫、

① Description of the Kumejima incidents is based on Ota Masahide, *Shisha tachi wa*, pp. 96 – 108. For a detailed account of the incidents, see Matthew Allen, "Wolves at the Back Door: Remembering the Kumejima Massacres," in Laura Hein and Mark Selden, eds., *Islands of Discontent: Okinawan Responses to Japanese and American Power* (Lanham, MD: Rowman & Littlefield, 2003), pp. 39 – 64.

② Janamoto Keifuku, *Guntai ga ita shima: Kerama no shogen* (Naha: Okinawa sen kiroku firumu 1 fito undo no kai, 2009).

诱导和说明等手段在被敌人活捉之前令居民互相残杀，其真实目的是防止居民泄漏军事秘密。①

冲绳的被迫集体自杀事件发生于 3 月 26 日至 6 月 21 日，已知的就有三十个地点。每一起事件的规模从几人到几百人不等。大规模的事件包括 3 月 26~28 日在庆良间岛（渡嘉敷岛 329 人、座间味岛 234 人、庆留间岛 53 人）、4 月 1 日在读谷村溶洞地区（83 人）以及 4 月 22 日在伊江岛（约 100 人），这都发生在美军登陆后不久②。这里面有两个故事。

渡嘉敷岛（Tokashiki Island）

许多被迫自杀的幸存者在很长时间里都不愿谈及他们的经历。金城重明（Kinjo Shigeaki）那时 16 岁，是少数愿意谈及这段经历的人。当美军在他所处的岛屿登陆时，这个年轻的男孩认为死亡是无法避免的。日本军队已经给了村庄负责人手榴弹，并说当居民们遇到敌人时他们必须死。当敌军登陆时，村民们聚在一起，随着村长大喊"天皇陛下万岁"，便开始互相残杀③。由于没有足够的手榴弹分发给每一个人，很多人没有被炸死，人们用能到手的任何东西寻死。金城看到一个男人拿树杈打死了他的妻子和孩子。其他人用剃刀和镰刀割破喉咙，或用绳子上吊自杀④。金城和他的哥哥用妈妈的和服带子勒死了他们的小弟弟、小妹妹和妈妈，他们还用了一块石头⑤。金城写道："当我帮助我的妈妈时，我突然悲恸地哭嚎。"⑥ 金城描述说："将所爱的人留在这里对他们来说是最恐怖的事情，意味着他们将落入'英美鬼畜'手中而惨死。"⑦ 当金城和他的哥哥正要自杀时，

---

① Janamoto Keifuku, *Guntai ga ita shima: Kerama no shogen*（Naha: Okinawa sen kiroku firumu 1 fito undo no kai, 2009）.

② Ota Peace Research Institute, *Okinawa kanren shiryo*, pp. 5 – 6.

③ Jahana Naomi, *Shogen Okinawa "shudan jiketsu" Kerama shoto de nani ga okita ka*（Tokyo: Iwanami shoten, 2008）, p. i.

④ Kinjo Shigeaki, *"Shudan jiketsu" o kokoro ni kizande*（Tokyo: Kobunken, 1995）, pp. 53 – 54.

⑤ Kinjo Shigeaki's brother Kinjo Juei's account in Kunimori Yasuhiro, *Okinawa sen no nihon hei: 60 nen no chinmoku o koete*（Tokyo: Iwanami shoten, 2008）, p. 74.

⑥ Kinjo, *"Shudan jiketsu,"* p. 54.

⑦ Kinjo, *"Shudan jiketsu,"* p. 55.

有一个少年闯进来，以"怎么都是死，不如多杀一个敌人"来劝诱他们，金城兄弟便改变主意，削了木棒，以必死的心态打算与美军继续战斗。当他们在路上遇见了本以为全部被歼灭的日军和其他居民仍然活着时，遭到背叛的失望及愤懑可想而知。随后他们被俘虏了。带着一种难以承受的负罪感与心理创伤，金城开始了他的战后生活。在极度的绝望中，他在基督教中找到了希望并成为一位牧师。

冲绳南部读谷村溶洞（Chibichiri – gama）

4月1日，美军登陆读谷的日子，140名当地民众正藏在读谷村溶洞（Chibichiri – gama）里避难。当美国士兵在溶洞洞口敦促他们投降时，两个男人拿着削尖的竹棍冲了出来，但立即被射杀了。第二天，一名解除武装的美国士兵进入了洞穴，再一次劝告他们投降。在一位社区高级成员的命令之下，居民们再一次拒绝了。士兵离开之后，洞内的紧张感不断增加，自杀开始了。最终，83人死亡，其中47人是15岁以下的儿童，4人被枪杀，而53人设法逃脱并幸存了下来。

在石墓窟（音译，原文为Shimuku）溶洞附近，由于一位居民曾在海外生活过，能够劝说居民们美国人不会杀害投降的人。他们全部都活了下来。① 战争之后，羞辱、震惊和恐惧使当地居民们对读谷村溶洞事件沉默了几十年。后来，作家下岛哲郎（Shimojima Tetsuro）在经过了多年后的劝导后，拜访了幸存者和他们的家人。1987年，在本土雕塑家金城实（Kinjo Minoru）的支持下，各个家庭和村民们一同在那个洞穴的入口处建造了一尊纪念雕塑。这尊雕塑在七个月后被极端民族主义者损毁。居民们覆盖了它，再次变得沉默，但两年以后，他们打开它，说："我们将再一次站起来，即使我们受到第二次或者第三次攻击。"稍后雕塑被修复了。②

---

① Account of the Chibichiri – gama incident is based on Hayashi Hirofumi, *Okinawa sen：Kyosei sareta " shudan jiketsu,"* Rekishi Bunka Library（Tokyo：Yoshikawa kobunkan, 2009），p. 53；Shimojima Tetsuro, *Okinawa Chibichiri gama no " shudan jiketsu,"* Iwanami booklet （Tokyo：Iwanami shoten, 1992）；Ishihara et al. , *Okinawa sen to beigun kichi kara heiwa o kangaeru*, pp. 42 – 43.

② Shimojima Tetsuro, *Chibichiri gama no shudan jiketsu：Kami no kuni no hate ni*（Tokyo：Gaifusha, 2000），p. 260.

死亡背后的因素

林博史（Hayashi Hirofumi）提出了被迫集体自杀背后六个相互交织的因素：（1）人们被教导，被俘是可耻的，而以天皇的名义勇敢地死去是美德；（2）人们被频繁灌输，如果被俘，男人将被残忍地杀死，而女人则被强奸然后杀害；（3）日本军队威胁当地居民，他们将会由于成为或者想要成为美国的俘虏而被杀死（事实上，很多人由于这个原因被杀害）；（4）"军队、政府和平民们生死与共"（military, government, and citizens living and dying together）的思想被广泛地印刻在冲绳人的头脑里；（5）日本士兵为许多居民分发了手榴弹，他们命令、劝告并建议他们在极端的情况下用来自杀；（6）冲绳人所持的理解是基于一项军方发布的自杀的军事命令①。根据美国的分析，基于对战俘和平民俘虏的审讯记录，这些原因中的第二条———一旦被捕将被残忍杀害的恐惧———似乎是首要原因②。这与许多前日本冲绳战役士兵的证词一致。他们中的很多人曾在中国作战，在那里，抢劫、强奸并屠杀当地居民被认为是理所当然的，他们想当然地以为美国人会以相同的方式行事③。

朝鲜受害者

朝鲜，这块日本选择的殖民地（the Japanese colony of Chosen），成千上万的人被作为军夫（gunpu）抓来为军方工作，从事修建飞机场和防御工事、运送弹药以及作为搬运工在码头工作。很多人死于恶劣的工作条件、虐待和营养不良。尽管有"内鲜一体"（Naisen ittai）的口号，但是朝鲜人仍受到歧视。一位在庆良间诸岛的阿嘉岛（Aka Island）上的前劳工说，"因为我们很饿，我们从田里拿水稻和土豆吃。我的同伴朝鲜劳工们就因为这个被枪杀。"④ 12 人在阿嘉岛被屠杀。由于受够了日本人对待他

① Hayashi, *Okinawa sen：Kyosei sareta*, pp. 192 – 208.
② Hayashi, *Okinawa sen：Kyosei sareta*, pp. 194 – 195.
③ Kunimori, *Okinawa sen no nihonhei*, pp. 119 – 120.
④ Janamoto, "Guntai ga ita."

们的方式，越来越多的朝鲜劳工开始投降①。

位于冲绳和平公园的韩国慰灵塔（The Korean Monument）建于 1975年，铭刻着"多达一万名"朝鲜人在战役中被杀害的历史。然而，截至2011 年，只有 447 位朝鲜人被列在修建于 1995 年②的冲绳县和平纪念公园的和平奠基石（the Cornerstone of Peace）上。关于这一数字差距，还有许多等待发现之处。1999 年 6 月，一张写有被带到冲绳的 2815 名朝鲜劳工的名单在朝鲜被发现。其中，650 人被报告生还，273 人确认死亡，而1872 人"下落不明，但是极有可能死于与战争相关的疾病或伤害"。既然如此，那么，超过 70% 的劳工都已在战争中丧生或失踪③。

"慰安所" 和强奸

无论日本军队走到哪里，都有所谓的慰安妇，或军方性奴隶——成千上万名来自朝鲜、日本、中国、菲律宾和其他地方的妇女，被日本军方胁迫有组织地成为性奴隶，冲绳也不例外。根据一位前日本士兵的描述："当军方部队移动时，指挥官首先做的就是跟村长交流，建立一个慰安所。"④ 冲绳，包括周围的岛屿，建有超过 130 个由冲绳、日本和朝鲜妇女组成的慰安所。其中一些人是由于招收工厂工人和女佣的工作职位而上当受骗的⑤。此外，日军和美军侵犯当地女性的性犯罪的次数也很多⑥。

疟疾遍布偏远岛屿

战争的灾难不仅在美军登陆的各个岛屿上肆虐，而且也到达了他们没有登陆的偏远岛屿，包括在冲绳岛西南 300 ~ 600 公里的宫古和八重山诸

---

① Jahana Naomi, "Okinawa sen no ato o tadoru," in Arasaki et al., *Kanko kosu de nai Okinawa*: *Senseki*, *kichi*, *sangyo*, *shizen*, *sakishima*, p. 97.

② Okinawa Prefecture Peace and Gender Equity Promotion Division, "Heiwa no Ishiji kokumei sha su," http：//www3. pref. okinawa. jp/site/view/contview. jsp? cateid = 11&id = 7623&page = 1.

③ "Okinawa renko no chosenjin gunpu wa 2815 nin/meibo wo kankoku izokukai ga hakken/honshi nyushu, koseisho wa hikokai," *Ryukyu Shimpo*, June 22, 1999.

④ Kunimori, *Okinawa sen no*, pp. 95 – 96.

⑤ Hayashi Hirofumi, *Okinawa Sen ga tou mono*（Tokyo：Otsuki shoten, 2010）, p. 47.

⑥ Hayashi, *Okinawa sen to minshu*, pp. 61 – 69, 362 – 364.

岛，并且还有距离台湾岛和日本版图的最西端仅 100 公里的与那国岛（Yonaguni）。在八重山群岛中面积第二大、人口最多的石垣岛上，居民们被动员修建飞机场——平均每天有 2000 名居民，再加上 600 名朝鲜劳工——并被迫为军队提供大米和牲口。10000 人的日本部队来到八重山岛（那时岛上居民人口为 31000 人），30000 人的军队来到宫古岛（那时岛上的人口为 60000 人）。除了将农田征用修建飞机场、粮食充公和被迫成为劳工等现象，在那些岛上最大的问题是疟疾[1]。疟疾疫情集中在被疏散到山区的群体中。将近有 17000 人（总人口的 53%）在八重山群岛感染了疟疾，其中 3647 人丧生。在波照间岛（Hateruma）最南端的岛屿上，几乎每个人（1590 名居民人口中的 1587 人）受到感染，而且他们之中有大约三分之一（477 人）死亡[2]。强行将如此多的当地居民撤离到山区的原因是，疾病充斥的区域不明确，但是除了意图夺取全岛的食物供给之外，日本人或许想要防止岛民们被美国士兵擒获[3]。

殡葬集中营（Interment Camp）

投降后，冲绳岛居民被带到殡葬集中营。美国的心理战行动，包括散发四百万份传单说服日本军队和平民投降，看似很有效。从 3 月 27 日冲绳战役开始到 1945 年 6 月末，10740 名战俘（7401 名士兵以及 3339 名"劳工部队"或"非武装劳工"）和 285272 名平民被收容[4]。被俘者与战死者的比例约为 18%，远高于在其他太平洋岛屿的战争，那些地点是在 1% 至 2% 之间[5]。在投降和俘虏后，冲绳人受到盲讯，平民被与士兵分开，并被送到难民收容所，而士兵则置于战俘营。美国给平民提供了一些土地，在那里他们建造临时房屋并搭起帐篷居住。虽然有美国军方提供食物、服装和药品，但仍然有许多人死于疟疾和营养不良。美军士兵强奸的

---

[1] Hayashi, *Okinawa sen ga tou mono*, pp. 165 – 166.

[2] Ota Peace Research Institute, *Okinawa kanren shiryo*, p. 8.

[3] Hayashi, *Okinawa sen ga tou mono*, pp. 169 – 170.

[4] HQ Tenth Army, *G2 Report*（RG407/Box2948），1945, 3.26 – 6.30, quoted in Hayashi, *Okinawa sen to minshu*, pp. 338 – 339.

[5] Hayashi, *Okinawa sen to minshu*, pp. 334 – 337.

事情也频繁发生①。

吉田健正（Yoshida Kensei），一位与其家人一同被送到一座难民营地的冲绳记者，回忆道：

> 就在我年满 4 岁之前，我们从一处天然洞穴撤离并回到在我们家后院的避难所。然后，在美国士兵的枪口下，我的家人和我被带到了一座集中营。我的父亲，一名自卫队成员（平民被动员为军方工作，被第三十二军应征入伍），被带去夏威夷，而我的祖母和弟弟可能由于营养不良则死在了集中营里。农田有被海军轰炸的痕迹，而且弹药和人骨随处散落。人们不断地死于未引爆炸弹的爆炸。我的童年生活在严重的饥饿和不卫生的条件里②。

后果

战争的经历给很多冲绳人留下了不可磨灭的创伤。作为铁血勤王队的一员，大田昌秀几乎每天都看到他的同学被炮击，"不像是人的正常死亡，而是像虫子的死亡一样"。在他的 386 名同学中，226 名丧生。躲藏在摩文仁海滩的岩石间度过了战役的最后几个月之后，经历了饥饿、伤痛和绝望的折磨，他在日本正式宣布失败两个月后的 1945 年 10 月 23 日投降，之后他被送进位于屋嘉（Yaka）的集中营。战争仍然围绕着他。当日本军队在 1945 年 5 月放弃其首里司令部撤退到该岛南部时，一名受伤的士兵乞求大田带他一起走，说"Gakusei‐san！ Gakusei‐san！"（"学生！学生！"）六十多年之后，大田仍然每天都能听到那名士兵的叫喊③。"有那么多未尽之事，"大田说。他在战争行动结束后的最初几个月到处寻找死者的遗体并

---

① Yoshida Kensei, *Democracy Betrayed*：*Okinawa under U. S. Occupation*（Bellingham：Center for East Asian Studies, Western Washington University, 2001），pp. 23, 12; Hayashi, *Okinawa Sen Ga*, p. 182.

② Yoshida Kensei, e‐mail message to the authors, June 29, 2011.

③ Ota Masahide and Satoko Norimatsu, " 'The World Is Beginning to Know Okinawa'：Ota Masahide Reflects on His Life from the Battle of Okinawa to the Struggle for Okinawa," *Asia‐Pacific Journal*：*Japan Focus*, September 20, 2010, http：//japanfocus. org/‐Norimatsu‐Satoko/3415.

将他们送回家①，尽管他周围的一些人害怕这种行动会被看作是对美国人的挑衅。最终，超过 18 万具战争受害者的尸骨被收集起来②，但是数以千计的遗体仍然未被发现。未爆炸的炸弹也在岛上大量存在，而且预计需要 40～50 年才能清除完毕③。

图 2-3　1945 年 8 月 4 日，冲绳，在高座喂养的营养不良的儿童们
图片来源：美国国家档案馆。

"在冲绳，战争还远远没有结束，"大田说，"那么为什么还要为更多的战争做准备？"④ 这是一种广泛存在的观点。岛民们对美军基地的反对与他们对战争难以形容的恐惧密不可分。不仅他们不想在冲绳看到另一场战争，而且很多人感到对于间接参与在伊拉克和阿富汗的美国战争也负有责任，因为他们的土地正被用作军事基地。

挂在边野古静坐帐篷里的织锦上，有一首诗写道：

① Ota, *Shisha tachi wa*, p. 137.

② Ota Masahide, *Okinawa no irei no to: Okinawa sen no kyokun to irei*（Naha: Naha shuppansha, 2007），p. 40.

③ 预计 2200 吨未引爆的炸弹继续保留在冲绳。冲绳县每年处理约 30 吨。以这种速度，需要七十年才能完成这项工作。"Fuhatsudan shori kuni no sekinin de hosho seido tsukure," *Ryukyu Shimpo*, September 12, 2011, http://ryukyushimpo.jp/news/storyid-181533-storytopic-152.html.

④ Ota and Norimatsu, "The World Is Beginning."

在冲绳战役的最后，

群山被焚烧。村庄被焚烧。猪群被焚烧。

牛群被焚烧。鸡群被焚烧。

这块土地上的一切都被焚烧。

那么给我们留下什么来吃？

这是来自海洋的赠礼。

我们怎能向海洋表达我们感激的心情

绝对不能是对海的破坏！

——冲绳渔夫山城善胜（Okinawa Uminchu Yamashiro Yoshikatsu）

记　忆

被迫集体自杀

在冲绳战役伤亡人数的总体规模上，被迫集体自杀或许是导致死亡的一个相对次要的原因①，而这种现象肯定不是冲绳特有的。这种死亡现象也发生在太平洋其他地区的冲绳人和日本平民中，以及塞班岛和满洲。然而，在战后的冲绳和日本，被迫集体自杀却成为关于战役的历史争论的中心：最具有代表性的是，家永（Ienaga）教科书诉讼（1965～1997年），岩波出版公司（岩波書店，Iwanami Publishing Company）与作者大江健三郎（Oe Kenzaburo）在2005～2011年的诽谤诉讼，以及关于日本政府建议历史教科书在描述这些死亡时去除或淡化军方强迫内容（2006～2007年）的争论。尽管被迫集体自杀是日本军方侵犯当地居民的部分行为，但是那些意图减少或消除军方责任的人强调，那些行为是受害者自己实施的。

同样地，有关用语也存在着争议。在战争期间，人们使用 guokusai（玉碎）一词来形容战争中神风特攻队和其他牺牲自身来攻击敌人的战场自杀行为。"集团自决"这个词语于1945年7月由地方报纸首先提出，指代重伤士兵不愿成为部队的负担而自杀的行为，并因1950年之后广泛使用而固定下

---

① 在大田和平研究所的 *okinawa kanren shiryo* 中，记录了由被迫集体自杀所导致的已知死亡人数共计1202名。

来。但是，由于"集团自决"这个词有自愿选择的死亡（自己承担责任）的意味，所以军队强制造成死亡的事实就有忽略、模糊化的可能，正是这一点被某些势力利用以弱化和否定军队在其中所起的作用。军事秩序的存在成为家永三郎和大江健/岩波诉讼以及在教科书争论中的焦点①。为了解决这一问题，有人在括号里标注"shudan jiketsu"（集体自杀），暗示事实与该词所暗指的含义不同②，而其他人使用"kyosei shudanshi"，字面意思是"被迫集体死亡"，以强调这些行动的强制性质③。屋嘉比收（Yakabi Osamu）拓展出在强制环境中关于自杀行为的矛盾观点，他相信"强制集体自杀"，正如诺玛·菲尔德（Norma Field）所描述的，是在"被迫以两国军队存在的形式以及经过长年教化训练的日本帝国目标成果"的情况下被采用的④，二者极好地代表了行为背后之结构的复杂性⑤。

教科书

在过去六十多年中，保守党政府、官僚机构和右翼组织反复尝试减弱日本在教科书和战争叙事中的战争责任，我们应该在这个背景下来理解对于减少在冲绳战役被迫集体自杀中所涉及的军事胁迫的压力。其他存在争议的事件包括慰安妇、南京大屠杀和731细菌战部队。历史学家和教科书作者家永三郎（Ienaga Saburo）在三十二年里的一系列诉讼案中，一直与

① Arashiro Yoneko 批评冲绳报纸使用"集体自杀"一词的总体趋势，不管有多么合适，强调不接受这种平民主动死亡定义的重要性。Arashiro Yoneko, "Okinawa jimoto shi shasetsu ni miru Okinawa sen ninshiki," in Ishihara Masiaie ed., *Pisu nau Okinawa sen: Musen no tame no sai teii* (Kyoto: Horitsu bunkasha, 2011), pp. 40 – 63.

② 林博史讨论使用"集体自杀"（*shudan jiketsu*）一词的复杂性，并提出通过将其判定为接受靖国神社哲学而简单拒绝它的使用，是过度简单化且不富成效的。Hayashi, *Okinawa sen: Kyosei sareta*, pp. 229 – 232.

③ 屋嘉比收参考诸如 Aniya Masaaki 和石原昌家等历史学家在消除"自决"（*jiketsu*）这一术语和概念过程中的贡献，并在 20 世纪 90 年代产生了一个新词，"死亡"（*shudanshi*），作为一种对政府的反向描述（counternarrative），试图构成自发的死亡。Yakabi Osamu, *Okinawa sen, beigun senryo shi o manabi naosu: Kioku o ikani keisho suruka* (Yokohama: Seori shobo, 2009), pp. 28 – 31.

④ Norma Field, *In the Realm of a Dying Emperor: Japan at the Century's End* (New York: Vintage Books, 1993), p. 61.

⑤ Yakabi, *Okinawa sen, beigun*, pp. 50 – 54.

这种历史扭曲的压力进行斗争①。像他这样的努力有助于挫败右翼力量对教科书的控制，以及培育一种了解日本作为战争罪犯的教育环境。然而，我们也应该为以下的趋势所震惊。在二十世纪九十年代中期，新历史教科书编撰会（Atarashii Rekishi Kyokasho O Tsukuru Kai）组建起来并发起了一项具有挑衅性的运动，即制作和推广弱化日本侵略色彩的教科书。冲绳战役中的被迫集体自杀事件成为他们的主要目标之一，而他们的压力从 2005 年至今逐渐增强，在公共领域和教育媒体（教科书）中都是如此②。

大江健三郎/岩波书局的诉讼案

2005 年，另一场诉讼也在进行，右翼人士声称作者大江健三郎对冲绳战役所涉及的日本指挥官们在座间味岛和渡嘉敷岛命令居民们自尽的内容是诽谤。该案件首先在大阪地方法院，稍后于 2008 年又在大阪高等法院被驳回，而更进一步的上诉在 2011 年 4 月被最高法院驳回。根据这一裁决，诺贝尔奖作者和出版方赢得了长达六年的诉讼。这起诉讼直接关系着 2006/2007 年度教科书争论，稍后将对其进行讨论，原告及其支持者们正是推动高中教科书减少关于被迫集体自杀中军事强制讨论内容的势力的组成部分③。

2006 ~ 2007 年文部科学省争论

2006 年 12 月，教育、文化、体育、科学与技术四省（MEXT，官方称为 MOE）要求高中历史课本八册中的七册提交审查，因为书中在居民的集

---

① 家永诉讼的详细信息和教科书的争议的大体情况，可参见 Yoshiko Nozaki, *War Memory, Nationalism and Education in Postwar Japan*, 1945 - 2007: *The Japanese History Textbook Controversy and Ienaga Saburo's Court Challenges* （Florence: Routledge, 2008）; Julian Dierkes, *Postwar History Education in Japan and the Germanys - Guilty Lessons* （New York: Routledge, 2010）; and Laura Hein and Mark Selden, eds., *Censoring History - Citizenship and Memory in Japan, Germany, and the United States* （New York: Sharpe, 2000）。

② Yoshiko Nozaki and Mark Selden, "Japanese Textbook Controversies, Nationalism, and Historical Memory: Intra - and Inter - National Conflicts," *Asia - Pacific Journal: Japan Focus*, June 15, 2009, http://japanfocus.org/ - Yoshiko - Nozaki/3173.

③ Steve Rabson, "Case Dismissed: Osaka Court Upholds Novelist Oe Kenzaburo for Writing That the Japanese Military Ordered 'Group Suicides' in the Battle of Okinawa," *Asia - Pacific Journal: Japan Focus*, April 8, 2008, http://japanfocus.org/ - Steve - Rabson/2716.

体自杀中关于军事胁迫的内容很有可能"引起对于冲绳战役事实的误解"①。将这一观点视为大江/岩波诉讼中原告观点的翻版并不为过。教科书的作者们被要求修改关于集体自杀的描述，以减少军方使用了强制手段的迹象。例如，"有一些人受到日本军方强迫（kyosei sareta）采取集体自杀"这一语句不得不被改成，"有一些人被迫（oikomareta）（追得走投无路）采取集体自杀"。其中具有清晰和强烈的强制含义的词语被冲淡了，主语也被消除了②。

对冲绳集体自杀强制性质的抨击，是修改第二次世界大战中日本侵略记录的一种系统尝试的一部分。如果日本军方能够消除过去对于自身和其他亚洲人民的军事犯罪责任，当代日本领导人对于扩展国家的军事能力及深化其与美国合作的努力就将进行得更为顺利。修正主义运动集中在它描述为"自虐史观"的三大支柱上，即南京大屠杀、军方慰安妇制度、冲绳战役中的集体自杀，这些都降低了日本军方的声誉。根据石山久男（Ishiyama Hisao）的说法，他是遭受文部科学省修正主义压力的其中一本教科书的作者，修正主义者们已经成功地从几乎所有教科书③中消除了"慰安妇"问题，并且其中很多书在南京大屠杀的描述中去除了估计的死亡人数，但是这个团体还没有触碰冲绳问题的方法。2006～2007年度的运动力图"压制人们对于冲绳战役重要教训的意识，'军队不保护人民'，而通过捍卫天皇军队的'荣誉'，来培养服务于国家和军队的人们，从而为了战争再次动员他们"。④

冲绳的反应很迅速。由和平团体、教师工会和冲绳报界所引领的谴责浪潮席卷诸岛，市町村议会和县议会要求撤回修订本。2007年9月29日，一次涵盖两党的全冲绳抗议集会，吸引了11.7万名民众，成为自1972年

① Ishiyama Hisao, *Kyokasho kentei：Okinawa sen "shudan jiketsu" mondai kara kangaeru* (Tokyo：Iwanami shoten, 2008), p. 56.
② Publisher Shimizu Shoin's example in Kurihara Keiko, *Nerawareta shudan jiketsu：Oe Iwanami saiban to jumin no shogen* (Tokyo：Shakai hyoronsha, 2009), p. 60.
③ 在2002年版的初中历史教科书里，关于日本军方"慰安妇"的描述被显著淡化了，而到了2006年，"慰安妇"的词语彻底消失了。See VAWW – NET Japan, "Kyokasho ni iwanfu ni tsuite no kijutsu o," http：//www1. jca. apc. org/vaww – net – japan/history/textbook. html.
④ Ishiyama, *Kyokasho kentei*, p. 43.

冲绳返还日本以来岛上最大规模的集会①。

许多集体自杀的幸存者，那些之前从未谈论过其惨痛经历的人，打破沉默并在这次集会上作证。就像一位高中生具有代表性地提出，"这在厚厚的教科书里，或许只是一句话、只有一个词，但是其中包含了很多已逝的珍贵的生命"。② 本次大众集会通过了一项决议，提出"这是毫无疑问的事实，没有日本军方的介入，'集体自杀'不会发生。消除或者修改课本中的这一事实，是要否定和歪曲众多幸存者的证词"。③

文部科学省迅速发布通知表示他们将对冲绳这一前所未有的意见表达做出回应。文部科学省在受到前所未有的大规模抗议后，做出了回应订正申请的姿态，但并没有改变检定意见不撤回的立场。2007 年年末，订正申请获得批准，"强制"的字眼被保留，但"强制"这一词语的主语"日本军方"却被删除了④。该争论五年之后，针对文部科学省原始版本撤销的斗争一直持续着。即使随着最高法院对于大江健三郎与岩波出版公司诽谤案件的驳回，文部科学省仍然拒绝撤销其在 2007 年 3 月所做出的决定。如今，冲绳的高中学生正使用体现了文部科学省修订要求的教科书。

冲绳集会反对涉及被迫集体自杀的教科书的修订，吸引了比之前任何反对美国军事基地的示威游行更多的民众的这一事实，表明冲绳人对于历史事件的反应比对那些美国军事基地更加强烈。当然，这两件事是相关的，但是对于日本军方强制的被迫集体自杀的否定明显是冲绳人所无法容忍的，尤其是就幸存者和受害者的家人而言。遍布冲绳的激烈反应也表明对于受到集中控制的教育课程的反抗，还意味着把自身的历史传授给更年轻一代冲绳人的一种冲绳决心。

---

① Kamata Satoshi, "Shattering Jewels: 110000 Okinawans Protest Japanese State Censorship of Compulsory Group Suicides," *Asia - Pacific Journal: Japan Focus*, January 3, 2008, http://www. japanfocus. org/ - Kamata - Satoshi/2625.

② Ishiyama, *Kyokasho kentei*, p. 57.

③ Okinawa Taimusu ed. , *Idomareru Okinawa sen*: "*Shudan jiketsu*" *kyokasho kentei mondai hodo tokushu*（Naha: Okinawa Taimusu sha, 2008）, p. 245.

④ 举个例子，在之前讨论的清水书院（Shimizu shoin）的例子中，"在接受投降可耻以及死亡比成为美国俘虏而遭受惨痛后果更好教育与宣传的居民当中，有些人陷入使用日本军方介入所分发的手榴弹进行集体自杀的绝境。" Ishiyama, *Kyokasho kentei*, p. 34.

被盯上的边境岛屿

在 2007 年教科书争议悬而未决之时，一起新的教科书纠纷又在 2011 年中期爆发了。八重山群岛教材选用委员会（冲绳最南端的岛屿）批准了育鹏社（Ikuhosha）的公民教科书，它是与新历史教科书编撰会（Tsukuru-kai）有关的两家教科书出版商之一。当新历史教科书编撰会（Tsukuru-kai）的版本在 2011 年首次被文部科学省批准时，在战争中遭受日本侵略的各个国家表示强烈谴责。尽管在日本只有不到 1% 的学校在最初的几年里接受了那些教科书，但时至 2011 年夏天，高中历史和公民教科书的这一统计数字增长到大约 4%①。

八重山群岛被分为三个教育委员会管辖区——石垣（Ishigaki）、竹富（Taketomi）和与那国（Yonaguni），其总人口大约 55000 人，约占冲绳人口总数的百分之四。然而，那些岛上的教科书选择过程却成为头条新闻，接连几周关于这个话题的大量文章和社论发表在冲绳两家主流报纸上，甚至受到日本本土媒体关注。这是新历史教科书编撰会教科书首次被冲绳学校委员会接受。隶属新历史教科书编撰会的历史教科书在集体自杀中没有提到日本军方的参与。而育鹏社出版的教材封面的日本地图甚至没有标明冲绳，还将日本的宪法构建成一部为美国占领军所强加的并且没有涉及人民主权、和平与人权原则讨论的宪法。这版教科书还忽视了冲绳长期遭受的基地负担和普天间基地搬迁问题的痛苦。

尽管冲绳的学校选择这种课本看起来很不可思议，但是育鹏社的公民教科书在有争议的情况下仍被采纳了。根据媒体报道，教科书选择的规定和过程被巧妙操作从而影响了该决定，这一过程受到了日本本土的保守政治家和隶属新历史教科书编撰会势力的支持。在这之前，一群经验丰富的教师已经作为教科书审查人主要是给教科书分了等级并向委员会成员推荐。这是头一次，委员会成员被授权在未被推荐的教科书当中进行选择。选择审查小组委员会成员和教师小组的各个程序也降低了民

---

① "Hoshukei kyokasho giron yobu: rainendo kara 4 nenkan no chugaku shakaika kyokasho o kaku-chi de saitaku," *Mainichi Shimbun*, September 19, 2011.

主性和透明性①。

八重山教科书事件可以看作日本和美国军事存在和行动的最新步骤，主要针对的是围绕那些边境很接近中国和中国台湾的岛屿，特别是在 2010 年中国和日本之间就钓鱼岛/尖阁列岛爆发争议之后（第 11 章讨论）。教科书争议，无论是在现在还是在过去，都与时代的政治状况紧密相连，无论是在 20 世纪 80 年代，当时的首相中曾根康弘（Nakasone Yasuhiro）呼吁将日本变为美国"永不沉没的航空母舰"并改变战后历史教育，还是在 21 世纪早期，首相安倍晋三（Abe Shinzo）同样提倡抛弃其战后政体的原则，包括和平宪法。一位冲绳评论家的观点为：

> 这不仅是一个历史修正主义问题；它与日本的防卫政策密切相关……历史修正主义暴露了日本政府将培育人民的国防意识作为日本重新军事化的政策②。

就在 1945 年自卫队成立之后，内阁情报与调查办公室的出版社发表了一篇名为《国民的防卫意识》的文章，其中写道：

> 如果战时受害的记忆在民众中变成一种和平思想（heiwa shiso），将阻挠人民防卫意识的培养。为了鼓励民众的爱国主义和防卫意识，有必要消除战时受害的记忆，并向没有这种作为战争牺牲品记忆的年轻一代呼吁③。

---

① 《琉球新报》和《冲绳时报》这两份冲绳报纸，从 2011 年 8 月中旬至 9 月末刊登了大量关于八重山教科书争议的专题文章，记载并分析了有关教科书选择程序的复杂的操纵指控。See the editorial "Rekishi ni kakon nokosanu minaoshio," *Ryukyu Shimpo*, September 8, 2011; "Shinto suru 9. 29 ketsugi," *Ryukyu Shimpo*, September 8, 2011; "Mirai ninau sedai no tameni – Yaeyama kyokasho mondai zadankai," *Ryukyu Shimpo*, September 11, 2011; and Maeda Sawako, "Yureru Yaeyama no kyokasho erabi," Peace Philosophy Centre, September 16, 2011, http://peacephilosophy.blogspot.com/2011/09/blog – post_16.html.

② Tonaki Morita, in the first of a three – part series, "Haikei ni arumono – Yaeyama kyokasho mondai," *Ryukyu Shimpo*, September 1, 2011.

③ Tonaki Morita, in the first of a three – part series, "Haikei ni arumono – Yaeyama kyokasho mondai," *Ryukyu Shimpo*, September 1, 2011.

冲绳 VS 靖国神社（Yasukuni）

出生于 1939 年的雕塑家金城实，是一个土生土长的浜比嘉岛（Hama-higa）人，那是离冲绳胜连（Katsuren）半岛不远的一个小岛。他强调他的父亲，金城盛松（Kinjo Seisho）在与他的母亲秋子（Akiko）结婚一年后入伍，1944 年 3 月 24 岁那年死于布干维尔岛①的战役，"白白地死去了"，或者按字面理解，"像狗一样"（inujini）死去。只有他的头发和指甲被送了回来。金城实说他的态度过去常常激怒他的母亲，她为丈夫的死感到骄傲，且事实上为他在靖国神社被供奉感到安慰。在那里，约有 250 万为天皇在战争中丧生的军人被视为英雄的英灵（eirei）受到供奉。就像金城实（Minoru）所说的"如果不把我父亲的逝去当作'狗一样死去'，我将无法真正看透冲绳战役的内涵"。②

金城实是 2002 年 9 月发起"冲绳靖国违宪诉讼"的 94 个原告之一，他们提出首相小泉纯一郎（Koizumi Junichiro）对靖国神社的参拜违反了宪法第 20 条要求"避免……任何宗教行为"的规定。他们还要求对由于首相参拜引起的心理痛苦进行国家补偿。过去曾有日本本土团体提出五个与靖国神社相关的法院诉讼判决，尽管有人认为首相的参拜是违反宪法的，但他们的申诉和赔偿要求已经被驳回③。对于冲绳的诉讼，那霸地区法院进行了一次包括法官、律师和原告的现场参观行动，其可能让人更好地了解卷入冲绳南部战争的平民的遭遇。然而，2005 年 1 月法院却拒绝了原告的全部要求④。

冲绳的案件很独特，大部分原告是冲绳战役的幸存者或是丧失了亲人的家庭的成员。他们反对作为战争受害者的家人，与作为战争英雄和在战争中积极配合日本军方的人员一起受到供奉。他们主要的动机不是为了寻

---

① Bougainville，巴布亚新几内亚东部。——译者注
② "Eirei ka inujini ka"（Ryukyu Asahi Broadcasting，2010）．
③ 2004 年 4 月福冈区法院。稍后在 2005 年 9 月，小泉违宪参拜靖国神社也得到了大阪高等法院的认可。For details of Yasukuni – related lawsuits, see Tanaka Nobumasa, *Dokyumento Yasukuni sosho：Senshi sha no kioku wa dare no mono ka*（Tokyo：Iwanami shoten，2007），pp. 122 – 129.
④ "Weekend Station Q"（Ryukyu Asahi Broadcasting，September 3，2004）；"Weekend Station Q"（Ryukyu Asahi Broadcasting，January 28，2005）．

求补偿，而是教育公众，在天皇的战争中有如此多的冲绳人和日本人的生命白白丧失了。政府领导人参拜宗教机构是有问题的，这不仅否定了战争的侵略性质，而且还美化了战争。

金城实也是 2008 年 3 月起诉靖国神社和政府的 5 位原告之一，其要求将他们丧生的家人从接受供奉的名单上移除。这起诉讼构成了更大范围的国家和国际运动的一部分，要求去除那些没有获得其家人认可或承认而在靖国神社接受供奉的人。这些诉讼中的原告，有来自朝鲜和中国台湾的成员，也有那些反对将其家庭成员供奉在他们实际并没有接受的某种信仰的公共机构中。

供奉平民

靖国神社原则上只供奉在战争中为天皇而死的军方人员，而不是，举个例子，成千上万在常见的战争或者原子弹爆炸中死去的平民受害者。但是，确实有超过 55000 名冲绳平民被作为 "战斗参与者" 被供奉在那里。冲绳的战争平民受害者被以这种方式作为准军事人员进行分类，根据《战争受害者和幸存者救济法》(*The Law for Relief of War Victims and Survivors*) 以获得补偿资格①。当该法案在 1958 年应用于冲绳平民时，冲绳县把 "战斗环境" 分为二十类，并帮助失去亲人的家庭将其家庭成员归入某一类②。那些被迫离开避难洞穴进入敌人炮火的人们则被放置到 "为（军事人员）在洞穴中提供避难所" 一类，那些提供食物的人变成 "捐献食物"，甚至那些被迫集体自杀和被当作 "间谍" 而遭杀害的人们被视为在战斗中合作 "保护军事秘密"。一旦被证实为 "准军方人员"，这些人就被增加到在靖国神社接受供奉的名单中。这些名字通过位于冲绳的日本政府办公室和厚生省被送去神社供奉，并没有得到死者家庭的承认和许可③。

---

① "*Senshobyosha senbotsusha izokuto engoho*," 或简称 "*Engo - ho*"。该法案于 1952 年颁布，用于国家对受伤的军事人员和遇难者家属进行赔偿。由于冲绳当时仍然处于美国占领之下，该法案不适用于冲绳；但是在 1953 年，它被应用于冲绳军事人员及其家庭。1958 年，该法案适用于冲绳平民。Tanaka, *Dokyumento Yasukuni*, pp. 77 - 88.

② Tanaka Nobumasa, "Desecration of the Dead: Bereaved Okinawan Families Sue Yasukuni to End Relatives' Enshrinement," *Asia - Pacific Journal: Japan Focus*, May 7, 2008, http://www. japanfocus. org/ - Nobumasa - Tanaka/2744. (This article, originally published in the A-pril 4, 2008, *Shukan Kinyobi*, is slightly abridged and translated by Steve Rabson.)

③ Ishihara, "Okinawa sen o netsuzo," p. 30.

通过这种方式，55000 名冲绳平民包括儿童，受到供奉。救济法及其相关补偿方案被用来"掩盖日本军方对冲绳人犯下的罪行"①，并隐藏冲绳战役的真相。这种伪造也影响了文部科学省（The Japanese Education Ministry）对教科书的修订②。战后经济困顿的遗族家庭因为生计而申请《战争受害者和幸存者救济法》的救济的案例相当多，在生存的压力下，战争中被害之家人被列入因参加战斗而死亡的名单的事实并没有引起人们的注意。然而金城实，和其他原告们确实挑战了靖国神社和日本政府。靖国神社，没有继续被占领军视为国家认可的战争纪念馆，稍后恢复为民间宗教组织，它从未同意从其供奉名单中去除任何"神明"（gods）。2010 年 10 月 26 日，那霸地方法院拒绝了 5 位原告的请求，裁定不允许干涉参拜靖国神社的"宗教自由"。一年之后，2011 年 9 月，福冈高等法院维持原判，金城实和他的同伴们向最高法院上诉。对于他们来说，这起诉讼不是关于赔偿，而在于纠正在战争中受害的家人们，包括一个两岁男孩作为"战斗参与者"受到供奉的错误。

金城实，为集体自杀受害者树立读谷村溶洞纪念碑的雕刻家，总是认为他的父亲，那个想让金城实被恰当地教育成一位日本市民以免受对于冲绳人的歧视的人，没有白白地死去。但是无论冲绳人如何努力成为"日本人"，他们都被驱逐出洞穴，被杀害，并被强迫集体自杀。他总结说道："他们因欺骗而死。"金城实的母亲秋子，最终也支持她的儿子并作为一名原告加入反对小泉的诉讼之中。

可以说，冲绳和靖国神社问题象征了相反的生命与死亡哲学，一个歌颂生命、否定战争，另一个歌颂死亡、发动战争。它们之间的争斗持续着。而对于金城实来说，关于靖国神社诉讼的行动与反对基地建设计划的抗议构成了一枚硬币的两面。他提出，"被美军俘虏还不如去死，冲绳战役的这个特点与今天普天间基地之县内移设是同样的"。③

---

① Ishihara interviewed in documentary "Eirei ka inujini ka," *Ryukyu Asahi Broadcasting*, 2010.

② Tanaka, "Desecration of the Dead."

③ "Eirei ka inujini ka."

公众记忆

日本是一个遍布和平博物馆的群岛国家，在那里陈列着过往战争特别是第二次世界大战中的物品和记忆。全世界大约两百个和平博物馆中的1/3在日本[1]，尽管这一数字也包括许多博物馆，特别是在日本本土，强调日本作为战争受害者并突出对日本城市空投炸弹、广岛和长崎的原子弹所造成的毁坏，以及战时的贫困，同时淡化或忽视日本对于战争的责任与对亚洲邻国的侵略。

在这个群岛上，冲绳作为一个遍及和平慰灵塔和博物馆的岛屿而引人注目，特别是在冲绳南部，整个冲绳战役后期最激烈的战斗曾在那里进行。大田昌秀（Ota Masahide）援引展示在冲绳县和平纪念博物馆的重要"声明"来表达大多数冲绳人对于战争的观点[2]：

> 无论何时我们审视冲绳战役的真相
> 我们认为没有比这更残忍的
> 没有什么像战争这样不光彩。
> 当面对这一惨痛经历时
> 没有人能够大胆直言
> 或者理想化战争。
> 是人类发动了战争。
> 但不仅如此
> 我们人类不是也必须阻止战争吗？
> 我们憎恶所有的战争
> 长久地渴望创造一个和平的岛屿。
> 为了得到
> 这个
> 我们不可动摇的原则

---

① Yamane Kazuyo ed., *Museums for Peace Worldwide* (Kyoto: Organizing Committee of the Sixth International Conference of Museums for Peace, 2008), pp. 10 – 15.

② Ota, *Shisha tachi wa*, pp. 15 – 17.

我们已经付出了高昂的代价。①

丝满（Itoman），冲绳岛南部边缘的一座城市，拥有两间重要的和平博物馆②以及大约 250 座战争纪念馆和纪念碑③。冲绳县，包括八重山岛和宫古岛在内，从总体上看，拥有超过 400 个为战争死难者树立的慰灵塔——包括和平之砥，用来纪念所有不分国籍的战争死难者；魂魄之塔（Konpa-ku no to），第一个由市民竖立的纪念碑，建于战后早期用以纪念 3.5 万名无法确认的受害者；县立纪念碑记载着来自每一个县的士兵，大部分在摩文仁（Mabuni）山；其他由军方设立的，包括那些纪念自杀式的攻击团队的纪念碑；朝鲜的纪念碑；用于学生部队，被迫集体自杀的受害者和疟疾、医护人员和记者的纪念碑；其他的纪念碑由都道府县设立④。超过 1.4万个美国人的名字被刻在和平奠基石上，而其他纪念碑则记载着美国第十军的西蒙·巴克纳将军（General Simon Buckner）、记者厄尼·派尔（Ernie Pyle）和三位在其飞机在石垣岛被击落后被日本海军拷问并杀害的美国飞行员。

崎原盛秀（Sakihara Seishu），靖国神社诉讼原告之一，他的家人每年来魂魄之塔哀悼他的妈妈和哥哥。他对于在东京的奉祀很气愤，他说："我们与靖国神社没有任何关系。我们只能来这里。"⑤ 对于崎原盛秀和很多像他一样的人来说，魂魄之塔是市民们的悲惨遭遇和哀悼的象征，与靖国神社对立。

尽管如此，大田昌秀（Ota Masahide）担心当日本政府、工业界和自卫队领导人试图重塑关于冲绳战役的记忆以为未来的战争做准备时，和平观念（the philosophy of peace）会消逝。

他们不关注死于战斗的二十多万民众，而当涉及日本军方对邻国两千万人丧生的责任时，他们不仅忽视这些问题，而且甚至否定这一事实本

---

① "Okinawa Prefectural Peace Memorial Museum," pp. 98 – 99.
② 冲绳县和平博物馆及（用于纪念陆军医护队受害者的）姬百合和平博物馆。
③ Ota, *Okinawa no irei*, pp. 12 – 15.
④ Ota, *Okinawa no irei*, pp. 230 – 239.
⑤ "Eirei ka inujini ka."

身。在这种环境下，建立在全冲绳的纪念碑的意义将会消失。①

记忆依然被强烈地激辩着。140 座纪念碑中的 37 个墓志铭，尤其是那些 20 世纪 60 年代以来所建立的，当时来自日本本土的退伍军人和丧生者家庭团体开始修建纪念碑，尽管包括"认可并赞颂战争和在战争中死去的人"以及"爱国主义情感"，但缺乏对于参与战争的悔恨的表达②。在代表每一个县的纪念碑中，只有 2 座提到了冲绳当地居民的牺牲③。每年 200 多万到访冲绳的游客中有很多人会去摩文仁山，那里竖立着哀悼来自每个县的士兵的县立纪念碑，而在"黎明之碑"（Reimei no to）那里，牛岛满中将很受尊敬④。或许只有很少的游客会注意到与以下的对比，第三十二军的指挥官在山顶享有极佳的位置，远眺海洋；而"铁血勤皇队"的学生们的纪念碑则在它下面很多级楼梯处，象征性地保持着几十年来在对灾难负有责任那些人及受害者之间在地位和权力上的巨大差距。

大城将保（Oshiro Masayasu）敲响了将对战争死难者的哀悼"靖国化"的警钟，同时批评导游们的论调。这些导游往往把战争受害者描述成他们是为了国家而牺牲的宝贵的殉道者，并且也忽视了日本军方对冲绳平民的暴力行为⑤。

---

① Ota, *Shisha tachi aa*, pp. 14 - 15.

② Oshiro, "Okinawa sen no shinjitsu," pp. 39 - 40.

③ Ota, *Okinawa no irei*, p. 34.

④ Editor Umeda Masaki's note, in Arasaki et al., *Kanko kosu*, pp. 315 - 316.

⑤ "冲绳人的遭遇被替换成对于'姬百合医护队'及铁血勤王队的修饰性（decorative）描述。在如今旅游巴士所停靠的路旁曾经发生过的事情被忽略了——母亲们背着婴儿奔逃着，在熊熊大火中，受伤的老人被遗弃，婴儿们仍然在吮吸已经死去的母亲的乳房，村民们被迫退出洞穴、在交叉扫射中乱窜（run the gauntlet of strafing），日本士兵从平民撤离者手中抢夺食物，军方官员挥舞着剑喊道：'所有冲绳人都是间谍！'士兵们从背后射击试图逃跑的自卫队成员与尝试投降的平民们，而驻军指挥官们则分发手榴弹强迫'集体自杀'。为什么导游们不谈及这些战争事实，这些成千上万的冲绳幸存者中每一个人都知道的事情？他们是否认为说出事实会冒犯来自本土的游客？" Oshiro, "Okinawa sen no shinjitsu," pp. 34 - 35. For a detailed discussion of peace monuments and tours in Okinawa, see Gerald Figal, "Waging Peace on Okinawa," in Laura Hein and Mark Selden, eds., *Islands of Discontent: Okinawan Responses to Japanese and American Power* (Lanham, MD: Rowman & Littlefield, 2003), pp. 65 - 98.

关于博物馆展示的争论

冲绳痛苦的战争经历使得对尝试操纵其战争回忆或建立军事力量的行为高度敏感。修改教育基本法等问题将新历史教科书编撰会（Tsukuru－kai）的教科书缓慢但稳步地渗透进教室，和平教育课程的减少，以及在学校仪式中越发强制使用太阳旗和君之代国歌在冲绳激起了比日本其他地区更强烈的批评回应。出于这一原因，冲绳遭受了改造其想法的巨大压力。

1999 年，冲绳发生了一场被称作"博物馆展示不实事件"（museum display falsification incident）的骚乱。当 1975 年冲绳县和平纪念博物馆在冲绳南部摩文仁的冲绳和平纪念公园最初建立时，这实质上是中央政府主导的行为，冲绳人投入很少。因此，它好像是一座军事博物馆，甚至类似于依附在靖国神社参拜的博物馆。在受到大量批评之后，这个博物馆被一个新的指导委员会，其中包括冲绳学者，重新设计。当 1978 年再次开放时，博物馆变为从冲绳的视角强调战争经历。[①]

因此，1999 年全县范围内的争论是第二次针对这个博物馆。现有博物馆的扩建和改善，连同"和平奠基石"及冲绳国际和平研究机构的建立，都是大田昌秀（县知事，1990~1998 年）和平倡议三大支柱的一部分。和平奠基石于 1995 年完成，但 1998 年大田在第三任期选举中失败之后，其余的倡议显然被他的继任，稻岭惠一（Inamine Keiichi）治下的县级工作人员改变了。当博物馆整修时，他们暗中改变了预计展览的内容，这些改变基于"不过分强调日本士兵的残暴性"的新原则。[②] 一个真人大小的洞穴（gama）内部模型将展示被日本士兵监视的平民撤离人员，以及被迫用窒息的方法让一个哭泣的婴儿保持安静。根据县工作人员向县知事简要介绍的展览计划，县知事稻岭发现了这个问题，他强调博物馆由县里资助的，因此建议展览内容不应该激怒国家政府。[③] 当监督委员会（监修委员会）成员检查 1999 年 6 月制造的模型时，他们注意到洞穴（gama）里的

---

① Oshiro, "Okinawa sen no shinjitsu," pp. 49 – 56.

② Ota, *Shisha tachi wa*, p. 203.

③ Matsunaga Katsutoshi, "Shin Okinawa heiwa kinen shiryokan mondai to hodo," in *Soten Okinawa sen no kioku* (Tokyo: Shakai hyoronsha, 2002), pp. 141 – 142.

士兵手里没有刺刀。县工作人员承认做了两处修改——撤掉了刺刀和用氰化钾强制自杀的军医的场景。① 历史学家和记者发现并公布了至少18处县工作人员计划做的修改。这个方案不仅用于淡化日本军方对冲绳人或仅仅在冲绳的暴力行为，而且也减弱了对邻近国家人民侵略的展示。②

稻岭政府（The Inamine administration）也对石垣岛上的冲绳县八重山岛和平纪念博物馆展览做了修改，该馆由大田县政主动修建并于1998年完成。这个事件的争论集中在如何阐述日本军事威逼迫使冲绳民众迁移到山区，在那里他们染上了疟疾并造成巨大的人员伤亡。政府更青睐"撤离"（evacuation）而不是"被迫迁出"（forced eviction）这个字眼。

1999年8月至10月，"博物馆展览伪造事件"占据了冲绳各报纸的头条和公众舆论。县知事稻岭惠一最终允许博物馆监督委员会将规划恢复为最初的设计，并且允许冲绳和平纪念博物馆在2000年4月开放。八重山岛博物馆于2000年11月重新开放。③

关于应该如何纪念并记录冲绳战役的争论似乎没有尽头。2012年2月，仲井真管理的这个县，从他们计划在原日本冲绳守卫队第三十二军司令部战壕前设立的说明文字中，去掉了诸如"屠杀当地居民"和"慰安妇"这些词语。县知事仲井真弘多，在2月24日接受县议会质询时说他不会撤销那些修改。而且，这个县在翻译成英文、中文和韩文的文本中删除了更多语句，包括"捨石"（sute ishi），这是一个理解冲绳战役的核心关键词，为此整个县和它的人民都为保卫日本本土和天皇而牺牲。石原昌家（Ishihara Masaie）评论认为，之前的争论都是关于战役中具体事件的歪曲，

① Matsunaga Katsutoshi, "Shin Okinawa heiwa kinen shiryokan mondai to hodo," in *Soten Okinawa sen no kioku* (Tokyo: Shakai hyoronsha, 2002), pp. 142 – 144.

② Matsunaga Katsutoshi, "Shin Okinawa heiwa kinen shiryokan mondai to hodo," in *Soten Okinawa sen no kioku* (Tokyo: Shakai hyoronsha, 2002), pp. 131 – 209. 位于冲绳的"慰安所"地图被删除了，"15年战争"（包括1931～1945年日本对中国发动的战争）一词被修改为"亚太战争"（主要是指1941年开始的日本与美国及盟军的战争）；并且日本侵略的照片展示（例如驻中国东北的731部队的行动及屠杀朝鲜和台湾居民）也被删除了。For detailed accounts of the museum display falsification issue, see Julia Yonetani, "Contested Memories – Struggles over War and Peace in Contemporary Okinawa," in Glen Hook and Richard Siddle, eds., *Japan and Okinawa: Structure and Subjectivity* (London, New York: RoutledgeCurzon, 2003), pp. 188 – 207.

③ The discussion of the "museum exhibit falsification incident" is based on Matsunaga, "Shin Okinawa"; Ota, *Shisha tachi wa*, pp. 202 – 204.

但是这一次是对冲绳战役本身的曲解。① 在 3 月 23 日，该县匆忙树立起了宣传板，在译文中还有排印和语法错误。截至 2012 年 4 月，由市民组织和专家举行的各种运动还在继续要求这个县撤销那些修改。

和平奠基石（The Cornerstone of Peace）

和平奠基石记录了死于冲绳战役的所有人的名字，不论国籍、军人或是平民身份，它 1995 年根据当时的县知事大田的和平政策倡议而建造的。截至 2011 年 6 月 23 日，它铭刻了 241132 人的名字。② 但是这个纪念碑，尽管经常被称为世界上最无偏见、最人文主义的战争纪念物之一，其也没能摆脱争议。有些人表示反对，尽管这座纪念碑将自身定义为没有宗教联系③以及放弃战争的象征④，平等地尊重所有死于那场战争的人，但是把受害者与行凶者一并纪念混淆了行凶者和受害者的责任。结果，作为保留，他们往往将这座纪念碑"靖国化"（Yasukunization），而这意味着对战争罪犯和战争本身的美化。⑤ 以这种方式，美国总统比尔·克林顿在访问冲绳参加 2000 年的九州－冲绳峰会时，曾在纪念碑前发表演讲，说道：

> 当大多数纪念碑仅仅铭记倾向于某一方的那些人时，这座纪念碑承认来自各方和不持立场的那些人。因此，它不仅是一座战争纪念碑；它是一座丰碑，它纪念了所有的战争悲剧，提醒我们阻止这种毁灭再次发生的共同责任。

然而，他接着补充说道：

---

① Ishihara Masaie "Okinawasen sono mono o netsuzo," *Ryukyu Shimpo*, March 17, 2012.
② 共计 149233 名冲绳人（包括那些死于 1931~1945 年日本十五年战争的人们），77327 人来自日本本土，14009 名美国人，447 名朝鲜人，82 名英国人及 34 名中国（台湾）人。
③ Ishihara Masaie, "Okinawa ken heiwa kinen shiryokan to 'Heiwa no Ishiji' no imi suru mono," in *Soten Okinawa sen no kioku*（Tokyo：Shakai hyoronsha, 2002），p. 321.
④ Ishihara Masaie, "Okinawa ken heiwa kinen shiryokan to 'Heiwa no Ishiji' no imi suru mono," in *Soten Okinawa sen no kioku*（Tokyo：Shakai hyoronsha, 2002），p. 321；Ota, *Shisha Tachi Wa*, 189.
⑤ Ishihara Masaie, "Okinawa ken heiwa kinen shiryokan to 'Heiwa no Ishiji' no imi suru mono," in *Soten Okinawa sen no kioku*（Tokyo：Shakai hyoronsha, 2002），p. 319.

在过去的五十年间，我们两国在这一精神的指引下共同承担责任。我们同盟的优势是 20 世纪的伟大故事之一。如今亚洲基本和平，因为我们的同盟给予整个地区的人民以信心，和平将被捍卫和保存。这就是同盟的意义以及我们必须将其持续的原因。[①]

换句话说，他将美日军事同盟构建成为纪念碑和平主义精神的体现。对于大田昌秀来说，克林顿的真正意图是"美日同盟的维持，确认并要求冲绳充当美国军事基地东道主的角色"。[②] 这与冲绳哀悼战争死难者的伤感情绪相去甚远。

仍在战争

有一句话经常能从那些亲历过太平洋战争的人们那里听到，"现在我们处于和平时期"。在日本本土的和平教育中，人们往往认为战争已经过去了，这里和平了，并且为宪法第 9 条所确保。相比之下，冲绳人悲叹，日本本土人民没有意识到谁为这种"和平"付出了代价，谁的安全和幸福为此牺牲。在冲绳，和平教育围绕着战场和军事基地。大城将保说："在冲绳，如果你走进并绕着军事基地走一走，你会偶然发现一个战争纪念遗址，而如果你走进一处战争纪念遗址，你会碰巧遇到一座军事基地。"[③] 它们是互相纠缠的（intertwined）。在冲绳，战争不是过去时，而是现在时。

冲绳作家知念ウシ（Chinin Usii）向她年幼的孩子们讲述冲绳战役，不仅因为对于更年轻的一代来说传承历史很重要，而且也因为"战争还没有结束，对冲绳的攻击还没有结束"。

现在，我们没有身处战场中央，既没有身受重伤，也没有丧失性命。但是，无论我们如何抗议，军事基地都被强化和扩建。日本军方到冲绳威胁我们并且压制我们对于军事基地的抵抗。假设拦截导弹被

---

① Bill Clinton, "Remarks by the President to the People of Okinawa（July 21, 2000），" Okinawa Prefecture Military Affairs Division, http：//www3. pref. okinawa. jp/site/view/contview. jsp? cateid = 14&id = 681&page = 1.

② Ota, *Shisha tachi wa*, pp. 192 – 196.

③ Oshiro Masayasu, "Okinawa sen no shinjitsu," p. 46.

部署，那么我们的土地将受到攻击。易出事故的军用飞机继续在我们的头顶飞过。日本军方已经开始联合使用美国军事基地并参与军演。先岛（Sakishima Island）［八重山岛和宫古群岛］正在被变为军事基地。如果宪法修订直接允许日本发动战争，那么这些行为将被加强。①

战争对于冲绳人来说，是远不能被界定为记忆的。

---

① Chinin Usii, *Usii ga yuku: Shokuminchi shugi o tanken shi, watashi o sagasu tabi* (Naha: Okinawa Taimusu sha, 2010), pp. 171 – 173.

第三章

美国怀中的日本及和平与繁荣的"伙伴关系"

　　日本是一个处于困惑、矛盾之中的国家。战争灾难之后紧接着是被获胜盟军占领六年半之久，直到 1952 年日本才重新获得了在世界上作为主权国家的地位。但是在随后的 60 年中，日本在全球事务中一直默默无闻（muted）。尽管军事占领在形式上结束了，但在实际上仍持续着，而美国虽然撤退了，但依然保持着多种程度的影响。我们持这样一种观点，日本在整个冷战时期是一个半主权的从属国家，但是冷战结束以来，它转变为美国的"附属国"，或属国（zokkoku）——也就是说，实质上，在结构上被设计成一个名义上的主权国家并依附于超越日本利益的美国特权。① 就在几年以前这还是个有争议的命题，但是现在已经没多少争议了。在过去几年浮出水面的许多新证据都支持这一主张。

　　在世界上两个最强大的资本主义经济体和民主旗手之间存在这样的情况是极不协调的。直到在这种关系能够被修正为基于平等和相互尊重之前，日本的自我认同感都是不强的，而它在东亚或亚洲区域秩序演变中的作用也是被扭曲或限制了的。

　　2009 年 8 月，日本人民已厌倦了堕落而又串通勾结的（collusive）自由民主党（Liberal Democratic Party，缩写为 LDP，也简称"自民党"）长达半个世纪的统治，通过投票结束了它的执政。但是在接下来的一年里，

---

　　① Gavan McCormack, *Client State*: *Japan in the American Embrace*（New York: Verso, 2007）.

他们的努力被颠覆了，复兴和改革遇到了阻力，并且一项由美国主导，堪称无能、不负责任的机制被恢复了。这是千真万确的，无论是考虑应对冲绳基地问题（这意味着国家在其最重要的、与美国关系中的行为），还是接下来在 2011 年 3 月由东日本大地震（Tohoku）和海啸所引发的核危机。在这两种情形中，回应打上了（官僚、政客、媒体，并且在核事件、核工业中）回避、操纵和串通的烙印。

尤其是自从 2009 年 9 月许诺了一种新的亚洲太平洋地区秩序的鸠山政府上任以来，日本国家性格被削弱（truncated）的迹象就接连显现。在美国主导下所创造和培育的日美体制，从战争伊始到现在已经持续了将近七十年，直到今天，日本仍对其遥远的国父们（founding fathers）维持着一种顺从的倾向。近年来对于这些事件和政治进程内部操纵所出现的关系的思考，强化了这一结论，即日本政府所提出的民主责任的理念是不切实际的。对日本来说，独立权不是需要捍卫的，而是仍然需要去赢得的。

由于冲绳被嵌入这样一种状态和跨国体系之中，所以首先有必要简述那个框架中的一些关键维度。2010 年 1 月 19 日，美国与日本的外交部及国防部部长，在庆祝《美日相互合作及安全保障条约》（简称为《美日安保条约》）缔结五十周年的一份声明中，共同宣布：

> 美日同盟在确保美日的安全与繁荣，以及地区的和平与稳定方面扮演着不可或缺的角色。该同盟根植于我们共享的价值观、民主理念、对人权的尊重、法律规则和共通的利益。同盟作为过去半个世纪我们的安全与繁荣的基础，两国部长致力于确保它持续有效地迎接 21 世纪的种种挑战。①

1960 年通过的《美日安保条约》取代了 1951 年与日本签订的《旧金

① Minister of Defense Kitazawa, Minister for Foreign Affairs Okada, Secretary of State Clinton, Secretary of Defense Gates, "Joint Statement of the U. S. – Japan Security Consultative Committee Marking the 50th Anniversary of the Signing of the U. S. – Japan Treaty of Mutual Cooperation and Security," Ministry of Foreign Affairs, January 19, 2010, http: //www. mofa. go. jp/region/ n – america/us/security/joint1001. html. （18 个月后，这一次冈田克也取代日本外相松本武扬，再次肯定了同样的二加二原则。）

山和平条约》（*San Francisco Treaty of Peace*），此条约是由灾难性的战争和占领之初向战败的敌人强加的战后解决方式。艾森豪威尔政府看到，直接的长期军事殖民统治是不可能的。就像德怀特·艾森豪威尔（Dwight Eisenhower）本人在 1958 年所说的那样，"冲绳当地人在数量上不断增加，并且非常渴望重新获得他们曾拥有的土地"。①

1951 年，独立得以恢复，条件是日本国被分成"战争国家"（美国控制的冲绳）与"和平国家"（日本本土的非武装及和平宪法），但两者都处于美国军方统治之下。1960 年的条约维持了这种划分，确认了美国对冲绳的占领以及对在这个国家其他地区军事基地的使用。

1960 年《美日安保条约》的采用可谓甚嚣尘上（tumultuous）。那时的自由民主党（LDP）政府是于五年前在美国中央情报局的资助下成立的，在性质和意向上很大程度上归功于美国的庇护。它由 1957 年被任命的首相岸信介（Kishi Nobusuke）领导。岸信介在 5 月 20 日黎明前并且是在反对党缺席的情况下才在众议院敲定该议案，而抗议者正在外面的大街上游走。通过这项议案后，艾森豪威尔总统由于担心不友好的对待，不得不取消他原来的访问计划，而岸信介也不得不辞职。时任驻日美国大使道格拉斯·麦克阿瑟二世向华盛顿汇报了日本作为国家的"潜伏的中立主义是建立在反对军国主义的情绪、和平主义、模糊的意志、核恐惧以及知识分子和教育工作者的马克思主义倾向之上的"。② 1960 年危机的教训使两国政府从那时起避免让这一关系受制于国会和公众讨论。

自日本战败以来将近七十年，也就是在日本重获独立六十年以后，日本根据《美日安保条约》仍由原征服者继续占据。横须贺（Yokosuka）是第七舰队的母港，而佐世保（Sasebo）是美国海军一处主要的辅助设施。青森市（Aomori）的三泽（Misawa）和冲绳的嘉手纳（Kadena）是美国空军部队的重要资产（key assets），至于美国海军陆战队则是位于冲绳的牧港基地（Kinser）、福斯特（Foster）、普天间、施瓦布基地，以及山口县

---

① Dwight D. Eisenhower, "Memorandum for the Record," *Foreign Relations of the United States*, *1958 – 1960*, Vol. 18, April 9, 1958, p. 16.

② Ambassador MacArthur to Department of State, "Cable No 4393," *Foreign Relations of the United States*, Vol. 18, June 24, 1960, p. 380.

（Yamaguchi）的岩国（Iwakuni）基地。遍布日本的皆是房屋、医院、旅馆、高尔夫球场（有两个单独位于东京），以及其他设施，这一切使一些人相信："作为一座战略性军事基地，日本的岛屿支持着从夏威夷到好望角这半个地球。如果美国失去日本，它将无法在世界上保持超级大国的领导地位。"①

特别是冷战结束以来的这二十年，美国敦促日本消除共同行动的壁垒以将这种关系转变为"成熟的"联盟，这意味着，不管是和平时期还是交战时期，日本都要与美国捆绑在一起。

干涉与秘密交易

续约之前，在岸信介执政时期，有几项协议的达成决定了随后关系中的一些重要方面。1959 年，美国政府的干预使东京地方法院的判决［"砂川（Sunagawa）事件"一案］无效，案中伊达秋雄（Date Akio）法官坚持认为位于日本的美国军队因有"战争潜力"（war potential）并且根据宪法的第 9 条（和平承诺条款）认为应该禁止这些军队。如果伊达的审判被允许成立，冷战在东亚的历史将会是一种不同的进程。然而，第二天上午 8 点，内阁会议召开前仅一个小时，美国大使道格拉斯·麦克阿瑟二世与外务大臣藤山（Fujiyama）举行了紧急会议②。后者以提出判决可能引起的公众情绪与随后可能产生的复杂局面为人们熟知。会议结束后，审判程序被缩短了。该事件被直接送交最高法院，麦克阿瑟当时会见了主审法官（chief justice），确保他也理解事情的重要性。在很短的时间里（In due course），也就是 1959 年 12 月，最高法院推翻了东京地方法院的审判，裁定法务省不应该通过与美国安全条约相关问题的审判，因为这些问题是"高度政治性的"，且并关系到日本的生死存亡（very existence）。

---

① Military analyst Ogawa Kazuhisa, quoted in Saito Mitsumasa, "American Base Town in Northern Japan: US and Japanese Air Forces at Misawa Target North Korea," *Asia – Pacific Journal: Japan Focus*, October 4, 2010, http://japanfocus.org/-Saito-Mitsumasa/3421.

② Odanaka Toshiki, "Sunagawa jiken jokokushin to Amerika no kage: Shihoken dokuritsu e no oson kodo," *Sekai*, August 2008. See also "Judicial Independence Infringed," *Japan Times*, May 3, 2008.

最高法院裁定之后，先前听证会中的无罪裁决被撤回，被告方砂川被判在反抗强制收购其土地的过程中非法侵入。此事直到五十多年以后，即于 2008 年 4 月发现的美国档案馆材料中记录美国的介入时才被披露。它是 2010 年 4 月在日本外务大臣为 1959 年行动做辩护而公开 34 页材料之前才被公布的①。

最高法院的裁决实际上是将《美日安保条约》置于《宪法》之上，并且使其免受任何法律挑战，牢固确立了美国军事基地的存在，并在一个月后打开了安全条约（及附带的秘密协议）的修订之路。它也协助消除了当时迅速发展的反美条约运动的扬帆之风。拒绝依靠司法制度，反战和反基地抗争被迫走上街头。

然而，从长期来看，虽然砂川案件以基地拥护者的胜利而结束，基地进一步扩建的潜在代价却被认为过于沉重。在日本本土，削减与巩固基地土地的斗争一直持续着。从 1952 年至 1960 年，位于本土的美军基地土地从约 13 万公顷减至约 3 万公顷，而在冲绳则翻了一番②。不仅原定的立川（Tachikawa）扩展没有进行，而且减缓和削减本土军事基地的进程总体上获得了动力。然而，这意味着冲绳被安排指定用于进一步巩固和扩大基地。其最大的优势是基地功能不受制于任何宪法或法律的约束。冲绳的抗议，本书稍后将会讨论，比本土更加激烈，但是军事占领享有无所限制的权力，不仅可能而且也做到了，既无视又摧毁了人们的抗议。美军对冲绳的控制使得从冲绳派遣的海军陆战队能够发起 1965 年在岘港的入侵，从 1968 年初开始，B - 52 轰炸机从关岛转移到嘉手纳（Kadena），从那里起飞它们每天都对越南实施空袭，接下来的十年里是整个印度支那。

20 世纪末 21 世纪初的美日关系框架是在 20 世纪 60 年代末和 70 年代初谈判的、因日语"密约"（mitsuyaku）一词而被熟知的一系列秘密协议的基础上建立的。这种关系的两个高度敏感的区域——美国核战备与冲绳，因秘密外交而被保留。关键的秘密协议一方面掩盖了美国核战争策略中日本的秘密合作，另一方面掩藏了 1972 年对日本进行的冲绳归还。

---

① "Sunagawa jiken no 'Bei kosaku' o itten kaiji, chunichi taishi to gaisho kaidanroku," *Tokyo Shimbun*, April 3, 2010.

② Arasaki, *Okinawa gendaishi*, pp. 36 - 37.

秘密交易——核武器

根据密约，尤其是在 1958 ~ 1960 年，当然还包括 1969 年及以后的密约（mitsuyaku），日本同意支持美国的战争准备及核战略。对广岛和长崎的记忆在人们的脑海中依然清晰，甚至对于"第五福龙丸事件"（Lucky Dragon 5）有着更加清晰的记忆。当 1954 年日本捕金枪鱼的渔民成为美国在比基尼环礁（Bikini Atoll）进行氢弹试验所产生的放射性尘埃的受害者之时，如果市民们得知政府将准备接受核武器，没有哪届日本政府能够继续存在下去。

然而，时不时地都会有一些有关于这些协议的信息披露。1960 年的核协议首先被一位退休的美国海军大将基纳·R. 拉洛克（Gena R. LaRocque）在 1974 年公之于众，而一份允许搭载核武器的美军舰船进入日本海域和港口的秘密协约（pact）在 1981 年被前驻日大使赖肖尔（Reischauer）所确认。此后，相关文件于 1987 年出现在美国档案馆里[①]。尽管随后各届日本政府皆试图无视这一切，但他们的否定变得越来越空洞。

日本政府在美国核战争策略中秘密合作，准许美国向日本运进核武器，否认著名的"无核三原则"（Three Non - nuclear Principles）（不储存、不制造、不运进），而且其核政策长期建立在政府最高层故意瞒骗的基础上，这些绝不仅仅是历史关切的问题。有时，日本表面上忠诚于无核承诺。2008 年，日本与澳大利亚一同发起了一个新的全球核裁军倡议组织，即国际核不扩散与裁军委员会（ICNND），之后 2009 年，在致力于创造一个无核世界的美国道义责任下，奥巴马总统发表了"布拉格演讲"。然而，日本的国家防卫政策坚决地依赖核武器，这意味着，其一直处在美国所提供的"延伸核威

---

① Richard Halloran, "Sign of Secret U. S. - Japan Pact Found," *The New York Times*, April 7, 1987. 2008 ~ 2009 年，四位前外务事务次官确认此事，参见 national media for summer 2009, especially *Akahata*, "Kyosanto ga akiraka ni shita kaku mitsuyaku," June 22, and "Nichibei kaku mitsuyaku no shinso," July 7, 2009。See also Honda Masaru, "Kensho：Kore ga mitsuyaku da," *Sekai*, November 2009, pp. 164 – 175.

慑"的保护伞之下，并且在幕后敦促华盛顿维持核武库。一位消息灵通的核专家提到一份叫"核希冀"（nuclear desiderata）的文件，在其中日本政府（大致在麻生政权后期，2008~2009 年）竭力主张华盛顿保留其核武库，坚决要求它是可靠的（现代化的）、灵活的（能够瞄准多种目标）、反应灵敏的（能够迅速回应紧急情况）、暗中进行的（包括战略性和攻击性潜艇）、可视的（在关岛保持 B - 2 或 B - 52 的核能力），以及充分的（能引起潜在对手的注意）[1]。（以威廉·佩里和詹姆斯·施莱辛格为首的）美国战略态势国会委员会在 2009 年 5 月向议会提议时采用了非常类似的措辞，"美国需要安全、稳固、可靠和……可信的核武器储备"[2]。报告中（第 21 页）有句话写着："一个特别重要的同盟国私下向委员会提出，美国延伸核威慑的可靠性取决于控制多个处于风险之中的目标的特定能力，以及在环境需要时，以明显或隐蔽的方式部署军队（补充强调）"。那个"特别重要的同盟国"通常指的是日本[3]。施莱辛格还告诉《华尔街日报》，美国的核武器需要"被用来向我们的盟友提供保证，包括在亚洲和欧洲[4]"。

随着一届又一届日本政府否认这类协议的存在，并且排斥和羞辱那些尝试揭露它们的人们，狡猾和欺骗成为日本政治和外交的基调。2008~2009 年，四位前外务省事务次官提供了这些协议以及围绕它们进行的欺骗所存在的证据。民主党政府在 2009 年 9 月执政后，外务大臣冈田克也（Okada）下令搜查在存档文件中与密约（mitsuyaku）相关的材料，其委员会在 2010 年 3 月公布了结果[5]。他建立的这个"专家委员会"很快确认了三份主要的非正式协议（understanding）：第一份，他们称之为"默契协议"（tacit agreement），日本政府（1960 年 1 月）对美国核武器视而不见，

① Hans M. Kristensen, "Nihon no kaku no himitsu," *Sekai*, December 2009, p. 180.
② US Institute of Peace, "Congressional Commission on the Strategic Posture of the United States Issues Final Report," May 2009, http：//www. usip. org/print/newsroom/news/congressional - commission - the - strategic - posture - the - united - states - issues - final - report.
③ 7 月 30 日共同社的一篇报道中明确提到了日本的施压。See Narusawa Muneo, "Beigun no kaku haibi to nihon," *Shukan Kinyobi*, March 26, 2010.
④ Melanie Kirkpatrick, "Why We Don't Want a Nuclear - Free World," *Wall Street Journal*, July 13, 2009.
⑤ Ministry of Foreign Affairs, "Iwayuru 'mitsuyaku' mondai ni kansuru chosa kekka," March 9, 2010, http：//www. mofa. go. jp/mofaj/gaiko/mitsuyaku/kekka. html.

同意"携带核武器的美军舰船无须事先征询意见，即可进入日本港口或在日本领海航行"①；第二份，"狭义的秘密协约"，若朝鲜半岛发生"突发事件"（如战争），将允许美军在日本无偿使用军事基地；第三份，"广义的秘密协约"，日本承担将冲绳军事基地土地归还其所有者的费用②。

该委员会从美国档案馆所藏资料中还得到其他一些并不包含在"密约"之内的重要文件，尤其是 1958 年日本交出美国军人被指控犯罪的司法权的协议③，以及 1969 年关于冲绳"归还"的（存在不公平和有限例外）的密约④（稍后讨论）。

这些所排除掉的和所揭露的发现同样值得关注。冈田克也（Okada）委员会承认《美国总统尼克松与日本首相佐藤荣作于 1969 年 11 月 21 日发布的联合公报备忘录》作为文件的真实性，但否认把它认定为"密约"。⑤该文件长久以来也只被美国方面的来源（sources）所确认。首相佐藤的负责与尼克松政府谈判这些协议的特别代表在他的备忘录中写道，协议在白宫的一个特殊房间内签署，仅有两位领导人出席⑥。四十年之后佐藤签署的这份备忘录出现在他儿子家中。⑦

---

① Ministry of Foreign Affairs, "Iwayuru 'mitsuyaku' mondai ni kansuru yushikisha iinkai hokokusho," March 9, 2010, p. 22, http: //www. mofa. go. jp/mofaj/gaiko/mitsuyaku/pdfs/hokoku _ yushi-ki. pdf.

② Togo Kazuhiko and Sato Masaru, "Gaimu kanryo ni damasareru Okada gaisho," *Shukan Kinyobi*, March 26, 2010.

③ Kishi – MacArthur Agreement of October 4, 1958. "Japan 'ceded right to try US forces' – secret accord 'covers off – duty offenses'," *Yomiuri Shimbun*, April 10, 2010. 冈田委员会没有透露这个文件，但几个星期后它浮出水面并且被披露。大阪大学教授坂哉在这里引当局的观点认为，50 年来该协议仍有效力。

④ Niihara Shoji, "Anpo joyaku ka no 'mitsuyaku,'" *Shukan Kinyobi*, June 19, 2009.

⑤ Kitaoka Shinichi, "The Secret Japan – US Security Pacts: Background and Disclosure," *Asia Pacific Review*, Vol. 17, No. 2, 2010.

⑥ Kei Wakaizumi, *The Best Course Available*: *A Personal Account of the Secret US – Japan Okinawa Reversion Negotiations* (Honolulu: University of Hawaii Press, 2002). (Japanese original published in 1994.) 参见尤其是第 10 章"在与基辛格的合写剧本"，以及第 236 页"会议纪要"的秘密文本。

⑦ "Top Secret. Agreed Minute to Joint Communiqué of United States President Nixon and Japanese Prime Minister Sato Issued on November 21, 1969," reproduced in Shunichi Kawabata and Nan-ae Kurashige, "Secret Japan – U. S. Nuke Deal Uncovered," *Asahi Shimbun*, December 24, 2009.

在某种意义上，对于这些协议，美国并没有像日本的所要求的那样真正地"保密"。日本政府直到 2009 年都还在否认其存在，或许这是其对向日本人民揭示与核战争准备有牵连的恐惧在作祟，因为这些直接违反了"无核三原则"。

尽管"保护伞"一词是无害的，甚至很舒适，但是它意味着核受害者日本，变成了核依赖者日本，其防卫依赖位于关岛的 B-2 和 B-52 可载核轰炸机与携带核巡航导弹的潜艇，就像 60 多年前美国对日本做的那样，两者都准备让敌人遭受核毁灭。除非美国核潜艇在前往日本港口之前小心翼翼地卸下导弹，否则，两国政府像过去的五十年一样，继续默许（connive）并在愚弄（flout）"无核三原则"的同时藐视（contempt）日本人民无药可救的"核神经"都是很有可能的。

此外，日本众议院外交事务委员会（the Lower House Foreign Affairs Committee）于 2010 年 3 月收到来自前外务官员东乡和彦（Togo Kazuhiko）的证据，其内容大致为当他在 1998～1999 年担任条约局（treaties bureau）负责人时，他曾起草并将放在五个红色文件箱里的一套 58 份关于"密约"的文件（其中 16 份是具有高级别重要性的）交给高级部门官员。外务大臣冈田克也的委员会仅发现了 8 份相关证据（其中得到确认的仅有 3 份）。东乡和彦告诉国会，他在 2001 年引进《行政机关信息公开法》（Freedom of Information Legislation）之前"曾听说过"有一个蓄意破坏程序。①

据《朝日新闻》（Asahi）报道，日本外务省在《信息自由法规》投入实施前夕匆忙地毁掉了大量文件。以每天两吨的速度，许多资料被用水浸泡、晾干，然后被承包商（contractors）加工成厕纸，部分返还回该部门。匆忙防止部门不法行为的证据泄露给公众的做法与 1945 年类似，当时火炉长时间燃烧，以毁灭日本侵略的证据。这是在日本信息自由时代初期典型的官僚反应。②

---

① "Mitsuyaku bunsho, doko e kieta," *Asahi Shimbun*, March 20, 2010.
② "Kimitsu bunsho, tokashite katamete toiretto pepa ni Gaimusho," *Asahi Shimbun*, July 11, 2009.

秘密交易——冲绳

当冲绳最终在 1972 年被"归还"日本时，首相佐藤自豪地宣布，日本重获了那些基于"无核并与日本本土同等"（kakunuki hondonami）的岛屿。然而，一切都没有像事先预料的那样发展。

首先，事实上美国保留了它所有的军事基地，并且如它所愿地自由使用。从 1965 年对越战争开始蓄积力量起，五角大楼对希望使用核武器的选择权继续持开放态度，因此担心冲绳以任何形式"归还"给日本，因为其宪法和平主义或许意味着偿还基地并消除储存在那里的核武器。显然，为了平息这种担忧，同时大概也为了显示他至少没有承受任何"核反感"（allergy），首相佐藤在 1965 年 1 月访问华盛顿，迫切要求国防部部长罗伯特·麦克纳马拉做出保证，如果日中之间发生任何战争，美国将准备使用其核武器攻击中国①。不久之后，据最近被公开的美国档案馆解密文件显示，当时的美国大使埃德温·赖肖尔（通过这些文件，战后美国本土的日本研究的重要作品开始出现）提出了管理冲绳的准则：

> 如果日本能在土地上接纳核武器，包括冲绳，并且如果它向我们保证我们的军事指挥官能在军事危机时实际支配这些岛屿，那么即使将"完整主权"归还日本，我们也能够在这些岛屿保留我们的基地。②

核（及化学）武器实际上都被存放在嘉手纳、那霸和边野古③，并且直到 1971 年都没有迁移，或者说没有打算迁移。另外，赖肖尔准则从此在美日关系中巩固了冲绳的地位：在"完整主权"下自由使用军事基地——这些话现在需要像当时一样加上引号。

---

① Ishizuka Hiroshi and Inada Shinji, "Bei ni hyomei – Nichusen katei 'kaku hofuku o'," *Asahi Shimbun*, December 22, 2008.

② Steve Rabson, "'Secret' 1965 Memo Reveals Plans to Keep US Bases and Nuclear Weapons in Okinawa after Reversion," *Asia – Pacific Journal: Japan Focus*, December 21, 2009, http://japanfocus.org/ – Steve – Rabson/3294.

③ According to the top – secret "Agreed Minute" of the Sato – Nixon meeting issued on November 21, 1969, cited above.

两年之后，即从东京回美国后不久，赖肖尔就告诉驻华盛顿的日本官员，美国军方考虑了撤回核及化学武器的可能性，并推断搬迁那些基地"在理论上是可能的"，但是封存、储藏、快速迁移到关岛，会花费 34 亿~40 亿美元①。由于费用的原因，赖肖尔补充道，国会将无法予以考虑。这直到 2011 年才被披露，在 1967 年"归还"谈判开始时，是日本，而不是美国，坚持这一至关重要的条件②。当惊讶美国政府就事情的缘由施压之时，外相三木武夫（Miki）提交了一份备忘录，称日本政府希望美国军方保留这些武器，因为它们构成一种"有效威慑"。三木和佐藤政府就此保证，战争的进行不会受到他们头脑中那种"归还"的影响。当提到"威慑"时，他们实际上是在为侵略辩解。

因此，不仅"归还"与"维持现状"的过程一样，而且代替"交还"的事实上是"购买"。一旦日本明确表示要求保留基地，美国就开始考虑如何从如此渴望的日本（当时正处于经济增长期）身上获取更多的价值。于是，美国正式要求一笔 6.5 亿美元的款项，并且坚决要求"一次性付清"。③

在当时，这是一笔庞大的金额，举个例子对比一下就更加清晰了，在 1965 年日韩关系正常化时，日本支付给韩国政府 5 亿美元，这被理解为对四十年殖民统治的赔偿金。当日本抗议给"归还"贴的"价格标签"听起来过高时，华盛顿有责任提供帮助找到适合的托词向国会进行解释④。在 1969 年 11 月佐藤与尼克松会晤并就"归还"达成正式协议的前几周，交易遭到打击。双边协约正式公布的条款给出的数字是 3.2 亿美元（名义上用于日本购买冲绳岛上的美国资产），但是基于美国的来源，实际支付约为 6.85 亿美元⑤，略高于美国最初的要求。其中一笔 7000 万美元的款项，

---

① "Gaiko bunsho kokai – 'Guamu iten kano' 67 nen, Raishawa shi meigen," *Ryukyu Shimpo*, February 19, 2011.（另一个来源是，在 2011 年发布的没有标记名称的文件中，给出了从冲绳主岛转移到更小的西表岛预计 20 亿元成本数据。）

② "Kichi wa sonzoku zentei ni," *Asahi Shimbun*, February 19, 2011.

③ " 'Ranpu samu' bunsho," *Ryukyu Shimpo*, February 19, 2011.

④ "US Demanded Japan Pay ＄650 Million in Okinawa Reversion Costs," *Mainichi Daily News*, February 18, 2011.

⑤ Gabe Masaaki, *Okinawa henkan wa nan datta no ka*（NHK Bukkusu, 2000）, pp. 190 – 206.

据推测用于拆除冲绳的核武器。然而，在将近四十年后，日方首席谈判代表表示，这是个毫无根据的数字。

> 我们选定这笔费用就可以说："因为日本付出了那么多，所以核武器就被拆除了。"我们这么做是为了在国会应付反对党。①

2008 年 9 月，一群市民要求外务省和防卫省公开冲绳回归的相关文件。在接下来的一个月里，两个部门都以"文件不存在"为由拒绝公开。2009 年 3 月，由于怀疑政府的决策，包括学者和记者在内的 25 位民众发起了一次法律行动，要求政府找到并公布那些文件。他们认为，回归交易的重要方面（significant aspects），包括日本支付的金额，没有在日本档案中留下痕迹而在美国却以准确的细节进行记录一事是完全不可能的。② 原告团体中有一位成员是西山太吉（Nishiyama Takichi）。就是西山太吉，作为 1971 年《每日新闻》的一名记者，首先公布了秘密交易的部分细节，包括支付本应由美国在将土地归还给冲绳所有者时应该支付的 400 万美元，事实上日本政府秘密地且非法地替代美国进行了支付。由于这项揭发，他与给他提供文件、揭发外务省的那名女性职员都遭到逮捕，并受到违反有关公务员保密法的控告（并公开羞辱他们两人的私人关系）。西山失去了工作和声誉，而在他至少部分证明无辜之前背负了将近四十年的污名，尽管国家特权捍卫者所采用的"激进的法律翻筋斗"（radical legal summersaults）是用来"阻止全部真相被泄露"，这只能在他死后对于证明他完全无罪起到一点点作用。③

紧接着这一事件，日本驻华盛顿大使牛场信彦（Ushiba Nobuhiko）就泄露部分真相而使美国产生的焦虑，向国务卿亚历克西斯·约翰逊致歉，

---

① "Ex – negotiator: Cost to Remove U. S. Nukes from Okinawa Exaggerated to Dupe Public," *Asahi Shimbun*, November 13, 2009.

② "Okinawa mitsuyaku kaiji zenmen shoso kichi futan no teiryu tou gaimusho chosa ni gigi," *Ryukyu Shimpo*, April 10, 2010; "Okinawa mitsuyaku hanketsu/ 'Kokka no uso' juzai ga senmei da towareru rekidai kanyosha no sekinin," *Ryukyu Shimpo*, April 10, 2010.

③ David McNeil, "Implausible Denial: Japanese Court Rules on Secret US Japan Pact over the Return of Okinawa," *Asia – Pacific Journal: Japan Focus*, October 10, 2011, http://japanfocus. org/ – David – McNeill/3613.

但是约翰逊向他保证，美国对于东京的处理方式感到满意①。西山所关注的这 400 万美元结果只是日本支付的庞大费用中极小的一笔，而这 400 万，最终超过 3/4 的款项没有被送到冲绳土地所有者的手中，而是直接交给了美国军方。②

该部门（外务省）坚持否认有任何不当行为，并且坚决认为已经交出相关的一切。但是法院在 2010 年 4 月要求再次搜寻其记录，以便查找并交出与冲绳回归有关的其他文件，并要求外务省支付一笔象征性的、约 1000 美元的款项，给西山及 25 人原告团体中的每一个人。法院采取了史无前例的措施，批评外务省在"忽视公众知情权"中表现出的"不诚实"，并怀疑该部门或许为掩盖记录而故意毁坏敏感文件③。如果这些文件确实被销毁了，那么法庭想要了解是什么时间以及是受谁的指使。

在砂川案件审判日的半个世纪之后，审判长杉原则彦（Sugihara Nori-hiko）本着与冲绳密约（mitsuyaku）案件中相同的精神，以一种无畏的立场直接挑战行政部门。

不出意料，由于利害攸关，政府进行上诉，抗议的理由是无法制作不存在的东西。市民团体坚持自己的立场，十分确信回归是日本政府对人民撒谎，也是优先考虑超越本国公民福祉的美国的利益这一模式的关键步骤，特别是在与冲绳相关的事务上④。《琉球新报》刊发社论称，该案件揭示了"他们把一个密封谎言置于首要位置"⑤。其实原告们正在寻求揭露的未知事项并没有那么多，因为有些细节已由美国档案公布很长时间了，但是要揭露的是选择服务于华盛顿甚至将欺骗扩大到它的民众以及在随后的三十多年里进行隐瞒的日本政府的责任。正如原告团体所说的，他们寻找

① "Nishyama jiken 'tegiwa yoku shori' Bei ga Nihon no tai–o hyoka," *Tokyo Shimbun*, February 18，2011.

② "Okinawa henkan mitsuyaku：kurikaesareta inpei kosaku," editorial, *Ryukyu Shimpo*, May 16，2007.

③ "State Told to Come Clean on Okinawa," *Asahi Shimbun*, April 10，2010；Masami Ito, "Court：Disclose Okinawa Papers," *Japan Times*, April 10，2010.

④ 东乡和彦（Kazuhiko Togo），以 1998～1999 年外务省条约局局长的角色，在 2010 年向国会委员会作证，"Mitsuyaku bunsho haki–kokumin to rekishi e no hainin da," *Tokyo Shimbun*, March 20。2010. See also Togo and Sato，"Gaimu kanryo."

⑤ "Kaiji sosho kesshin，mitsuyaku gaiko no fusaku–i o tate," *Ryukyu Shimpo*, May 19，2011.

文件是为了"让日本国民检验国家过去的政策，并把它们传给后代"①。简言之，这一问题是人民的权利，让作为1947年宪法的主权持有者能够了解政府以他们的名义做了什么。但是，东京的官僚和华盛顿的联盟管理者们都有很好的理由来抵制（resist）揭露不平等关系性质的行为与接受公众监督。

2011年9月，东京高等法院［审判长青柳馨（Aoyagi Kaoru）］推翻了法官杉原的裁定。东京高等法院这是采取了一种控制事态的立场，即它认为秘密协议是存在的但日本政府需要隐瞒该过程，因为政府不想让公众认为是"买回了冲绳"。而且，"很有可能那些文件被以一种非传统的方式保留着……因此不能否认它们被秘密地遗弃了"。此外，法院裁定政府已经进行的搜查是很可信的，并且人们"不能假设政府拥有那些文件"。因此，杉原要求政府公开信息或者因隐瞒而惩罚政府是错误的。这是一个令人好奇的、矛盾的判决，其本质上是说不存在的东西不存在，而政府的诚信不得不受到信任，其隐瞒和/或销毁重要国家文件的责任不会被追究。原告们将它描述为"不考虑我们的知情权，完全是个笑话"②。《日本经济新闻》（Nihon keizai Shimbun）发表社论称这是一个"难以接受的"决定③。

然而，正如高等法院自己侧面承认的，冲绳的"归还"实际是一种"购回"。即使是购回，它也很奇特，日本购买者坚持要求美国卖主保持对自己所支付的资产的控制。次月，一起上诉呈至最高法院。

这种安排更加违反了日本宪法，因为它以谎言为前提，还以可能存在的最直接的方式违反了宪法第9条的规定。日本向美国付款，同时强调无须归还（not return）其所支付的物品。它设立了两个独立的账户，秘密账户存入真正的数目，而公共账户，只有实际金额的一半（甚至公共数字实质上是伪造的）。琉球大学教授我部政明（Gabe Masaaki）评论道："（在归还后）美国基地与日美间的阴谋一起被留在冲绳。密约（Mitsuyaku）将

---

① "Appeals Trial on Public Disclosure of Okinawa Reversion Papers Concludes," *Japan Times*, May 19, 2011.

② "High Court Overturns Ruling on Disclosure of Okinawan Reversion Papers," *Mainichi Shimbun*, September 29, 2011.

③ Editorial, "Settokuryoku nai 'mitsuyaku' kososhin hanketsu," *Nihon Keizai Shimbun*, September 30, 2011.

阴谋掩盖了起来。"① 两国政府对于让西山忍受耻辱并因此坐牢感到非常满意。不仅基地完好无损，而且，尽管公众希望"归还"是"不包含核武器的"，但是佐藤暗中向美国保证，如果发生某种危机美国可以继续向冲绳运进核武器。而在两年前，他宣布了"无核三原则"，显然他这么做是为了平息和蒙骗强烈的反核公众舆论，正如他事后向美国大使亚历克斯·约翰逊（Alexis Johnson）透露的那样，他认为这个政策"很荒谬"②。五年之后，他因宣布了那些著名的无核原则而代表其政府接受了 1974 年的诺贝尔和平奖，但事实上他已经私底下同意违反其中一条。

2011 年，日本外务省公布了一份始于 1953 年 10 月 28 日的补充性的、迄今为止未经证实的文件，当时日本政府同意在美国军事人员参与犯罪时将不会行使司法主权／刑事裁判权，除非事件具有"实质性重要意义"③。美国要求日本正式放弃一切此类权力，最终结果是满足这一模糊的准则，这对从日本法院的管辖范围中消除对美国军事犯罪的管辖的影响远远超过了半个世纪。事实上，这是一种治外法权的让步，典型的由主人强加于殖民地领土的权利剥夺。严格说来，虽然 1953 年的文件是单方面的日本声明因此没有资格作为密约（mitsuyaku），但是其结果激起了对这种根本不公平的安排的愤怒和怨恨，并确保了美国军人相对不受惩罚的情况持续到了今天。

从条约到"同盟"

这种用隐蔽、两面派和腐败的方式所创立的关系，在第一次被描述为"同盟"之前仍然花了将近十年时间。在首相铃木善幸（Suzuki Zenko）1981 年访问白宫归来之后，共同声明（communiqué）中所使用的这个词语引起了骚动。当铃木解释说他并未提议在该关系中包含任何军事意义时，

---

① "Okinawa henkan, saidai mitsuyaku wa shisetsu kojihi, koen de Nishiyama Takichi shi," *Japan Press Network*, February 27, 2010.

② "Peace Prize Winner Sato Called Nonnuclear Policy 'Nonsense,'" *Japan Times*, June 11, 2000.

③ Alex Martin, "1953 Records on Handling U. S. Forces Released," *Japan Times*, August 27, 2011.

一位外务大臣辞职了，而其继任者发表了蹩脚的解释，称共同声明"不具约束力"。然而，铃木之后是首相中曾根康宏，他用令人难忘的语句，即日本作为美国"永不沉没的航空母舰"来定义这种关系。渐渐地"同盟"和"同盟关系"这些用语变得更常见了，尽管"Nichibei domei"（日美同盟）一词仅在1995年才首次出现在官方文件中①。所以，虽然条约已有五十年之久，但是该"同盟"却要年轻得多。

将条约关系作为一种"同盟"关系保留下来的想法源于其自身局限性。该条约对于保卫日本（根据第六条在"远东"）来说，是一种非常狭义的协议。尽管它的用词从未变更过，但是其内容和解释反复被修改。20世纪末，历届日本政府不断进行调整以扩大实践范围，而21世纪初的日本政府则更进一步，竭尽全力满足美国使其"成熟"的指示，这意味着将其扩展成一项全球反恐协议②。这一做法完全置法律和宪法的限制于不顾。

这意味着日本（其宪法禁止它在国际事务中"用武力威胁或使用武力"）与一个超越其他所有的将战争和战争威胁作为政策核心手段的国家结盟，除不能实际派遣军队外，日本以任何可能的方式支持美国的战争，以及提供比其他国家更广泛的军事设施和更慷慨的支援。现在来到了这个"回归"协议的第50个年头，但从一开始它就被欺骗围绕着。

从2008年开始，随着自民党统治秩序的迅速萎缩，日本民主党的支持率增加，很快它就在第二年组建了政府，干预措施和秘密交易的细节开始浮出水面，这为周年庆典蒙上了阴影。官方和半官方人士在周年之际发表了安抚人心与充满欢乐的陈述，回避了蒙羞的事件和近似灾难的"同盟"的起源、交织的谎言、欺骗、不断扩大而且变得不可或缺的那些沦丧的主权，以及对日本民众有意的欺骗。取而代之的是，他们把"同盟"作为一种不合格的（unqualified）物品加以庆祝，并深化和加强这一关系。

从1955年至2009年，长期且几乎从未间断的自民党政权或由自民党主导的联合政府，仅有一次认真考虑过对美日关系做出根本性改变的可能的机会。当保守的一党（自民党）政府在1993年被短暂中断时，首相细

---

① Maeda Tetsuo, "*Juzoku*" *kara* "*jiritsu*" *e – Nichibei Anpo o kaeru* (Tokyo: Kobunken, 2009), p. 32.

② 参见 McCormack, *Client State*。

川护熙任命了一个为日本冷战后的外交立场提出建议的委员会。以朝日啤酒会长樋口广太郎（Higuchi Kotaro）为委员会委员长，该委员会通过回顾历史颇有远见地预见到了美国全球霸权力量的缓慢减退。因此，樋口广太郎建议日本将其完全以美国为导向的、本质上依赖美国的外交姿态，转变为更加多边、自主，并且重视联合国的外交姿态①。在华盛顿，对"樋口广太郎报告"的调查引起了不安。一个以约瑟夫·奈（时任国家安全事务助理国防部长）为首的美国政府委员会此后不久便得出了截然相反的结论，他们向克林顿总统提议，由于东亚的和平与安全在很大程度上得益于以该地区美军为基础所提供的安全"氧气"，现有的防卫与安全措施应该维持，美国在东亚（日本和韩国）的军事存在应保持 10 万人规模的部队，而不是减少，盟友们应该为维护这些部队付出更多的代价。② 此后，樋口广太郎就被遗忘了，而奈的指示却实施了。③

认为东亚的和平、安全与繁荣正依赖并将继续依赖于美国所提供的"氧气"，这不仅是奈的家长式思维框架/傲慢态度的表达，而且还忽略了这种"氧气"如何致力于颠覆政府、摧毁国家，并且杀死或导致数百万民众流亡这一问题。20 世纪 50 年代的韩国、危地马拉、伊朗，60 年代的越南，70 年代的智利、伊拉克和阿富汗，现在的巴基斯坦、也门、利比亚以及其他地方等，都是出现此种问题的地方。就美国自身而言，这些战争的正当性和合法性曾引起相当大的争论，众所周知，前国防部长罗伯特·麦克纳马拉就承认，灾难性的越南战争是一个"错误"。但是，日本无条件支持美国所有战争的举动直至今日也没有引起争议。

1995～2009 年的自民党政府竭尽全力去适应由奈与理查德·阿米蒂奇及其他人在 1995 年、2000 年和 2007 年联合起草的、提出详尽政策议程的指示。直到 2009 年，一直都没有发起任何关于该准则正当性的严重质疑。

---

① Boei Mondai Kondankai, *Nihon no anzen hosho to boeiryoku no arikata – 21 seiki e mukete no tenbo* (Tokyo：Okura sho insatsu kyoku, 1994). 樋口幸太郎上任之后俗称"樋口报告"，在 1994 年 8 月报告提交给首相村山富市。

② United States Department of Defense, Office of International Security Affairs, *United States Security Strategy in the East Asia – Pacific Region* (1995). 通常称为"奈报告"。

③ Magosaki Ukeru, *Nichibei domei no shotai* (Tokyo：Kodansha gendai shinsho, 2009), pp. 107－110.

威　慑

太平洋两岸的共同克制是安保（Anpo）基地体制不可缺少的"氧气"来源，正如约瑟夫·奈在 1995 年所说的那样，对于东亚尤其是日本的安全与繁荣来说，冲绳将继续成为这种氧气不可替代的供给源。同样的理由成为美日两国政府在 2010 年 1 月发表的纪念声明的核心（于 2011 年 6 月重申）：东亚的和平与安全依赖于美国海军在冲绳的存在。日本媒体普遍就这一主题称赞美日同盟的成就，并赞成同盟必须扩大和深化。

然而，许多军事分析家认为，安全条约对日本的防卫作用微乎其微，而美国海军之所以驻扎在日本，是因为日本政府为他们提供了基地和慷慨的资助。自从冷战结束和假定的"敌人"崩溃以来，这些基地已面向全球，而不是该条约所要求的出于日本或"远东"的考虑。自 1990 年以来，美国海军已经从位于日本的基地出动，参与在海湾地区、阿富汗和伊拉克等地区的战争。美国海军部队实质上是一种登陆作战的远征"攻击"力量，时刻准备作为地面部队进入敌人领土或保卫美国航母和舰只，但不是根据安全条约所规定的为了保卫日本或冲绳。①

位于冲绳的海军能够以某种方式阻止中国或朝鲜可能发动的入侵的看法似乎是非常错误的。如果中国曾被认为可能是一个潜在的敌对国家，那么现在它则是日本最大的贸易伙伴，并且日本政府和中国政府都在讨论——无论多么偶然——建立一个东亚共同体。至于朝鲜，如果构成威胁，那也是它可能崩溃的威胁，而不是向它的邻国发动自杀性攻击。

甚至在日本国防机构的高层，对于这种基于威慑条款的美国海军陆战队在冲绳的一两万成员的军事存在不合逻辑的辩护也不是特别有争议，即使这意味着忽视历届日本政府的官方立场。据前国家防卫研究所所长柳泽

---

① Taoka Shunji, quoted in Taketomi Kaoru, "Amerika ga keikai suru Ozawa dokutorin 'honto no nerai'," *Sapio*, September 9, 2009, pp. 11 – 14.

协二（Yanagisawa Kyoji）说，海军是一支前沿部署部队，而他们的位置，无论是位于关岛还是冲绳，都只是一个政治选择，而不是军事选择①。同样的，冲绳国际大学的佐藤学（Sato Manabu）也否定了在冲绳北部的边野古建设一个新的海军陆战队基地对日本防卫至关重要的这种见解："这不是对其主要功能为训练的普天间基地的替代。这是美国海军将免费获得的一座新型的、不同的、升级的设施，并将用作攻击外国领土的前沿基地，而不只是为了训练。"② 说这些的时候，佐藤可能想的是在冲绳主岛中部的汉森基地所建造的"模拟城市"，其目的是为海军在城市作战进行实弹训练演习，正如发生在伊拉克城市费卢杰的攻击那样，为此他们在 2004 年11 ~ 12 月离开了冲绳。③

其次，也许更重要，美国会基于自身的战略目标而决定将普天间海军的核心部分（不只是他们的命令）转移到关岛，这种可能性正逐渐增大④。在 2006 年签发"美日执行调整计划路线图"的数月后，美国太平洋司令部发布了"关岛军事一体化发展计划"⑤。2009 年 11 月，美国海军公布了一份 11000 页的关岛和北马里亚纳群岛的环境影响声明⑥。2010 年，关岛在 2010 年度《四年防务评估报告》中被确定为"地区安全活动中心"⑦。为防止像边野古那样利用环保理由而影响关岛项目的情况，美国环境保护署在 2010 年 2 月宣称，国防部关于关岛建设过程的九卷《环境影响声明草案》在"环境方面不令人满意"，其引用了一系列严重问题，包括对珊瑚

---

① Yanagisawa Kyoji, "Futenma no kakushin – kaiheitai no yokushiryoku o kensho seyo," *Asahi Shimbun*, January 28, 2010.

② Sato Manabu, "Forced to 'Choose' Its Own Subjugation: Okinawa's Place in U. S. Global Military Realignment," *Asia – Pacific Journal: Japan Focus*, August 2, 2006, http: //japanfocus. org/ – Sato – Manabu/2202.

③ 参见 Furutachi Ichiro and Satoko Norimatsu, "US Marine Training on Okinawa and Its Global Mission: A Birds – Eye View of Bases from the Air," *Asia – Pacific Journal: Japan Focus*, May 2, 2010, http: //japanfocus. org/ – Satoko – Norimatsu2/3363。

④ 参见 The discussion in Ota Masahide, *Konna Okinawa ni dare ga shita: Futenma isetsu mondai saizen saitan no kaiketsu saku* (Tokyo: Dojidaisha, 2010), pp. 146 – 169。

⑤ US Pacific Command, "Guam Integrated Military Development Plan," July 11, 2006.

⑥ US Department of the Navy, "Guam and CNMI Military Relocation – Environmental Impact Statement," November 2009.

⑦ US Department of Defense, *Quadrennial Defense Review Report*, February 2010.

礁的风险，并给出了可能最低的"EU-3"等级①。然而，正如当时的宜野湾市市长伊波洋一（Iha Yoichi）所指出的，很显然驻扎在普天间空军基地的海军部队，包括直升机部队，已被转移到关岛。在这种情况下，边野古的新基地就变得多余了。随着关岛的军事基础设施升级——安德森空军基地有嘉手纳基地的 4 倍大，已成为美国在亚洲最大的空军基地（或者说比普天间基地大 13 倍）——配备了 3 艘核潜艇，关岛将变成覆盖整个东亚和西太平洋的军事要塞和战略补给站。在这种情况下，边野古项目失去了它的战略意义②。当两国政府发言人含糊其辞称关岛的未来"尚未决定"（美国大使鲁斯对伊波洋一说），伊波洋一相信这是故意混淆视听。他说，这意味着"欺骗冲绳人民，欺骗日本人民，并欺骗日本议会"③。

虽然这一分析是正确的，但是，五角大楼实际上已经决定把关岛转变为该地区的核心军事要塞。不过，这并不是说美国可能免除日本为其建设并更新一个补充性的（additional）基地的承诺，特别是一个具备多种能力和一处深海港口的基地，如位于边野古靠近大浦湾（Oura Bay）的基地。

当美日两国政府就海军在冲绳的存在可能扮演什么角色而竭力寻找一个令人满意的解释时，五角大楼发言人开始为他们的作用提供替代性的描述：作为一种人道主义力量，花大量时间进行灾难救援，这是考虑到"亚太地区日益频繁的灾害"现象，包括火灾、洪水、海啸、火山爆发和泥石流④，或

① Clynt Ridgell, "US EPA calls DEIS 'Environmentally Unsatisfactory'," Pacific News Center, February 25, 2010.

② Iha Yoichi and Satoko Norimatsu, "Why Build a New Base on Okinawa When the Marines Are Relocating toGuam? Okinawa Mayor Challenges Japan and the US," Asia - Pacific Journal: Japan Focus, January 18, 2010, http://japanfocus.org/ - Norimatsu - Satoko/3287; Yoshida Kensei, Okinawa no kaiheitai wa Guamue iku (Marines in Okinawa Are Going to Guam) (Tokyo: Kobunken, 2010); Yoshida Kensei, "Okinawa and Guam: In the Shadow of U. S. and Japanese 'Global Defense Posture,'" Asia - Pacific Journal: Japan Focus, June 28, 2010, http://www.japanfocus.org/ - Yoshida - Kensei/3378.

③ Iha Yoichi, "Futenma isetsu to Henoko shin kichi wa kankei nai," Shukan Kinyobi, January 15, 2010.

④ 退役海军将军华莱士格雷格森（Wallace Gregson），目前的五角大楼东亚外交部助理秘书长，在日本国际问题研究所的讲话，"U. S. Awaiting Futenma Decision, to Seek Joint Solution: official," Kyodo, February 1, 2010.

作为应对可能存在的朝鲜崩溃所需要的力量①。2011 年 3 月，就在日本东北部（Tohoku）地震—海啸—核泄漏灾难刚开始，两国政府提出建造一座新基地的计划——可能坐落于宫古岛的由两国共同使用的"美日国际灾难援助中心"（临时的名称——请参阅第 11 章）②。

无论这种使命会有什么价值，但在安保条约中并没有赋予他们这样的担保。那些训练是为了夺去生命的人而并不是能竭力保护生命的人，并且由于强调地理原因而坐落在冲绳的这种设施毫无意义（因为九州更接近朝鲜）。

这些基地的法律依据，在日本本土和冲绳一样，都是 1960 年的《美日安保条约》③。不过，该条约允许美国（按照第 6 条）在日本驻军，"以促进日本的安全及在远东维护国际和平与安全为目的"。然而，这支海军，如前文所述，不是一支防御性的远东军队，而是远征攻击力量，自 1990 年以来反复被派遣参与在海湾地区、阿富汗和伊拉克的战争，并作为进入敌人领土的地面部队严阵以待。正如柳泽协二所说，海军陆战队第三远征军是"用于在任何时候部署在超越日本范围的特定地区的……而不是为了防御特定的地区。"④ 他们的存在，如果以安保条约为理由，这实际上是违反了它。因此，两国政府自 1996 年以来决定实施的基地项目一直就有较大的法律和宪法问题，但到目前为止并没有严肃地解决。这关注的不是一个普天间的替代品甚至日本的防卫，而是向美国海军陆战队提供一个崭新的、升级的、多功能设施，其能被用作攻击外国领土的前沿基地。

附庸国

日本与东亚的问题根源在于日本国家核心的自我否定意识。就在四年

① 中将基思·史塔德，美国驻亚洲海军陆战队司令。"US Commander Reveals True Purpose of Troops in Okinawa Is to Remove North Korea's Nukes," *Mainichi Shimbun*, April 1, 2010.

② Secretary of State Hillary Clinton et al., "Joint Statement of the Security Consultative Committee," *Toward a Deeper and Broader U. S. – Japan Alliance: Building on 50 Years of Partnership*, June 21, 2011.

③ Japan and United States, "Treaty of Mutual Cooperation and Security between Japan and the United States of America," *Ministry of Foreign Affairs*, January 1960.

④ Yanagisawa, "Futenma no kakushin," *Asahi*, January 28, 2010.

之前，一本关于日本的名为《附庸国》（*Zolloku*）的书籍的出版确实带来了冲击效应①。但在揭示了日本国家如此多的行动之后，"附庸国"这个词语慢慢变得没有争议了，甚至为主要的（prominent）日本保守派人士所采用。怎么会这样，我们问自己，这样一种耻辱的身份能够被一群以往那么珍视民族主义的人们如此长时间地容忍？日本曾一度受到极端民族主义的困扰，而现在又陷入消极或屈辱的（compensatory）民族主义之中。

由于普通人从来没被顾及过，日本，换言之，它的政治、官僚和商业精英选择成为一个"附庸"并被占领，同时还决心不惜一切代价避免冒犯占领者，并付出任何必要的代价来确保占领继续。它全神贯注地采纳和推行能取悦占领者的政策。正如一位日本学者所说的，对于操纵日本国家的官僚来说，"'奴役'不再只是一种必要的手段，而是愉快地接受和承担。'自发的自由'与'自发的奴役'变得无法区分"。②

这是日本国家一种根深蒂固的策略，被一届又一届政府以及国家和意见领袖所效仿。这不是日本独有的现象，也必定不是非理性的。获得和保持强者的青睐通常能为较弱者提供最好的安全保障。在冷战期间的依赖和附属关系给日本带来了可观的收益，特别是在经济方面，而（但冲绳是个重要的例外）当时的这种关系主要受到来自于美国所强加的宪法特殊性（尤其是宪法第9条致力于国家和平主义的表述）的限制。

但随着那个时代的结束，尽管"敌人"消失了，美国并没有逐渐减少在日本和冲绳的军事痕迹，相反却将其增强了，并且要求日本做出更大的"防卫"贡献，如反复要求其自卫队停止使用"童子军"（正如唐纳德·拉姆斯菲尔德曾轻蔑地称呼他们）并成为一支"正常"的军队，能够并肩作战，而且如果有必要则取代美国军队并在"反恐战争"中听从美国支配，尤其是支持美国在伊拉克、阿富汗和巴基斯坦的战争。这需要日本军队一致听命于美国，且美国还希望更多地介入日本的资本、市场和技术领

---

① McCormack, *Client State.* 修订后的日本、韩国和中国版本的书提供了以下定义："一个国家享有威斯特伐利亚主权和独立的特性，因而既不是一个殖民地，也不是一个傀儡政权，但已经内化了'其他'利益高于自己的利益的要求。"

② Nishitani Osamu, "Jihatsuteki reiju o koeyo – Jiritsuteki seiji e no ippo," *Sekai*, February 2010, p. 126.

域。当"附庸国"身份需要更重的负担且费用大为增加时，尤其是美国下降的速度加大，使得与冷战时期相比，日本获得利益大幅减少。负担最重的地方当然也是反抗最强烈的地方：冲绳。

甚至是对 2009 年自民党政府而言，对约瑟夫·奈指示的不满也在缓慢增加。自民党核心人物久间章生（Kyuma Fumio，被升为日本防卫厅长官，自 2006 年 9 月起在安倍政府担任防卫大臣）在 2003 年提到日本时说它就"像是美国的一个州"①。关于伊拉克战争，他稍后（在 2007 年）评论道，他可能对此表示"理解"，但从未"支持"②，而在谈到美军基地在冲绳的权利时，他说："我们正在告诉美国不要这么专横，就让我们做我们应该做的事情吧。"③ 甚至麻生太郎（Aso Taro）在 2007 年年初担任外务大臣时，也将拉姆斯菲尔德实施的伊拉克战争称为"极其幼稚的"。④

然而，这些是美日关系中偶尔发生的波动，作为恼人的失态⑤而不应予以考虑，其也不影响东京持续恪守服务的承诺。日本民主党掌权是一个更加严重的问题，尤其在其发布 2005 年的声明之后，声明承诺"摆脱那种除了按照美国的意愿行事之外的、别无选择的依赖关系，要用一个基于独立与平等的成熟同盟取而代之"。

由于该政党即将执政，这一承诺略微有所淡化，但鸠山由纪夫和他的团队仍旧谈论"平等"与重新协商彼此关系（同时与东亚打造一种新的关系）。因此，华盛顿使他们受制于不断提出的建议、要求和威胁，迫切要求一种变成了前提的从属关系。

当自民党的可信度衰退、在野党日本民主党这颗新星在 2008～2009 年人气上升时，正是约瑟夫·奈再次出现在华盛顿压力动员核心以压制反对派上台前后的所作所为。奈发表了两个明确的警告。在 2008 年 12 月的东京会议上，他列出了三种国会将倾向于视为"反美"的行为：取消海上自

---

① *Asahi Shimbun*，February 19，2003.

② "Kyuma：U. S. Invasion of Iraq a Mistake，" *Japan Times*，January 25，2007.

③ "Kyuma Calls for Futenma Review：'Don't Be So Bossy'，Defense Minister Tells US over Base Relocation，" *Yomiuri Shimbun*，January 29，2007.

④ "Aso gaisho no Bei seiken hihan，" *Asahi Shimbun*，February 5，2007.

⑤ "Aso gaisho no Bei seiken hihan，" *Asahi Shimbun*，February 5，2007.

卫机构的印度洋任务，以及任何修改驻军地位协议或驻日美军搬迁协议的尝试（包括普天间基地的迁移）①。当在奥巴马政府执政早期访问华盛顿的民主党成员前原诚司传达其政党重新谈判这些协议的意愿时，奈重申了相同的信息，再次警告这种做法将会被视为"反美"。②

事实是，美国在与任何其他国家的关系中都不会承认"平等"。日本首相的角色是管理一个从属于华盛顿的"附庸国"。盟友的"封闭性"和"可靠性"是以其奴性进行衡量的。在悲伤地回顾在伊拉克的战争中布莱尔内阁的角色后，克莱尔·肖特（Clare Short）的话同样适用于小泉的日本："我们结束了（用）无条件的、贵宾犬式的崇拜羞辱自己"，因为"特殊关系"意味着"无论美国去哪，我们只能卑躬屈膝地跟着"。③

奈的思维框架实质上是家长式的，基于美国军方持续的占领与对日本的不信任。大田昌秀（Ota Masahide，1990 ~ 1998 年，作为冲绳县知事时常有机会跟奈打交道）注意到，奈提到冲绳时"就像在谈美国的领土"一样，而他（大田）"想要问他，冲绳是不是主权国家日本的一部分"。④ 虽然他们态度蛮横并且掌握命令日本的特权，但是奈和这种关系的其他"操纵者"却作为"亲日派"而受到尊重，甚至崇敬。一位消息灵通的（well - placed）日本观察家最近写道，他感到在华盛顿和东京周围的空气中散发出"令人作呕的恶臭"，一方面是"日本专家"和"亲日派"美国人的活动，"奴化的""美国专家"和"亲美派"日本人为另一方面，双方都以他们构建和支持的不平等关系"为生"。⑤ 此外还有从 1995 年起重

① Quoted in Narusawa Muneo，"Shin seiken no gaiko seisaku ga towareru Okinawa kichi mondai，" *Shukan Kinyobi*，September 25，2009.

② *Asahi Shimbun*，February 25，2009. See also Maeda，"*Juzoku*，" pp. 17 – 25.

③ 克莱尔·肖特（Clare Short），前国际开发事务大臣。"Clare Short：Blair Misled Us and Took UK into an Illegal War，" *Guardian*，February 2，2010.

④ Ota Masahide and Sato Masaru，"Taidan Okinawa wa mirai o do ikiru ka，" *Sekai*，August 2010.

⑤ Terashima Jitsuro，"Noriki no ressun，tokubetsu hen（94），Joshiki ni kaeruishi to koso – Nichibei domei no saikochiku ni mukete，" *Sekai*，February 2010. 寺岛实郎（Terashima Jitsuro）用"do - gan"（字面意思是"奴颜"，一个他从鲁迅 20 世纪早期的中国小说中记起的词语）一词指称日本知识分子。寺岛文本的这一英文翻译，参见 Terashima Jitsuro，"The Will and Imagination to Return to Common Sense：Toward a Restructuring of the US – Japan Alliance，" *Asia – Pacific Journal：Japan Focus*，March 15，2010，http：//japanfocus. org/ – Jitsuro – Terashima/3321。

新掌权的自民党政府竭力适应这一情况。奈的指示在2000~2007年与理查德·阿米蒂奇等人共同起草的详尽政策议程中进行了阐述。同样，历届民主党政府，在2009年经历了一连串短暂的执政假想困惑之后，最终还是巩固了由其前任设置的模式。

根据这样的想法，奥巴马政府认定鸠山要求重新谈判与美国的关系是为了使其平等而不是独立。对于奥巴马政府来说，与小布什政府一样，起模范作用的最佳联盟似乎是"下士官小泉"（据报道小布什是如此称呼这位日本首相的）的黄金时代，当承诺有了保证，每年度的美国政策指令（yobosho）被东京奉为圣令，并且"奴隶式的"表情也固定在日本官僚、知识分子和媒体脸上。

在奈的授意下，美国的东亚基地，完全没有像民众特别是冲绳民众所希望的那样被清除，而是被巩固和强化了。实施的普遍原则在1996~2009年采纳的有关安全的联合声明和协议中得以确定。犹如一支又一支来自约瑟夫·奈箭袋中的箭，用于转变"同盟"的法律和制度改革袭来：桥本－克林顿《日美安全保障共同宣言——21世纪联盟》（1996年）、《新防卫合作指针》（*New Defense Guidelines*，1997年）、《周边事态法》（*Shuhen jitaiho*，1999年）、《国民保护法》（*Kokumin hogoho*，2004年）、《武力攻击事态法》（*Buryoku kogeki jitaiho*，2003年）、《辅助美军法（*Law to Facilitate Support to US Forces*，*Beigun shien enkatsuka ho*，2004年）、《日美同盟：面向未来的转型与重组》（2005年）和《整治实施指南》（*Roadmap for Realignment Implementation*，2006年）、《美军基地重组促进法》（*Law to Advance Reorganization of US Bases*，*Beigun kichi saihen sokushinho*，2007年），以及关于派遣自卫队到印度洋（2001年）、伊拉克（2003年）和索马里的《特别措施法》（*Tokusoho*）。[①]

理查德·阿米蒂奇是东京在这些重要年份里的一位常客，他经常把华盛顿的命令带给小泉及其之后的政府，2006年时他表达了自己的赞赏，日本"不应再坐在看台上"而是应把"双脚放在"伊拉克的"土地上"，作为"一名球场上的球员"出现，来到"棒球场内"，并且同意五角大楼的军事重组计划，将这种关系提升至与美英联盟相提并论的高度。他对日本

---

① See Maeda, "Juzoku," pp. 90 – 92.

付出的努力给予了很高的评价。①

2020 年前美日同盟的第二份报告（2007 年 2 月发布，由奈、阿米蒂奇和他们的助手们制定）列举了日本将同盟提升至下一阶段的议程：强化日本国家，修改宪法，制定一部授权日本军队进行定期海外部署的永久法律，提高军事支出，以及在解决国际争端时明确支持使用武力的原则②。那一年的晚些时候（2007 年 11 月），国防部长罗伯特·盖茨命令日本重启海上自卫队在印度洋的油料补给（当时曾引起热议），保持并增加其承办美军基地的支出，增加国防预算，并通过一部永久性法案以授权自卫队在任何有需要的时候进行海外派遣③。这种同盟关系拥有宗主国对附庸国的所有秩序特征。

---

① McCormack, *Client State*, Chapter 4.

② Richard L. Armitage and Joseph S. Nye, *The U. S. – Japan Alliance：Getting Asia Right through 2020* (Washington, D. C.：Center for Strategic and International Studies, February 2007).

③ On the Gates visit：Fumitaka Susami, "Gates Backs Permanent Law to Send SDF," *Japan Times*, November 11, 2007. See also Kaho Shimizu, "Greater Security Role Is in Japan's Interest：Gates," *Japan Times*, November 10, 2007.

第四章

冲绳：分离与归还

当铁之暴风（the typhoon of steel）在 1945 年夏末清理了冲绳的战争灾难之时，等待那些饱受战争痛苦人群的不是从军国主义和法西斯主义下解放出来，而是将他们的土地和生计用作美军战利品。这样的直接军事统治持续了 27 年，还包括直至今日的外国军事特权管制。

战后冲绳的地位从一开始就很独特，因为美国的占领少不了昭和天皇裕仁的邀请和鼓励（参见第一章）。美国的直接军事管辖一直持续到 1972 年，对于华盛顿和东京来说，冲绳存在的理由，是作为"潜在战争"的发展和作为"用武力威胁或使用武力"的中心——以上两者都为日本宪法第 9 条所明令禁止的。

2010 年的美日同盟五十周年庆典使得冲绳感到特别辛酸。五十年前的《美日安保条约》的签订唯独证实了冲绳被排除在外，而其在美军直接统治下的状态并没有改变。随着日本本土成为依据宪法的"和平国家"，冲绳充当了美国在越南发动战争（从 20 世纪 60 年代早期开始）与为世界大战做准备的不可或缺基地的作用。如何调和日本本土与冲绳矛盾角色的问题直至今天还困扰着美日两国政府。

由于他们独特而弱势（直至 1972 年之后除外）的地位，冲绳人比其他地区的公民更能理解日本民主表面的虚假以及实质的空洞，而且能够更清楚地看到美国在其之下所设计和培育的这套体系所用的深层次渗透和操纵的手段，并继续使用软权力杠杆确保日本遵循华盛顿所认为是正确的这条路径，而不是任何抽象的民主原则。

尽管 1972 年日本施政权得以恢复，所以宪法民主领域也理应恢复，但是实际上美国军方的利益，过去是现在也仍然是优先于冲绳平民利益考虑的。一方面，现在很清楚，本应该（supposedly）支持民主和自由世界的美日两国政府，却运用秘密、谎言、恐吓和贿赂将它们的意愿强加给冲绳，以达到延续美军特权的目的（ends）；另一方面，冲绳依靠民主的、宪法的和（在 1972 年回归日本之后）一贯地以非暴力程序寻求解决办法。然而，冲绳民众发现，假设他们依据宪法，以政治和司法过程为手段来保障权利也是不完美的。

作为美国军事殖民地一直到 1972 年，以及从那时之后接受美日的共同统治，冲绳的服从都根植于自身土地的被剥夺。这一过程随着硝烟从饱受战争摧残的岛屿散尽开始，自那时起已经持续若干主要时段。这一直是以违反国际法和国家法律以及日本宪法为标志的。

当冲绳人在 1945 年末至 1947 年从拘留所（实际上是集中营）中被释放时，很多人发现他们的家园、祖先坟墓和宗教场所已经被破坏。这个县 1.8 万公顷土地中的大约 8% 被征用，4 万名土地所有者失去了他们的土地，还有 1.2 万户居民失去家园①。这种大规模的无补偿和单方占用土地的行为，违反了 1907 年《海牙公约》（Hague Convention）第 46 条"私人财产不能没收"的条款。

在冲绳的社会记忆中，这一过程伴随着对推土机和刺刀的恐惧而变得记忆犹新。在战争刚刚结束那些年月里对私人土地最初的挪用，在朝鲜战争期间（1950~1953 年）及其结束后继续加快步伐。拥有 2800 米跑道的普天间海军航空站，慢慢地出现在岛屿北部和南部之间传统的交叉区域里。在这片面积略小于 500 公顷的土地上，宜野湾、神山（Kamiyama）、新城（Aragusuku）从前的这些村庄，都曾经是由林荫大道围绕着的雨水丰沛的土地②。虽然美国在冲绳占据的这个基地的土地面积只有整个区域的

---

① Japan Communist Party, "Okinawa no beigun kichi mondai o sekai ni uttaemasu," http://www.jcp.or.jp/seisaku/gaiko_anpo/2002117_okinawa_uttae.html.

② Yoshio Shimoji, "Futenma: Tip of the Iceberg in Okinawa's Agony," *Asia - Pacific Journal: Japan Focus*, October 24, 2011; Yoshida Kensei, "A Voice from Okinawa (18) - Futenma kichi no kigen," *Meru magajin Oruta*, January 20, 2011, http://www.alter-magazine.jp/backno/backno_85.html#08.

2%，但是最近几十年里的大多数争议都集中在这个营地上。在伊江岛（Iejima Island），美国军队在 1953 年把居民们外迁，征用了 63% 的岛屿，并用推土机夷平并烧毁了 13 位抗议者的家园①。如今，伊江岛主要用作跳伞训练起飞、着陆练习的地点。曾经覆盖着茂密森林的西岛（Torishima Island），因为被用作飞机靶场、在 20 世纪 90 年代用于测试贫铀武器并从那时起用集束炸弹轰炸，其地表面貌被严重地破坏②。占据嘉手纳町 83% 土地的嘉手纳美国空军基地，是日本最大的民用机场羽田机场的两倍，并且附近还有弹药库，是一个由冲绳主要的农场和城镇土地构成的 46 平方公里的联合区域。其他町村中有三个丧失了 50% 以上的土地、五个失去 30% 以上的土地，失去的土地被用于建设基地。不仅是住宅和城镇，耕地面积也在缩减。汉森基地（Camp Hansen）占用了金武町（Kin）和宜野座村（Ginoza）一半的地方，与在名护（Nago）和恩纳（Onna）一样③，但在面积上增大至普天间基地的十倍。汉森基地繁茂的森林容纳着若干为城市作战准备的"假想城市"。2004 年年底，从中派遣的 2200 名海军参与了对费卢杰的军事进攻，导致数千人丧生、城市被摧毁④。正如大田昌秀（Ota Masahide）说的那样，冲绳岛上的军事设施密度变得"几乎无法使人类像本该拥有的那样体面地生活"。⑤

　　岛东北部大浦湾（Oura Bay）上的施瓦布基地建立于 1959 年。那里像其他地方一样，受到驱逐和死亡威胁，什么都没有留下，许多人不情愿地选择尝试并协商一项协议以减少他们的损失。正如嘉阳宗信（Kayo Soshin，当时 85 岁）在 2010 年所说的：

---

① 详细描述的伊江岛斗争，请参见：Tanji, *Myth*, pp. 62 – 70；Jon Mitchell, "Beggars' Belief: The Farmers' Resistance Movement on Iejima Island, Okinawa," *Asia – Pacific Journal: Japan Focus*, June 7, 2010, http: //japanfocus. org/ – Jon – Mitchell/3370；Ahagon Shoko and Douglas Lummis, "I Lost My Only Son in the War: Prelude to the Okinawan Anti – Base Movement," *Asia – Pacific Journal: Japan Focus*, June 7, 2010, http: //japanfocus. org/ – Ahagon – Shoko/3369.

② See Furutachi and Norimatsu, "US Marine Training."

③ Japan Communist Party, "Okinawa no beigun."

④ See Furutachi and Norimatsu, "US Marine Training."

⑤ Ota Masahide, "Governor Ota at the Supreme Court of Japan," in Chalmers Johnson ed., *Okinawa: Cold War Island* (Cardiff: Japan Policy Research Institute, 1999), p. 208.

它没有任何先兆表示"这个地方可能会成为一个基地"。它却要被建成基地了。没有任何磋商。与日本军方（在战争中）自上进行的镇压一样。

尽管起初极力反对该基地，但是在面对军方的强大实力以及被捕并失去土地或者同意放弃的选择之间，他选择了后者。"没法赢，"嘉阳说，"我转而考虑我们如何能从这种情况中受益。"[1]

随着时间的推移，一些土地的所有者像嘉阳一样，纷纷加入这种分配之中，收到大量定期支付并稳步上涨的收入。一项稳定得来的"收益"直指用于扩展的区域，包括嘉阳所在的边野古村庄。

在更远的北方，横跨国头村（Kunigami）和东村（Higashi），美国海军陆战队从1957年开始占用超过19300英亩（78平方公里）的大片单双冠林作为贡萨尔维斯基地（Camp Gonsalves）。1998年，贡萨尔维斯被称为"北部训练区"，从那时起明确作为世界上唯一一个"丛林作战训练中心"。同样，在军事上具有重要意义的山原（Yambaru）森林也构成了日本生物多样性最丰富的地区之一，容纳着超过1000多种植物及5000多种鸟类和动物，其中很多是当地特有的濒危物种，如山原水鸡（Yambaru Kuina）和冲绳啄木鸟（Noguchi Gera）。

在岸信介政权时期（1957～1960年），续签联合安全条约的谈判在东京和华盛顿进行，驻日美军也进行了一次重要的重组。美国在冲绳的军事力量翻了一番，驻冲绳的军事基地密度上升至日本本土的100倍[2]。由于被夺走了土地和生计，许多冲绳人逃到了就业前景更好的日本其他地区，有些人则移居海外。

进一步的整合发生在20世纪60年代的越南战争期间，部分原因是从日本本土调往冲绳的设备面临着正在兴起的本土反基地运动的影响。对于日本本土来说，它将注意力从具有政治敏感性的基地问题上转移开了。日

---

[1] Ryukyu Asahi Broadcasting and Satoko Norimatsu, "Assault on the Sea: A 50 – Year U. S. Plan to Build a Military Port on Oura Bay, Okinawa," *Asia – Pacific Journal*: *Japan Focus*, July 5, 2010, http://japanfocus.org/ – Ryukyu_ Asahi_ Broadcasting – /3381.

[2] Arasaki, *Okinawa gendaishi*, p. 20.

本本土的反基地斗争逐渐失去了动力。从1969年开始，普天间航空站的第1海军队航空团第36海军航空组设立了总部，它坐落在宜野湾市中心。冲绳也是优先选取的地点，因为它处于美国军方的直接统治之下。美国和日本都乐于将作战能力集中在这些岛上，尤其具有吸引力是，它们缺乏民主和被有效地置于殖民统治之下。

在1972年归还之前，各类美军基地占用了冲绳27893公顷的土地。这一数字从归还那时起被降至22923公顷，但是这些基地仍然占据着这个县总面积的10%，约为冲绳本岛的20%，包括最肥沃的、可耕种的无山和森林区域。①

在这几十年间，很多冲绳人失去土地和家园，还经历着赋予了美国军方利益绝对优先权的、造就了痛苦愤恨的政体结构的组建过程。1954年3月采纳的准则是给得到补偿的土地所有者一次性支付16.6年租金，估计为土地价值的6%，实际上赋予了美国军方永久租赁权②。1956年公布的"美国众议院军事委员会报告"（The House Armed Services Committee Report），通常称作"价格报告"（The Price Report），证实了永久分离冲绳拥有权的这一基本原则。由于证明了对基地所在地土地长期占用的合法性，该报告激怒了冲绳人，正如报告所述，"我们贮藏或部署原子武器的权利不受外国政府限制"。③

随着各种重要新基地的兴建并存在明显的升级，冲绳各市町村爆发了被称作"全岛斗争"（shimagurumi toso）④的大众抗议行动。由于无法通过法律手段或是政治赔偿进行弥补，这些岛在1953～1956年由于抗议征地引起震动（政府方面没有"丝毫预期程序的借口"，查默斯·约翰

---

① Okinawa Prefecture, http://www3. pref. okinawa. jp/kititaisaku/toukeishiryou1. pdf. For a detailed study of the bases, replete with photographs, see Suda Shinichiro, Yabe Koji, and Maedomari Hiromori, *Hondo no ningen wa shiranai ga, Okinawa no hito wa minna shitte iru koto – Okinawa beigun kichi kanko gaido* (Tokyo: Shoseki johosha, 2011).

② Arasaki, *Okinawa gendaishi*, p. 14.

③ United States Congress House Committee on Armed Services, *Report of a Special Subcommittee of the Armed Services Committee, House of Representatives: Following an Inspection Tour, October 14 to November 23, 1955*, CIS US Congressional Committee Prints, H1531 (Washington, D. C: Government Printing Office, 1956).

④ Tanji, *Myth*, p. 71.

逊说）。① 这是冲绳对于十年军事占领的回应，受到与立川（Tachikawa）和日本其他地方反对基地扩建力量坚决并广泛地支持，但是其仍在劫难逃。新崎盛晖（Arasaki）写道："如果冲绳不与日本其余地区隔离并被置于美国军方控制之下，就不可能存在像现在这样在冲绳建成的美国军事基地。"②

散发着时代气息的是第二次琉球大学事件。1956 年 8 月，琉球大学不得不决定如何处理七名参与了针对"价格报告"的县内抗议和示威活动的学生。最初学校决定给他们警告处分，但是美国当局以该校自身的未来为威胁，坚持认为这还不够。校长安里源秀（Asato Genshu）感到，为了挽救学校，只能痛苦地做出放弃大学自治权与剥夺学生权利的决定。六名学生被退学，一人受警告处分。五十多年过去了，学校终于在 2007 年撤销了这一决定。③

1965 年 2 月，美国开始轰炸北越。1968 年 2 月从广岛派出的 B-52 轰炸机驻扎在冲绳，以便更好地对越南实施大规模轰炸袭击。海军上将尤利西斯·S. 格兰特·夏普（Ulysses S. Grant Sharp），美国太平洋舰队司令官，在 1965 年提出"没有冲绳，我们无法继续越南战争"。④ 行动自由（直接从冲绳的嘉手纳发射炸弹袭击越南，在其他基地储存核武器和化学武器以为冲突的扩大做准备）变为政策上的重要议题。因此，不久后谈判就在两条战线上展开：决定将统治归还的条款写入"密约"（mitsuyaku），应对关于民主权利在冲绳没有被实际承认的迅速增长的压力，换句话说，制造一种民主的表象（façade）。在上文提到的同一份备忘录里，美国大使（1961～1966 年）埃德温·O. 赖肖尔提出了一个能让美国保留其基地（与核武器）的归还提案，他也建议暗中干预以操纵民主进程，并保证美国将

① Chalmers Johnson, "The 1995 Rape Incident and the Rekindling of Okinawan Protest against the American Bases," in Chalmers Johnson ed., *Okinawa: Cold War Island* (Cardiff: Japan Policy Research Institute, 1999), p. 111.

② Arasaki, *Okinawa gendaishi*, 19.

③ "Dai ni ji ryudai jiken rekishi no kage ni me o muketai," editorial, *Ryukyu Shimpo*, August 18, 2007; "(Gaiko bunsho kokai) Ryudai jiken kuju no shobun Asato gakucho daigaku sonzoku de handan," *Ryukyu Shimpo*, February 19, 2011.

④ December 1965, quoted in Rabson, "'Secret' 1965 Memo."

实现其目标的手段：贿赂。这在当时并不是一种罕见的想法。在艾森豪威尔总统时期，中央情报局（CIA）给支持他们的日本政客回报已经成为惯例，而且，据中央情报局研究者称，他们"至少进行了15年，在4位美国总统治下"。[1] 赖肖尔只关心应该谨慎地完成此事：

> 我们不应该引起……暴露的危险……在冲绳直接使用美国－琉球渠道开展秘密政治行动很危险。只运用日本途径，允许日本自民党处理这笔钱会更安全。[2]

选举操纵开始不久后，其中最早的是1968年琉球政府主席（the office of Chief Executive of the Ryukyu Government）的选举，由 USCAR（US Civil Administration of the Ryukyu Islands，冲绳列岛美国民政府）指定的提名者任职。美国当局勉强同意允许选举，尽管其中实际上包含着反基地候选人可能会赢的风险。但美国陆军中将费迪南·T. 昂格尔认为别无选择：选举将会成为"一种缓和手段，或许能暂时满足冲绳的愿望，并给我们更多的时间来推迟我们行动自由受限的那一天"。[3] 根据美国中央情报局的消息来源，首相佐藤参与了贺屋兴宣（Kaya Okinori）的工作，后者是战时东条内阁的大藏相（finance minister）及曾于1948年12月从监狱释放[4]的战后几十年中一位著名的"调停者"。根据《琉球新报》（Ryukyu Shimpo）刊登的秘密电文，两笔巨额支出是在1968年商定的，880000美元的一笔是在3月，而另一笔，720000美元，是在同年8月[5]。决定并确定支付途径的会议是在位于东京的自民党总部进行的，包括福田赳夫（Fukuda Takeo，1976～1978年的首相）也参加了，但是这些资金被认为是来自美国中央情

---

① Tim Weiner, *Legacy of Ashes: The History of the CIA* （New York: Doubleday, 2007），pp. 120 – 121.

② "U. S. Policy in the Ryukyu Islands, Memorandum of Conversation," *US National Archives*, July 16, 1965, Record Number 79651. See the discussion in Rabson, "'Secret' 1965 Memo"; George R. Packard, *Edwin O. Reischauer and the American Discovery of Japan* （New York: Columbia University Press, 2010），p. 171.

③ Quoted in Rabson, "'Secret' 1965 Memo."

④ Weiner, *Legacy*.

⑤ "Kobunsho no kiroku USCAR jidai, 7, shuseki kosen to Nishime shien, Bei mo kanyo shi shikin teikyo," *Ryukyu Shimpo*, July 16, 2000.

报局。

然而，在这次事件中，尽管两国政府尽了最大努力，并且贺屋扮演了"重要角色"，但是革新派、反基地的屋良朝苗（Yara Chobyo），他呼吁"立即、无条件、全面返还这些基地"，战胜了中情局更青睐的西铭顺二（Nishime Junji）①。

华盛顿和东京一致决定抵制冲绳的民主，并且从那时起它们一直保持一致。在"自民党冲绳体制"之下，位于东京的政府服务于美国，支付大量津贴，并给予冲绳政策优先权，特别是美国的战略和计划，同时通过支持"发展项目"和鼓励当地政府在选举中避免基地问题的讨论，要求服从冲绳政府当局。

由于针对占领势力的反抗基本上都是徒劳的，又因为冲绳人没有民主权利，他们只能坚决地并且使用一切可能的手段抗议、再抗议。令人吃惊的是，在这些充满绝望的岁月里，他们保持着一种坚定的非暴力姿态。从1968 年开始，B-52 轰炸机从关岛转移至嘉手纳，从此它们开始每天起飞对越南实施轰炸。但有一架飞机，装载着运往越南的炸弹，于 1968 年 11月 19 日刚刚从嘉手纳起飞就坠毁了。冲绳对此的愤怒和痛苦被极不情愿地拖了进来，然而间接地发起了一场侵略战争。当屋良朝苗主席屈服于罢工或许会推迟甚至使回归有风险的理由之后，一场计划于 1969 年 2 月 4 日发动的大罢工在最后一刻被取消了。正如丹治三梦（Tanji）所评论的那样，"虽然他的意图是保持'统一'和运动的有效性，但是这恰恰起到了相反的作用。抗议运动的团结和信心受到损害"。②

1969 年 6 月，美国媒体关于军人遭受泄露的 VX 神经气体伤害的报道使冲绳人意识到一种新的威胁：化学武器（原本是为了在 1945 年秋季攻击日本本土城市而大量贮藏，却被广岛和长崎的核攻击抢先了）。移除相关物质的抗议和要求与冲绳无军事基地（base - free）和无核武器（weap-ons - free）归还的运动融合在一起。

1970 年 12 月 20 日，随着对毒气和越南战争问题的热情高涨，紧接着

---

① Ota Masahide, in Ota and Norimatsu, "The World is Beginning."
② Tanji, *Myth*, p. 101.

发生的是一起涉及美国士兵驾驶的车辆与冲绳步行者之间的事故，一场在高座市（Koza City，现冲绳市）的美国军警与愤怒的冲绳人之间的混战爆发了。美国军警鸣炮警告，直升机向冲绳群众喷洒催泪瓦斯，就这一晚上，损毁了八十多辆美国军方和私人的车辆。这些事件，通常被称作"高座暴动"（Koza riots），或许描述为"高座起义"会更好。①

这些事件在高座发生四十年之后，该市的一位前官员悲叹：

> 从根本上讲，什么都没有改变……以民主的名义，我们从事一项职业，给予我们与伊拉克人和阿富汗人同样的待遇，而美国和日本都视而不见。四十年前爆发的愤怒并没有减少。②

在 1971 年的"红帽子行动"③ 把大约 12500 公吨芥子气、光气、橙剂和沙林从冲绳基地搬走之前，抗议和斗争进行了将近两年。它们是否被完全移走，它们可能已经或者可能仍然对人类或外在环境有什么影响，如今再次成为有一个重大问题，这在第八章将进一步讨论。

1972 年 5 月 15 日——"耻辱日"

要解决这些问题，冲绳人认为回归日本是首要且最必要的条件。日本本土在 1946 年采纳的宪法巩固了和平、人权与民主价值观，这些也是所有冲绳人梦寐以求的东西。他们当中很多人关注的焦点是对正义与人权的需求以及对被迫参与侵略战争的抗议，因此（在他们看来）运动目标变成了

---

① Christopher Aldous, "'Mob Rule' or Popular Activism: The Koza Riot of December 1970 and the Okinawan Search for Citizenship," in Glenn D. Hook and Richard Siddle, eds., *Japan and Okinawa: Structure and Subjectivity* (New York: Routledge, 2003); Wesley Iwao Ueunten, "Rising Up from a Sea of Discontent: The 1970 Koza Uprising in U. S. – Occupied Okinawa," in Setsu Shigematsu and Keith L. Camacho, eds., *Militarized Current: Toward a Decolonized Future in Asia and the Pacific* (Minneapolis: University of Minnesota Press, 2010).

② *Okinawa Taimusu*, December 17, 2010.

③ 然而，前县知事大田指出，"即使是现在，也有 60% ~70% 的冲绳人认为，化学以及核武器仍保存在自己的岛上"。Ota and Norimatsu, "'The World Is Beginning"; Jon Mitchell, "US Military Defoliants on Okinawa: Agent Orange," *Asia – Pacific Journal: Japan Focus*, September 12, 2011, http: //japanfocus. org/ – Jon – Mitchell/3601.

回归日本宪制和平国家。冲绳社会运动在统一的目标下开展起来。

然而，冲绳人的希望在 1969 年 11 月破灭，首相佐藤荣作与理查德·尼克松总统在华盛顿召开会议后发布了共同声明①。共同声明宣称：

> 总统与首相……宣布，在民主与自由的共同原则指引下，两国将维护并加强其富有成果的合作，继续寻求世界和平与繁荣，特别是在缓解世界紧张局势方面。

借此，他们可能意味着越南的毁灭，这场国防部长罗伯特·麦克纳马拉稍后称作"错误的"战争，将持续，而尽管冲绳回归日本很重要，但是日本会继续将最高优先权用于推进美国的战争目标。因此，

> 两国政府将与对方充分协商……因此，在不影响美国所努力确保的、南越人民拥有不受外界干扰地决定自身政治前途的机会时，回归将会完成。

"外界"干扰，不用说，意味着其他局外人的干涉。
关于冲绳的规定当时阐述如下：

> 首相强调了自己的观点，在日本人民强烈渴望美日友好关系的基础上，做出恢复冲绳的正常状态回应的时间已经到了。

然而，"正常"意味着马上有资格继续与越南作战。

> 总统和首相也认为，在远东目前的情况下，美国在冲绳的军队发挥着重要作用。其共同讨论的结果是，美日共同的安全利益、冲绳的施政权归还日本，取决于双方意见达成一致……总统和首相也就美国将按照共同合作与安全条款的规定，保留两国共同安全所需要的、位于冲绳的军事设施和区域达成一致意见。（斜体字为强调）

当重获美国的自由之时，关于核武器的存留问题也以这种方式缓和日

---

① Eisaku Sato and Richard Nixon, "Joint Statement by Japanese Prime Minister Eisaku Sato and U. S. President Richard Nixon," November 21, 1969.

本公众舆论，即把实质性的协议仅安排在密约（mitsuyaku）之中。

这些基地将被保留下来，而战争依然是冲绳优先考虑的事情。这对于冲绳的回归运动是毁灭性的一击。首相佐藤在3月向日本国会做出的承诺：归还将会是没有核武器的并具备与日本本土同样的基础，这与他对尼克松总统做出的承诺——战争将在冲绳未来任何的安排中赋予优先权——格格不入。当然，他们当时没有察觉佐藤这些表里不一的手段：他与尼克松订立的核合作①或资金措施的秘密约定，将"归还"转变成日本的一项"购买"。然而，他们从所发表的公报中得知的，足以激怒他们。随着回归日期1972年5月15日的临近，冲绳人对于"真正"或"完全"归还的要求日益增加。

1971年5月，一场大罢工使基地面临瘫痪，大量民众为抗议基地用地未归还而召集了一次大众集会。当两国政府间的交易在1971年6月17日的东京签约仪式上被正式批准时，琉球政府主席屋良朝苗拒绝出席②。四个月之后，他向国会特别会议提交了一份关于冲绳归还的建议书（kengisho）。其开篇写道：

> 冲绳民众对于归还的情绪，仅仅是出于在和平宪法下渴望基本人权这一原因。长久以来，冲绳被视为一种手段，为国家权力和基地强权而牺牲。虽然回归的巨大转变过程现在起步了，冲绳却必须摆脱这一身份。但是我担心，冲绳人民的要求并没有在相关法律草案中充分反映。

当屋良在向国会提交这份请愿书的途中，并且在冲绳选出的两位国会议员按计划准许发言之前，及在反对党缺席的情况下，自民党强行制定了《冲绳回归协议》③。冲绳将归还给日本，但是冲绳人的意见则无关紧要。

---

① Eisaku Sato and Richard Nixon, "Agreed Minute to Joint Communiqué of United States President Nixon and Japanese Prime Minister Sato Issued on November 21, 1969," reproduced in Shunichi Kawabata and Nanae Kurashige, "Secret Japan – U. S. Nuke Deal Uncovered," *Asahi Shimbun*, December 24, 2009.

② Fukuchi Hiroaki, "Okinawa no 'Nihon fukki,'" *Shukan Kinyobi*, May 12, 2006, p. 32.

③ 1971年6月17日，日本和美国关于琉球群岛及大东群岛协议。Taira Kamenosuke, "Okinawa fuzai no 'fukki' ni i o tonaeta Yara Chobyo," *Shukan Kinyobi*, July 15, 2011. Taira was a member of the Ryukyu government's reversion office between 1969 and 1972.

回归仪式在 1972 年 5 月 15 日举行，东京和那霸举行了正式的庆祝活动。但是，代表首相佐藤进行谈判的若泉敬（Wakaizumi Kei），对于这一事件感到"普遍担忧"，并且想知道"这种欺骗"如何被证明是合法的。他只能安慰自己，遵从马基雅维利（Machiavelli）的教条，国家有时不得不依靠诡计，并且柏拉图（Plato）也认为国家的统治者"可以为公众利益而撒谎"。①

在东京，佐藤强调"强有力的双边关系"使冲绳的和平回归成为可能②。在那霸，主席屋良朝苗语调阴沉地评论：

> 冲绳回归的日子无疑来临了。但是回归伴随着各种各样悬而未决的问题，包括美军基地问题。

在与仪公园（Yogi Park），临近"那霸事件"发生的那霸市民会馆，"冲绳县祖国复归委员会"（一个由约 50 个市民团体及劳动组织构成的联盟）召集会议，会上 3 万名民众聚集抗议对他们实施的是一项新的冲绳处分（shobun），并呼吁颠覆佐藤政府。正如福地旷昭（Fukuchi Hiroaki，回归当天那霸抗议集会的其中一位组织者）在 34 年后评论道，本应该是"无核并与日本本土建立在相同基础上"的回归，实际上"隐藏了核武器并强化了基地"（没有 kakunuki hondonami，但 kakukakushi kichikyoka）③。

尽管他们当时无法了解尼克松－佐藤交易的所有欺骗手段，但是细节仍然在不断暴露，福地和他的联合组织者们明白，归还是一个谎言。这次集会的其中一个口号是"五一五：耻辱日"。

在回归将近 40 年之后（或 50 年，如果从采纳安保条约开始计算的话），日美军事专用设施的 3/4 集中在冲绳，其中 25 座在主岛，占据了冲绳本岛五分之一的地理面积，还有 9 座在其他岛屿。在日本本土，从 20 世纪 50 年代以来就没有建造过新的基地，而这些基地在两个主要的时间段稳步减少——20 世纪 50 年代末和 60 年代初减少约 75%、1968 ~ 1974 年再次

---

① Wakaizumi, *The Best Course Available*, p. 315.

② Arasaki, *Okinawa gendaishi*, p. 34.

③ Fukuchi, "Okinawa," p. 33.

减少约 25%——但同时集中在冲绳建立起来。其他地区的基地，也逐步减少至欧洲冷战水平的 1/3 左右、约合韩国的 3/4[①]。日本是个例外，而在日本，冲绳又是个例外。

在某种意义上，自 1972 年起，宪法在冲绳就服从军事优先的最高原则，像朝鲜一样，冲绳是一种 "Songun"（军事优先）状态（尽管在冲绳问题中是外力强加了该原则）。如同和平与战争功能一样，遵从和平宪法的日本本土与以战争为导向的冲绳从 1945 年起开始分离，从 1972 年开始融合，从未在冲绳起过作用的和平宪法在整个日本的作用也逐渐减弱。日本政府、外交事务与国防机构培养了这样一种信念（cultivated the belief），对美国（而不是对宪法这一名义上的最高宪章）的服从是，且不得不成为日本政治的第一原则。

随着自民党在短暂的间歇后于 1995 年重新掌权，并采用奈的政策而不是樋口广太郎对东亚未来的愿景，这对冲绳则是尤为致命的。随着自民党 1995 年在东京的权力回归，政治和知识分子对于奈议程的抵抗蔓延至全国，但是在冲绳涌现的大众抵抗，尤为当年 9 月发生的臭名昭著的强奸案所唤起。1995 年，三名美国士兵袭击一位 12 岁女孩的强奸案，震动并刺激了整个冲绳县。正当自民党在 21 世纪第一个十年的后几年再度陷入僵局并且一个替代政府有望掌权之际，冲绳这个外围正在设立有关国家和地区未来的全国性辩论的议程。

回归过程就是主权明晰的过程，根据 1947 年宪法，主权名义上是握在民众手中，实际上是两国官员在秘密会议中行使。到 2009 年的这四十年中，所有日本政府始终都对立法者和人民撒谎，否认秘密协议的存在。1999 年，日本政府甚至说服华盛顿撤销了根据美国《信息自由法》公布的文件，避免暴露秘密核交易以之随之而来的将日本政府的否认暴露为谎言[②]。因此，美国刻意撤销了"公开"等级。

大使牛场信彦在 1972 年向国务卿约翰逊做了保证，日本政府将尽其所能确保真相不被闹事者揭露，就像《每日新闻》的西山太吉保守秘密长达

---

① Oguma Eiji, "Kitokuken ni agurakaku Beigun," *Asahi Shimbun*, December 16, 2010.

② "99 nen Bei kokai no 'kaku mitsuyaku' bunsho Nihon saikimitsuka o yosei," *Asahi Shimbun*, August 26, 2009.

37 年那样。正如长期隐忍的西山太吉所说的，佐藤与尼克松政府所谈判的冲绳移交条约是"当前同盟的原型"，而日本国的难题是"承认批准秘密协议将意味着承认美日同盟战略是建立在非法基础之上的"。①

---

① Toko Sekiguchi, "Okinawa – gate：The Unknown Scandal," *Time*, May 1, 2007.

第五章

边野古：多余的基地

1995 年 9 月 4 日，三名美国士兵从街上诱拐了一名 12 岁的女学生，把她推进了他们租来的车里，并开到一片荒芜的海滩上。在那里，他们堵上了她的嘴，用胶带捆住了她的手脚，然后轮奸了她①。冲绳人对这起事件的愤怒，被太平洋美军司令官理查德·C. 迈克上将粗鲁的评论进一步激化，"他们（认罪的强奸犯）租车花的钱，都能找个姑娘了（指妓女）"。②这一事件对整个县的震动极为剧烈，以至于威胁到了基地（以致"同盟"）的存在，并且将这一天铭刻在所有冲绳人的记忆中。它使持续、悬而未决的普天间基地回归问题开始威胁到美日关系。出于这一原因，它标志了冲绳历史新篇章的开始。

作为对这一事件及其所引起的愤怒的回应，美日两国政府所主要关心的是它所造成的威胁，而不是寻求正义或采取措施保护冲绳社会以防止将来再次出现此类暴行，它们寻求能够让它们保持这种威胁的准则，那就是基地的存在。极具代表性的是，它们采用了欺骗的手段。一年之后，它们（在以"冲绳问题特别行动委员会"的名义进行了一系列双边会谈后）宣布普天间海军陆战队航空站（位于宜野湾市中心，后来被唐纳德·拉姆斯菲尔德授予"世界上最危险的基地"称号）将回归日本。然而，这个"归还"的骗局只是一个小伎俩。1972 年的（冲绳）"归还"意味着"保留"，

---

① Carolyn Bowen Francis, "Omen and Military Violence," in Chalmers Johnson ed., *Okinawa: Cold War Island* (Cardiff: Japan Policy Research Institute, 1999), p. 189.

② Johnson, "The 1995 Rape," p. 116.

而 1996 年的（普天间）"归还"则意味着"替代"：建造一座崭新的、扩充的、多功能设施取代逐渐被废弃的普天间基地。15 年过去了，该协议还没有实施。

1996 年 12 月，冲绳问题特别行动委员会协议开启了现阶段的"冲绳问题"，特别是，"普天间替代设施"（FRF）①的首选地点（preferred site）名护市长期持续着痛楚。普天间基地突兀且危险地坐落在繁华的宜野湾市中。当人们意识到取代关闭和回归的方案只是被替代时，即建立一座新基地将代替旧的，金子般的回归承诺转化为糟粕。

替换普天间的地点很快被锁定在近海的渔港边野古，这一地点首次出现是在 1966 年美国海军"宏伟规划"中，是为了在越南战争高潮时期拥有一个大型海军及海军陆战队设施。尽管其细节几经变化，边野古作为重要的新军事基地的想法已经存在了 45 年。

从 1996 年开始，边野古计划反复被拒绝或接受的原因或是由于面对自身负担过重的县再建造一座基地所导致的不公平、非正义，激怒市民而被拒绝，或是为当地政府部门所提出的相当于拒绝的条件（军民联合使用、固定期限等）而被接受。项目越是被拒绝或受制于不可能实现的条件，而越阴魂不散，从浮动的临时直升机停机坪慢慢地摆脱限制并扩大规模。

在下面的讨论中，我们基于前县知事和杰出冲绳史研究者大田昌秀所提供的材料而对这一过程进行描述。②

边野古方案 1，1966～1969 年

在 1972 年归还之前，日本的宪法和《美日安保条约》都不适用于冲绳，因此美国军方能够毫无限制地运用冲绳的基地。朝鲜战争和越南战争能够在冲绳基地进行指挥，仿佛这是美国的领土，而美国政府当局也能随意地在伊江岛进行核攻击演习，并向所选择的基地输入核武器和化学武

---

① Minister for Foreign Affairs Ikeda et al., "The SACO Final Report, December 2, 1996," 1996.

② For interview with Ota by Satoko Norimatsu on July 20, 2010, see Ota and Norimatsu, "The World Is."

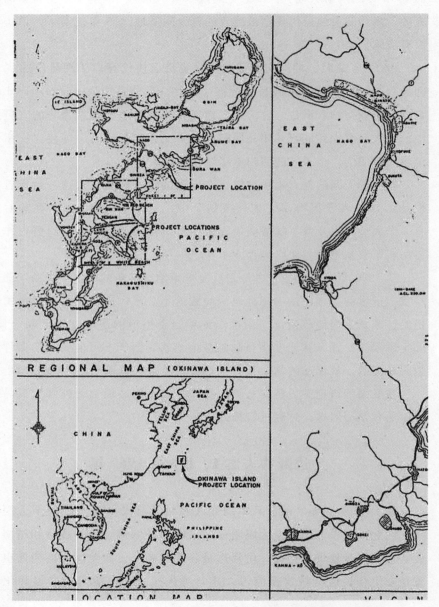

图 5−1　1966 年，美国关于边野古一个海军军用港口的计划

图片来源：冲绳琉球群岛海军设施的总体规划，冲绳县档案馆。

　冲绳之怒：美日同盟下的抗争

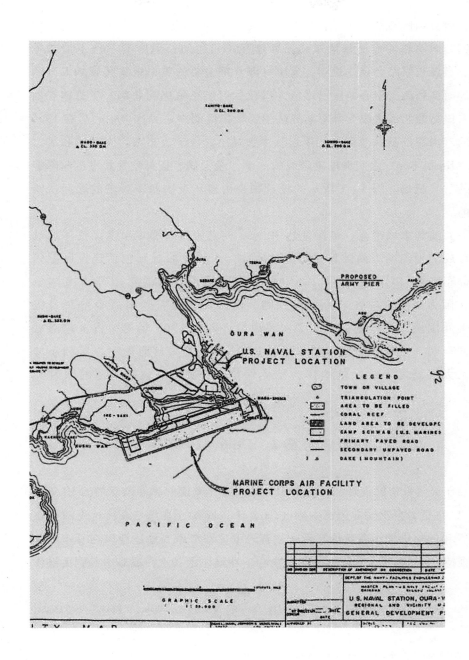

器，而直到回归前夕才迁移出去。然而，从 20 世纪 60 年代中期开始，随着回归运动和冲绳反基地运动不断增强，归还的长期影响不得不加以考虑。参谋长联席会议注意到，重组将涉及把主要的美军聚集区域从人口稠密的南部和岛屿中心地区迁移至人口较少但生态敏感的北部。在总体规划中，该岛的北部将成为海军陆战队主要聚集区的中心。这个中心早在 1966 年的"海军陆战队总体发展规划"中被描绘成位于边野古、大浦湾和久志湾（Kushi Bay）之间珊瑚礁区域的一个"全天候、拥有喷气式飞机起降能力的"飞机场。图 5 – 1 所示的设计图是由遵从美国海军要求的顾问所绘制的。[1]

大浦湾水域很深，最深处达 30 米，使其因具有那霸军港无法停靠航空母舰的停泊能力而极具吸引力。因此，大浦湾的规划包括建设巨型码头的军事港口计划。然而，当时任何大型建设项目的费用都由美国承担，因为美国对冲绳进行自由控制。然而，伴随着越南战争费用升级和美元困境，该计划被放在了次要地位；随着 1969 年美国将从越南撤退的声明，该项目的直接需求逐渐消失[2]。注意力转而集中在了归还冲绳的大规划之上，而基地作为整体保留——换句话说，归还的同时并保留。

边野古方案 2，1996～1997 年

在美国最初的设计和那时偶尔尝试用轰炸来摆脱珊瑚礁麻烦的 30 年之后[3]，注意力再次转向边野古岬（Cape Henoko）。（在第三章所讨论的）奈 1995 年的报告预示着美国在后冷战背景下重新考虑基地建设以在日本和韩国维持一支 10 万人的精锐部队的决心，冲绳注定在这一战略中起到关键作

---

[1] Ota, "*Konna Okinawa*," pp. 197 – 218. See also Makishi Yoshikazu, "Kushi – wan Henoko kaijo e no shin gunji kuko keikaku," in *Okinawa wa mo damasarenai* (Tokyo: Kobunken, 2000).

[2] Makishi, "Kushi – wan Henoko kaijo," p. 105.

[3] Ryukyu Asahi Broadcasting and Satoko Norimatsu, "Assault on the Sea: A 50 – Year U. S. Plan to Build a Military Port on Oura Bay, Okinawa," *Asia – Pacific Journal: Japan Focus*, July 5, 2010, http: //japanfocus. org/ – Ryukyu_ Asahi_ Broadcasting – /3381.

用。在开始处理麻烦之前，1995 年的强奸案同时刺激了冲绳民众与位于华盛顿和东京的军事家们。

最初，面对席卷该岛的强烈愤怒及包含着的怨恨时，美国的军事存在看起来可能不得不减少甚至是大规模，但是冲绳人的愤怒被平息了。承诺"5 至 7 年归还"普天间海军基地使冲绳人很震惊，几天之后，当他们了解到这一归还还有一个附加条件时，震惊消失了：首先普天间基地必须被替换，而这个替换地点必须在冲绳。在早期的讨论中，"直升机场"一词表达了部分含义是包括直升机能够着陆和起飞的普通地点的想法。一位日本参与者设想其大约长 45 米[1]。然而，截至 1996 年年底，冲绳问题特别行动委员会在其最终报告中提出了一个全长 1500 米的"海上设施"（SBF），包括在码头、浮桥旁建造一条长 1300 米的主滑行道，或在冲绳主岛东海岸附近设置半潜式设施，通过"码头或堤道"与陆地相连，并能够"在不需要时"撤走[2]。由于 1972 年的冲绳归还实际上是"保留"，因此普天间基地的归还成为"替代"和"扩建"。

1997 年，桥本政权将位置确定为在施瓦布基地的海面上。换句话说，边野古岬和最初的设计（见图 5 - 2）实质上是对美国军方 30 年前计划的回归，但是没有人想提出这一事实，因为现在的计划代表了部分设计会减轻冲绳的负担，而不是增加。

名护市的居民（包括边野古的小村庄）在 1997 年组织了一次市民投票，尽管承受着政府沉重的压力和干涉，其中多数人表达了反对基地的姿态。日本政府表示该设施是暂时性的，将很快被移走，因其与 1997 年 9 月美国国防部报告中提到的指定用途 40 年、耐用年限 200 年[3]的论述不相符。美国总审计署（GAO）的评估同意了这个将花费 24 亿～49 亿美元的

---

[1] Shimokobe Atsushi, then vice - minister at the National Lands Agency, quoted in Sato Manabu, "Obama seiken no Amerika - Keizai to gaiko seisaku no henka," in Miyazato Seigen, Arasaki Moriteru and Gabe Masaaki, eds., *Okinawa 'jiritsu' e no michi o motomete* (Tokyo: Kobunken, 2009), p. 90.

[2] Ikeda et al., "The SACO Final Report."

[3] "DoD Operational Requirement and Concept of Operations for MCAS Futenma Relocation, Okinawa, Japan, Final Draft," September 29, 1997; Ota, *Konna Okinawa*, pp. 222 - 225.

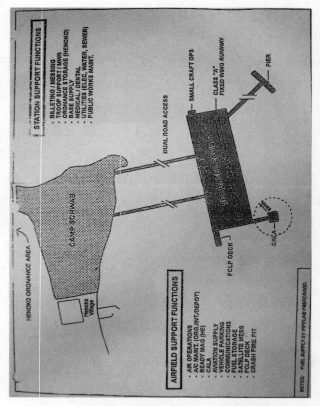

图 5 - 2　1997 年，美国国防部的"海基设施"计划

图片来源："美国国防部的行动要求和行动理念，关于美国海军陆战队普天间迁移，冲绳，日本，最终草案"，见 Ota, *Konna Okinawa*, pp. 221 - 223。

建设项目①。鉴于维护费用将每年额外增加 2 亿美元（40 年共计 80 亿美元），美国政府希望日本会支付这笔费用②。

当时的大田昌秀县知事逐渐观察出整个计划就是要在大浦湾建造一个类似于关西（Kansai）国际机场那种规模的永久性军事设施③。虽然他确实在很久之后才认识到了这一点，但是东京政府决定将大田从其职位上调

---

① United States General Accounting Office, *Overseas Presence*, *Issues Involved in Reducing the Impact of U. S. Military Presence on Okinawa*, March 2, 1998, p. 37, http：//www. gao. gov/products/NSIAD - 98 - 66.

② United States General Accounting Office, *Overseas Presence*, *Issues Involved in Reducing the Impact of U. S. Military Presence on Okinawa*, March 2, 1998, p. 37.

③ Ota, *Konna Okinawa*, pp. 125 - 126.

走，并开始了一致的行动，控告他挪用大量的非法资金，成功地在 1998 年 12 月的选举中将其取代。

边野古方案 3，2002 年

随着 1998 年末大田的竞选失败以及保守派稻岭惠一（Inamine Keiichi）作为县知事当选，尽管是有条件的，但舆论已转向接受。稻岭强调该设施是军民联合使用的并且仅存 15 年："应该请求冲绳人民的忍耐。"① 名护市议会经过 1999 年 12 月 23 日的彻夜审议后达成一致，但岸本建男（Kishi-moto Tateo）市长坚决提出七个条件，包括只有确保不会损害周围地区的安全性和自然环境的情况下，该建设才能被允许②。当国家、县和市三级在 2002 年就 FRF（普天间替代设施）计划中的在远离边野古海岸 2 公里的填海陆地上建造一处 2500 米的设施（包括 2000 米的跑道）达成协议时，这看起来好像是对 1966 年计划的回归（见图 5 - 1）。但是这些条件很难达到并且肯定会引起五角大楼的不悦，因为将无法把脆弱的海洋环境与大型军事项目建设结合在一起。

然而，当地和国际上的反对使其更难以实施这些计划。2004 年 4 月 9 日那一天，那霸防卫设施局（DFAB，防卫设施厅的冲绳分局）开始承担初步调查工作。当作业开始时，反对派组成了一道静坐的人墙封锁了自动倾卸卡车经过的道路。当防卫设施局企图在夜晚工作时，抗议者们开始夜以继日地监视灯塔。"边野古战役"开始了。③

采用这种策略五个月之后，防卫设施局在 9 月决定穿过施瓦布基地进入该地点，（并花大价钱）从边野古渔民那里租来渔船并打算出海，而不是冒险与路障人群进一步对抗。通过这种方法，战斗从陆地转移到了海上。反基地活动者们乘坐独木舟出海，在建筑工人开始当天的工作之前围

① Inamine Keiichi, "Okinawa as Pacific Crossroads," *Japan Quarterly*, July – September 2000, p. 14.

② Arasaki, *Okinawa gendaishi*, p. 194.

③ The following account is from Kikuno Yumiko and Satoko Norimatsu, "Henoko, Okinawa: Inside the Sit – In," *Asia – Pacific Journal: Japan Focus*, February 22, 2010, http://japanfo-cus. org/ – Norimatsu – Satoko/3306.

绕浮标划行一小时，试图阻止搭建建造钻井时所用的脚手架塔。2004 年 11 月，大约 20 条附近的渔船加入了抗议者队伍，使钻井作业更加复杂和危险（见图 5 – 3）。乘坐渔船和独木舟的活动者们从早上 4 点至下午 5 点一直守在脚手架塔的周围。在斗争的高潮期间，他们中的一些人 12 小时一班分为两班在塔上轮流守了 50 天。在 2004 年激烈争夺的几个月里，工人们完成了四个塔，促使一些活动者为了阻止这项工作而不顾一切地把他们自己跟这些塔锁在了一起。

图 5 – 3　2004 年 11 月，政府的调查船与乘独木舟的示威者之间的斗争
图片来源：丰里友行（Toyozato Tomoyuki）。

随着政府雇用的测量员与和平与环境联盟的反对派之间的冲突继续在海上和海底僵持，首相小泉对反对派做出了让步。2005 年 5 月 16 日，他告诉众议院预算委员会：

　　我认为我能够充分理解这种强烈的决心和组织静坐阻碍工作进行的劳苦。我正在认真地思考，如何找到一个妥协的解决方案来与当地民众协商①。

---

① *Okinawa Times*, May 16, 2005, quoted in Arasaki, *Okinawa gendaishi*, p. 225.

同年 10 月，他宣布政府"无法实施（最初的）搬迁（计划），因为大量民众反对"。① 大约 6 万人参与了这项活动，其中包括 1 万名参与海上抗议的民众。这是非常罕见的事件：一项由民间团体发起的针对政府当局的成功的挑战。

边野古方案 4，2005 年

前一个计划落空了，2005 年 10 月，另一个美日"未来转型与重组"协议立即取而代之②。这将是一个以现存的施瓦布海军基地为中心的 L 型填海计划，包括边野古近海 1800 米的跑道（见图5－4）。它将部分位于半岛之上，而不是完全离岸的。这再一次看起来像是 1966 年的计划。

图 5－4　2005 年 10 月边野古岬（施瓦布基地）L 型计划
图片来源：安全咨询委员会，"中期报告"（2005 年），http：//www. mofa. go. jp/mofaj/area/usa/hosho/pdfs/gainenzu. pdf。

---

①　Kanako Takahara, "Japan, U. S. Agree on New Futenma Site," *Japan Times*, October 27, 2005.

②　Security Consultative Committee, "Transformation and Realignment for the Future, October 29, 2005," 2005.

这一次，甚至名护市市长和冲绳县知事都支持离岸基地，尽管是有条件的，反对该计划的人指出它将位于距离住宅区仅 700 米的地方。1999 年 12 月附加的冲绳人许可的条件——尤其是军民共用和 15 年的使用期限——日本方面在与美国谈判时甚至都没有提出来。

边野古方案 5，2006 年

一年后建设方案再次被修改，这一次显然遵从了防卫厅长官额贺福志郎（Nukaga Fukushiro）与名护市市长岛袋吉和（Shimabukuro Yoshikazu）之间的会谈。根据 2006 年"美国-日本调整执行路线图"协议，普天间替代设施将作为地面基地在 2014 年完成[①]，拥有从现有的施瓦布美军基地延伸至大浦湾的 V 型 1800 米双重跑道，如图 5-5 所示。改变背后的基本原因是，通过使用不同的跑道起飞和降落，避免飞越居民区，以尽量减少噪声，但是很多人认为这一做法难以令人信服。

2005/2006 年协议的关键词是"协同能力"（interoperability）和"联合行动态势"（joint operations posture）。日本将支付的不仅是边野古的建设费用——预计花费 24 亿～49 亿美元也可能更多，并且大约需要 10 年时间——还要"贡献" 60.9 亿美元作为进一步建造美国海军陆战队关岛设施的费用。

2006 年的这个边野古基地规划需要填埋毗邻现有海军陆战队施瓦布营地的大浦湾海域。它相当于一座综合性、高科技的海上、陆地、航空基地——远比旧式、不便且危险的普天间基地规模更大、功能更丰富。一位海军陆战队代表提到，新基地不仅会取代普天间，还将提升 20% 的军事力量[②]。实际上，该协议将一个限定在 1960 年安保条约第 6 条"保卫日本和远东"范围的联盟转变成美国全球反恐战争的一个构成要素，这一过程中不但完全没有国会及国民的讨论或审查，而

[①] Secretary of State Rice et al., "United States-Japan Roadmap for Realignment Implementation," May 1, 2006, http://www.mofa.go.jp/region/n-america/us/security/scc/doc0605.html.

[②] According to Colonel Thomas R. King, former vice commander of Futenma Air Station, NHK Television News, April 10, 1998.

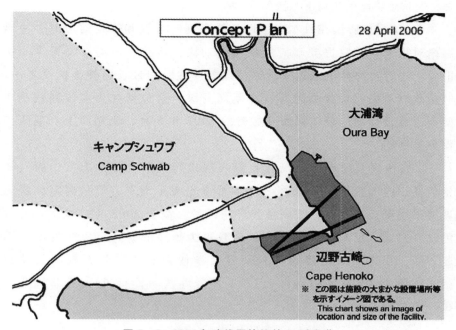

图 5 - 5   2006 年路线图协议的 V 型跑道

图片来源：国务卿赖斯及其他人，《美国－日本关于重组实施的路线图》，2006 年 5 月
1 日，http：//www. mofa. go. jp/region/n － america/us/security/scc/doc0605. html。

且将国家的宪法和平主义边缘化，并使其并入了一个全球军事同盟
之中。

　　对于日美两国政府来说，2006 年的边野古规划使其处于优势，而对于
抗议者来说，这一地点使得有效地动员人员变得困难，因为施瓦布兵营所
在地闲杂人等是禁止入内的。正是由于这些因素，冲绳县准备在基地建设
中进行合作，基地的位置延伸得越远离海岸越理想（highly desirable），官
方的理由是希望把会影响居民区的噪音降低到最小，但真正的原因是这样
的建筑将更有利于施工方的利益，特别是“砾石行业协会”（gravel indus-
try association）的既得利益。越远离海岸并深入海洋，就需要越多的沙子
或者砾石，潜在的利益因此就越大。大田昌秀在 2010 年评论道，1998 年
接替他担任县知事的稻岭惠一，稻岭的继任者，2006 年当选为县知事的仲
井真（Nakaima Hirokazu），以及 2006～2010 年度的名护市市长岛袋吉和，

都是在这个集团的支持下当选的①。

当 2006 年协议在日本本土以最低限度的审议和审查通过时，冲绳继续对抗保守的自民党政府所使用的劝说、威胁、分离或收买等一切手段。边野古海岸上或近海地区持续着现代时间最长的静坐抗议之一，但是政府对民间抗议的恐吓也在不断升级，这包括在为实施路线图 V 型跑道建设计划的环境调查开始时的 2007 年 5 月，出动海上自卫队扫雷勤务舰②。

尽管小泉及随后的自民党政府表现出与美国合作的态度，而且部分华盛顿内部人士如理查德·阿米蒂奇也表示满意，但是商定议程的进展很缓慢，尤其是普天间替代设施问题。截至 2008 年，该调查过程仍没有完成，反对派无动于衷，而且更为重要的是，自民党的威信迅速下降，作为路线图协议谈判美方交涉代表的原国防部副部长理查德·劳勒斯（Richard Lawless）在 5 月告诉《朝日新闻》，美日同盟正在分崩离析。

> 我们真正需要的是自上而下的领导，这意味着，"让我们再度及时地全力履行所有协议；让我们确定资金预算是国家的首要课题"。……日本必须找到一种方式来改变自己决策、部署、融合和运行同盟的节奏。③

《关岛国际条约》就是这种"自上而下"指示的体现。

关岛条约

《关岛国际协议》（也称《关岛国际条约》）是由美国国务卿希拉里·克林顿与日本外务长官中曾根弘文在 2009 年 2 月签署的，稍后根据特

---

① Ota and Norimatsu, " 'The World Is Beginning. "
② Kikuno and Norimatsu, "Henoko, Okinawa. "
③ Yoichi Kato, "Interview/Richard Lawless：Japan – U. S. Alliance Faces 'Priority Gap,'" *Asahi Shimbun*，May 6，2008.

别立法在 2009 年 5 月①（仅被日本方面）承认为条约。这个条约是美国刚刚取得政权的奥巴马使用的一个手段，以便从明显衰落的麻生自民党政权中榨取最后的利益，其目的是束缚住随后上台的日本民主党的手脚。驻东京的美国大使馆向华盛顿报告称，日本外务省希望 2006 年的"路线图"协议被认可和强化为一项条约。换言之，将该协议提升至"（日本方面）条约级别"的协议，将"对当前和未来的日本内阁具有法律约束力"。②

区分关岛条约的不是它的内容（因为几乎所有条款都已在 2005～2006 年达成一致），而是它的形式，一项条约。并且由于它仅约束一方政府（日本政府），它又是一项"不平等条约"。由于充分了解在野党日本民主党的立场——普天间应该被搬离冲绳③——奥巴马政权利用机遇之窗，同时自民党仍然享有 2/3 的众议院多数席位（由 2005 年小泉"邮政私有化"的胜利而实现）的时机，迫使顺从的麻生太郎政府以条约形式采纳该协议，从而捆绑住了即将上台执政的日本民主党的双手。国务卿希拉里·克林顿明确表示，美国将坚持这一立场④。以这一方式成功阻止日本民主党，是奥巴马政府一项不合情理的早期成就。

该条约是 15 年来重组过程与奈冷战后框架的高潮。尽管被广泛报道为美国"撤退"意在减少二战后美国在冲绳军事存在的负担，实际上是企图增加日本对同盟的贡献，承担美国（在边野古和关岛）两座主要军事设施的建设，并让美国在此过程中取得大量军事补贴。信用迅速丧失的日本政府全力确保截止到 2009 年 5 月能够向美国财政部支付 3.36 亿美元，就好像分期付款一样，日本最终同意了 60.9 亿美元（28 亿美元现金和其余以

---

① Hirofumi Nakasone and Hillary Rodham Clinton, "Agreement between the Government of Japan and the Government of the United States of America Concerning the Implementation of the Reloca-tion of III Marine Expeditionary Force Personnel and Their Dependents from Okinawa to Guam," Tokyo, February 17, 2009.

② Zumwalt, Cable 08TOKYO03457, Part 1 of 2, "U. S., Japan Reach Ad REF Guam," Decem-ber 19, 2008, *WikiLeaks*, http://wikileaks. ch/cable/2008/12/08TOKYO03457.

③ See the Democratic Party's "Okinawa Vision 2008," http://www. dpj. or. jp/news/files/okina-wa (2). pdf.

④ "I think that a responsible nation follows the agreements that have been entered into, and the a-greement I signed today with Foreign Minister Nakasone is one between our two nations, regardless of who's in power." ("Clinton Praises Strong U. S. – Japan Ties," *Yomiuri Shimbun*, February 18, 2009.)

贷款支付）的总额。日本政府最关心的问题不是国家安全（这不会出现甚至不会被讨论），而是不惜代价延长美国占领冲绳的决心（并为美国的阿富汗战争和伊拉克战争提供任何可能的服务）。

为了更好地蒙蔽日本人，尤其是冲绳人民的双眼以执行基地政策，两国官僚制造了关岛部队转移和日本所承担费用的比例的数字①。日本依据（2006 年）路线图和 2009 年关于驻日美军搬迁的关岛条约所支付的 60.9 亿美元，包括将 8000 名海军陆战队队员及其 9000 名家属从冲绳重新安置到日本在关岛建造的基地的款项，以此使冲绳"减轻负担"。尽管体谅（omoiyari）或为帮助美国维持其驻日本力量的"同情"（sympathy）款项自 1978 年开始已成为一个既定的预算项目（在第十章中进一步讨论），但日本支付这样一笔巨款在美国土地上建设设施（包括医疗设施、单身士兵宿舍、消防局等）也是前所未有的。

然而，正如使馆电文（embassy dispatch）所说的，"8000 和 9000 这两个数字都被故意最大化以充分利用日本的政治价值"。② 当时只有"大约13000 名"海军陆战队员，和总数"不到 9000 名"的家属。美国方面"定期汇报"这些数字给日本政府，所以当政府大臣们反复使用冲绳海军力量将从 18000 人降至 10000 人，而这一万人将全部移往普天间替代设施时，毫无疑问这是在撒谎。换句话说，根据 1960 年安保条约所谓保卫日本的部队，其角色被严格定义为仅限于日本及远东的防卫，然而却在任何时间都有相当数量的军队在遥远的战区服役。所谓 8000 人转至关岛和 10000 人迁至边野古都是虚构的，这些都是毫无根据的数字。③

该费用也因列入一项耗资 10 亿美元在关岛建设一条军用公路而被夸大了。这个项目在名义上是为了满足美国，但"十亿美元公路"仅仅是"一

---

① "The Truth behind Japan – US Ties（3）Numbers Inflated in Marine Relocation Pact to Increase Political Impact," *Asahi Shimbun*, May 4, 2011; See Zumwalt, Cable 08TOKYO03457, Part 1 of 2, ibid..

② Zumwalt, Cable 08TOKYO03457, Part 1 of 2, ibid..

③ "Tenkanki no Anpo 2010:'jochu naki Futenma,'shusho'fukuan'no mikata fujo," *Mainichi Shimbun*, April 8, 2010. English translation in Satoko Norimatsu, "The Myth of 18000 Marines in Okinawa Admitted by USMC," Peace Philosophy Centre, April 12, 2010, http: // peacephilosophy. blogspot. com/2010/04/myth – of – 18000 – marines – in – okinawa. html.

条增加整体的成本预算并借以降低日本在总成本中承担份额的途径"。① 该项目将 102.7 亿美元总费用中的日本份额从 66% 降低到 59%，使它看起来略微公平一些。然而这条公路既没有必要，也似乎永远不会兴建。

随着对这些细节的争论的持续，两方之间的不信任不断加深。美国驻东京大使馆报告，"日本方面……对美国两年多时间内无法提供将搬迁到关岛的关于家属的更详细数据而感到不满，并且有人怀疑美国似图虚报冲绳的房屋数量，以迫使日本在关岛建造超过实际需求的房屋"。②

数字"被故意最大化借以充分利用在日本的政治价值"的过程，如《朝日新闻》所说的，是"一种对民众不可饶恕的背叛"。③ 对于《冲绳时报》来说，它是另一个密约（mitsuyaku）④。同时，美日两方都在挑剔和争论迁往关岛的详细数字。

2009 年 2 月希拉里·克林顿在东京签署并于 5 月由国会批准的"关岛国际协议"，是奥巴马政府对日本第一次采取主动。这是两国政府为阻止日本人民的民主意愿而做出的规划。急于签署协议反映了自民党在民意测验中濒临崩溃的事实。就像麦考马克稍后所写的那样，《关岛国际协议》（条约）

> 作为两国关系决定性时刻的结晶，很可能是未来几代人研究的对象，当双方都走得太远之时，美国要求（仓促地，充分意识到与自民党达成交易的时间紧迫）而日本则服从这种既不平等又违反宪法、违反法律、具有殖民色彩和欺骗性的东西。双方的过度行为可能产生反感情绪，从长远来看，将使关系更难维持。⑤

事情的确是这样发生的。而且，关岛迁移费用的预算很快就被上调了。美国总审计署在 2011 年 5 月指出，迄今为止没有针对相关项目制定适当的、

---

① Zumwalt, Cable 08TOKYO03457, Part 1 of 2, ibid. .

② Zumwalt, Cable 08TOKYO03458, "Part 2 of 2 – U. S., Japan Reach AD REF GUAM," December 19, 2008, *WikiLeaks*, http: //wikileaks. ch/cable/2008/12/08TOKYO3458.

③ "Leaked Documents Reveal Shocking Japan – US Diplomacy," *Asahi Shimbun*, May 5, 2011.

④ "Kichi iten no jittai kakusu 'mitsuyaku'," *Okinawa Taimusu*, May 5, 2011.

⑤ Gavan McCormack, "The Battle of Okinawa 2009: Obama vs Hatoyama," *Asia – Pacific Journal: Japan Focus*, November 16, 2009, http: //japanfocus. org/ – Gavan – McCormack/ 3250.

详细的预算并进行评估。在他们之间，美国和日本面临着美军重组惊人的总费用，包括关岛迁移的 291 亿美元（2.4 万亿日元），约合最初预算的 3 倍。这将由美国（132 亿美元）和日本（159 亿美元）共同承担。这意味着日本将被要求为重组提供的总费用不是 61 亿美元，而是 159 亿美元。①

此外，日本给出的普天间替代设施（为美国总审计署所采纳）36 亿美元的预算几乎可以肯定是过低的，很多专家提出该数字应该达到目前的 2 ~ 3 倍。因此，日本 159 亿美元的份额（98 亿美元用于在日本重组，61 亿美元用于关岛迁移）必然会进一步上升。如果这一上调与美国总审计署的估计成正比，那么它将是原来的 3 倍。

围绕冲绳归还和美国核战略的秘密交易，与近期由 2011 年 5 月的机密电文所揭示的多层谎言和欺骗的逐渐暴露，迄今为止并没有对广大市民和媒体的看法起到明显影响。文件的真实性到目前为止尚未受到严峻挑战。它们有助于为该关系的内部运作打开一扇毁灭性的窗口。

日本政府刻意避免评论维基解密材料的真实性或重要性，而国家媒体，包括最初登载了它们的《朝日新闻》，很少给予认真关注。尚未有公众人物呼吁进行公共或立法调查。至目前为止，最严肃的分析发表在冲绳的日报《琉球新报》上。② 考虑到仅有三个人对此文章进行评价：

孙崎享（Magosaki Ukeru），日本外务省情报与分析科前总干事：

> 2009 年当选的民主党政府计划调整与美国的关系，包括普天间基地的问题。当美国发出警告时，外务省和防卫省的领导人物违背了首相的意愿。他们的所作所为背离了民主原则。日本这个国家发生了什么？它患上了一种缺乏自我意识的慢性疾病。

天木直人（Amaki Naoto），2001 ~ 2003 年日本驻黎巴嫩大使：

---

① US Government Accountability Office，"Defense Management – Comprehensive Cost Information and Analysis of Alternatives Needed to Assess Military Posture in Asia," May 2011, p. 25；"Bei kansain hokoku de beigun saihenhi 2cho 3000okuen/Bei gikai de keikaku minaoshi mo," *Shimbun Akahata*, May 30, 2011.

② See the series "'Futenma' koden o toku," *Ryukyu Shimpo*, May 7 – 11, 2011. Other articles in the series are by Sato Manabu of Okinawa International University and Ota Masahide, former governor of Okinawa.

当局的罪行是如此严重，以至于如果美国欺骗了日本政府然后是日本人民，那么必须控诉它的欺骗，而如果日本政府为美国欺骗日本人民之举施以援手，并且不恰当与不必要地将日本人民辛苦挣来的税款交给美国，那么日本人民必须控诉它的背叛。

新崎盛晖（Arasaki Moriteru），冲绳大学荣休教授，也是权威的冲绳现代史的作者：

（维基解密）所揭露的细节都是那么生动和具体，充分证明了日本的政治和精英官僚阶层有多么可悲和腐朽。我们已经看到了我们所不希望看到的：那些一直谈论"国家利益"并滔滔不绝于沙文主义式的民族主义的政客和精英官僚的行为，正在为美国服务并与美国的"国家利益"取得一致。

后关岛时代——开放、改装与重新包装

在 2006 年的路线图协议与 2009 年的关岛协议之后，是 2010 年鸠山 – 奥巴马协议以及 2011 年美日外交与国防官员达成的"2 + 2"协议（参见第十章），但是直到 2012 年年初都没有采取任何执行措施。一连串声明标志着项目步入正轨，但事实上并非如此。然而，日本政府坚决表示该项目将继续进行，并向美国强调向日本其他地方的搬迁是毫无可能的：它必须是在冲绳，而且必须在边野古。是日本的极力主张，而不是美国的不妥协，起到了决定性的作用。①

普天间替代设施的故事，在 2012 年年初发生了明显的转折。在2006 ~

---

① Kurt Campbell, then representing the Department of Defense, dismissed the Japanese claim that it would not be possible on military grounds to replace Futenma anywhere but in Okinawa, saying that the Japanese grounds for saying so were only political, and that the US side was open to suggestions for alternative sites in Kyushu or Shikoku. "Minute of Unofficial Discussion Meeting, March 13, 1998"; "Futenma isetsu hikoshiki kyogi, 98 nen 3 gatsu toji, Bei 'kengai kano' o dentatsu," *Ryukyu Shimpo*, November 15, 2009.

2011 年一系列（如前所述）协议中制订的重组计划条款，一再宣称是不可改变和不能分割的"一揽子计划（package）"，突然在美国的倡议下重启并重新安排。2006 年一揽子计划的关键部分——普天间替代设施在边野古的建造并将其移交给美国、将 8000 名海军陆战队士兵从冲绳转移至关岛，以及将冲绳南部（嘉手纳基地以南）的冲绳基地土地归还给日本——将被大幅修改并重组。在 2006 年设定的 2014 年的预计完成时间已经被淡化了，2011 年变为"2014 年之后尽快完成"（参见第十章），但是现在一揽子计划内容被彻底重新制定了。《朝日新闻》报道称，东京"没有提供单一的、大胆的建议"。[①] 如果报道是确切的，那么华盛顿将决定做出哪些更改并直接告知东京。而且，正如美国国防部长莱昂·帕内塔（Leon Panetta）所说的，"他们（日本政府）在提到无论美国采取何种行动他们都将支持时非常慷慨，他们将向我们提供大笔资金以尽力支持"。[②] 帕内塔补充道，"我对日本表现出的态度感到非常满意"。很难找到比这还露骨的对附属国关系的表述了。

核心的修改是把关岛迁移与边野古建设分离开来。此外，前往关岛的海军陆战队人员数量将从 8000 人减至约 4700 人，其余 3300 人被分成小型机动部队，依据"地理分布、军事行动能力以及政治上的可持续性的力量结构"[③] 的原则，在菲律宾、澳大利亚（达尔文基地）、夏威夷和日本本土岩国（Iwakuni）的基地间轮换。这么做的原因似乎是两个方面因素的结合所致。一方面是美国逐渐放弃了认为日本能够实现其在边野古建设基地的承诺的希望，另一方面是由缩减预算但同时将军力集中到中国周边驱动的军事战略的全面调整。在做后面的事情的同时，需要通过避免将主要力量集中在其新一代导弹的攻击范围之内而将中国的攻击风险降至最低。冲绳的位置在中国第一和第二防御线岛屿的分界线上，极易受到中国的攻击，因此距离太近反而不舒服。相比之下，澳大利亚的达尔文基地则超出了这

---

① "New Okinawa Base Agreement Should Lead to Rethink of Henoko Plan," editorial, *Asahi Shimbun*, February 7, 2012.

② Quoted in Sabrina Salas Matanane, "Congress Reviewing DoD Plans," *Kuam News*, February 15, 2012.

③ US Department of State, "United States – Japan Joint Statement on Defense Posture," February 8, 2012, http://www.state.gov/r/pa/prs/ps/2012/02/183542.htm.

一范围，而且澳大利亚政府毫无保留地积极组建海军陆战队，这样一个拥有"政治可持续性"的基地显然是边野古基地永远不可能达到的。最初，澳大利亚的部署将为数百人，但是它有望逐步打造成为一支约有2500人的部队，或许将包括目前位于冲绳的第31海军陆战队远征部队。①

因此，实际上关岛的迁移将被削减近一半并成为在广泛区域分布的一部分，但美国人却向日本人谎称，只有高度集中于冲绳才具有真正的威慑价值。与此同时，普天间替代设施仍然被称为"唯一可行的前进道路"，这种说法听起来越来越像风中的呼啸。然而，2006年一揽子计划的第三个组成部分——"嘉手纳南部"区域不再需要的基地土地的归还——现在将加快了。被指定归还的土地构成了冲绳所有基地土地面积的约1/5，而它的回归或许，就像《纽约时报》伤感地报道的那样，"通过向冲绳人展示减少美国存在的实质性进程，缓和其对于全新空军基地的抵抗"。②

冲绳人审视着日渐兴起的新的战略说辞，并且怀疑着其负担的"减轻"而带来的来自任何一方政府的重负。他们猜测两国政府意图再一次牺牲冲绳，另一轮的密约或许正在酝酿之中。他们愤怒地指出了日本政府对美国建议的回复：部分普天间海军陆战队可能被迁移至位于日本本土山口县的岩国基地。当山口县知事与岩国市市长请愿表示反对任何此类迁移时，外务大臣玄叶（Genba）回应说："放心。我们不会派遣任何额外的海军陆战队到岩国去。"③ 这一答复在玄叶光与其他大臣们一致的反应与冲绳知事和名护市市长一再抗议之间形成鲜明对比。冲绳人能够得出的唯一结论是，如果愿意，日本政府可以向美国的要求说"不"，但是这个选择与冲绳无关，冲绳可以被轻蔑和歧视地对待，而日本本土各县和城镇则不能。④

冲绳人还指出，尽管边野古的环境影响评估过程（参见第八章）处于

---

① "Go‑ichu, kaiheitai chukaku ka, Bei kaigun toppu shisa," *Okinawa Taimusu*, February 7, 2012.

② Martin Fackler, "US and Japan Are in Talks to Expedite Exit of 8000 Marines on Okinawa," *The New York Times*, February 8, 2012.

③ "Seifu, Bei kaiheitai Iwakuni iten an o kyohi gaisho boeisho ga meigen," *Chugoku Shimbun*, February 14, 2012.

④ Chinin Usii, "Shimen hihyo‑shinpo o yonde," *Ryukyu Shimpo*, March 10, 2012.

悬而未决的状态，但是政府对正在施瓦布基地进行的重要建设项目的授权①，似乎已成定局。它忽视了对环境影响过程的负面结果或是各种各样尚待解决诉讼的可能性，并且把缺乏县和市级政府批准的情况视作无关紧要。它还核准了普天间基地的大规模修复工程，尽管日本政府的公开立场是为采取一切可能的措施，确保其尽早归还并且清除极其危险的地点，但这也意味着它并没有期望海军基地将随时被迅速返还。冲绳人更倾向于密切关注并以批判性的眼光看待国家的这种政策，而不愿听从关于诚意和负担"减轻"的声明。

当来自东京的特使们，包括首相野田佳彦，开口表达对冲绳的歉意及批准大量用于冲绳"发展"的补贴（2937.6亿日元，或略高于2012财年的30亿美元）时，他们并没有减少施加的压力。决心排除万难"诚恳游说"的冲绳，东京似乎为新一轮的冲击整装就绪，部署心理战术、财政激励，并暗中威胁。冲绳人为新的抗争铤而走险。正如《冲绳时报》所说的："需要呼吁的是，冲绳表现出了与（20世纪50年代）'全冲绳'抗争可相提并论的决心。"②

---

① 根据2006年和2012年年初调整的协议，一笔惊人的212亿日元（超过2亿美元）的款项用于施瓦布军营的建筑工程。"Isetsu koji 'sakidori' bodai na mudazukai wa yameyo," editorial, *Ryukyu Shimpo*, March 12, 2012.

② "'Beigun saihen minaoshi' shimagurumi no ishi hyoji o," *Okinawa Taimusu*, February 9, 2012.

第六章

鸠山的反抗

　　尽管美国所经历的从小布什到奥巴马的政权交接比日本由麻生到鸠山的更替提前了9个月，但是其日本政策或负责制定政策的团队只发生了微小的改变。除新任美国驻日本大使约翰·V.鲁斯以外，奥巴马保留了自2005年以来在核心协议交涉中起到定型（formative）作用的相同人员：曾在小布什任期内负责普天间基地谈判的库尔特·坎贝尔（Kurt Campbell）成为奥巴马东亚事务副国务卿；小布什任期内的冲绳海军司令官华莱士·格雷格森（Wallace Gregson）成为国防部亚洲太平洋地区负责人；而小布什任期内的驻冲绳总领事凯文·马赫（Kevin Maher）成为美国国务院日本事务办公室主任。① 尽管奈和阿米蒂奇都没有在奥巴马任期内获得正式的职位，但他们的影响力并没有被削弱。

　　早在2009年9月政权交接之前，华盛顿就对日本民主党的政策给予了关注。当党首小泽（Ozawa）开始勾画日本从以华盛顿为中心转向以联合国（及东亚）为中心的外交和防务政策轮廓之时，针对日本停止派遣至印度洋、服务于以美国为首的伊拉克战争行动的海上自卫队的部署的行动，著名的美国学者型官员指出了尽人皆知的威胁，即小泽正在"破坏"同盟，并且直到那时大使J.托马斯·希弗仍拒绝会见小泽及其要求召开会谈的请求。② 随着小泽明确表示了自己与奥巴马总统扩大和强化阿富汗战争

---

① Maeda Tetsuo, "*Juzoku*," pp. 15 – 18.

② Kurt Campbell and Michael Green, "Ozawa's Bravado May Damage Japan for Years," *Asahi Shimbun*, August 29, 2007.

决定的不同见解，以及继续提升（以横须贺为总部的）美国第七舰队驻日军事存在削减的可能性，焦虑持续上升了，这意味着包括 36000 名军官和军事人员在内的其他所有军事基地都是多余的。就在提出这些具有争议的观点之后，小泽陷入了工作人员滥用资金的腐败丑闻。2009 年 5 月，他辞去了党首职位，由鸠山由纪夫取而代之。2011 年 1 月向他发起的一项针对选举核算舞弊的诉讼，进一步孤立了他并将其可能采取的任何行动宣布无效。

日本在 1955～2009 年长期实行一党的国家制度期间，一个完全呈网状的、将优先考虑美国利益视为理所应当的附庸国体系逐步形成，直到 2009 年 8 月 30 日鸠山由纪夫和民主党上台执政。这一胜利标志着一个戏剧性的转变，并且它标志着旧体制的彻底崩溃与一种新秩序的开启。

守护生命

鸠山曾对日本抱有一种愿景。像奥巴马稍早些时候一样，他触碰了渴望改变的民族情绪，一种会让日本超越附庸国的存在（zokkoku）。在他当选的数周之前，鸠山发表了一篇文章来勾勒他的政治思想，明确批评"不受约束的市场原教旨主义与金融资本主义"，在这一观点中，人们往往不被视为"最终目的，而是一种手段"。他评论全球趋势是"由美国主导的单极世界朝向多极化时代演进"，其中东亚共同体将成为一个标志，并将他的政治哲学定义为"Yuai"，字面的意思是"友爱（Fraternité，手足情谊）"。他将其描述成一种"并非柔弱，而是……一种强烈的、斗志高昂的理念，它是一面革命的旗帜"。[①] 一位日本首相积极使用"革命"的一词，这是前所未有的。

美国深表怀疑，特别是对于鸠山的亚洲共同体构想。而且，美国从不考虑与其他任何国家建立"平等"关系的可能性，尤其美国认为极其荒谬的是整个日本都在提议此事。总之，华盛顿决定在普天间问题上阻止鸠

---

① Hatoyama Yukio, "My Political Philosophy," *Voice*, September 2009（August 13, 2009）, and in English in *Financial Times*, available at http：//www.ft.com/cms/s/0/99704548 – 8800 – 11de – 82e4 – 00144feabdc0.html.

山。由于鸠山挑战了附庸国制度根深蒂固的结构，投射出民主和民族主义的愿景，华盛顿将他视为一种需要被消除或粉碎的威胁。

尤其是在鸠山直接而具体的议程中，试图重新谈判由先前的保守党采纳的在边野古建立新军事基地的协议时，他在这个问题上越线了。这一理念——普天间基地应该被搬迁（如果不能搬出这个国家，最低限度是冲绳以外的地方）经常被人用于竞选，包括鸠山本人——被美国视为公然的挑衅。美国国务院和国防部递送了一份又一份的最后通牒，告知他，他们将不会重新进行谈判，而且如果现存（关于边野古的）协议不能实施，将是对两国间"信任的打击"。

2010 年 1 月，鸠山选择在国会开幕式发表演说的机会，传递了另外一个他精心设计的核心思想，这一次将"守护生命"的理念呈现为其基本的哲学和政治原则。① 他用这样的几句话作为开端：

> 我想保护人们的生命。
>
> 这是我的心愿：保护人们的生命。
>
> 我想要保护那些刚刚诞生、正在成长和已经成熟的生命。

这种言论使华盛顿感到不安。鸠山被斥作"怪人"。什么样的政府领袖曾谈及与美国维持平等关系，这种关系是从未被考虑过而且几乎是难以想象的；或者，什么是"守护生命"。一位盟友的亲密感和可靠性通常成为其奴性的衡量标准，而华盛顿为那些遵从（托尼·）布莱尔②路径的人致以最热烈的欢迎，即使这意味着他们在自己的国家被称作"卷毛狗"。

鸠山必定清楚他的话将在冲绳引起特殊的共鸣，这既是由于在基地开发过程中"守护生命协会"在保护边野古的运动中长期发挥核心作用的结果，也归结于 19 世纪冲绳国王所说的 "Nuchi du takara"（生命多么宝贵

---

① Yukio Hatoyama，"Policy Speech by Prime Minister Yukio Hatoyama at the 174th Session of the Diet，" January 29，2010.

② 托尼·布莱尔（Tony Blair），在克林顿任期已与美国建立了友好关系，小布什继任时也建立了紧密的政治同盟，在外交政策上与美国保持一致。对此，前南非总统曼德拉曾说布莱尔犹如小布什的外交部长，也有人直指布莱尔是"小布什的卷毛狗"，这些都体现了布莱尔的外交政策有盲目附和美国的意味。——译者注

啊）这些话被理解为冲绳基本价值观的概括。之前没有哪个首相曾在这种场合，用如此长的时间（51 分钟）表达出如此高尚、哲学宗教式的情感（其中提到"生命"不少于 24 次）。

奥巴马政府似乎担心，鸠山会选择在精心设计的不平等关系包装中的最后一个关键节点——《关岛国际协议》（*Guam International Agreement*）——以揭露早先所有的不公平和不公正，包括已经成为同盟中固有内容的欺骗和谎言，这种曝光可能会威胁到美国道德和政治可信度。因此，美国执导了一连串横跨太平洋、针对鸠山和日本民主党的恐吓，并且坚持要求日本"尊重"《关岛国际协议》。普天间 – 边野古问题成为两国政府间对抗的主要核心议题。为了搁置鸠山的愿景、忽略他的政策和计划，奥巴马总统甚至干脆拒绝与他会面。

此前，库尔特·坎贝尔告诉《朝日新闻》，普天间替代协议将不会发生变化。[1] 迈克尔·格林警告说，如果日本民主党执意推动进程，尝试重新谈判围绕冲绳问题的军事协议，"这确实会挑起与美国的危机"。[2] 华莱士·格雷格森代表五角大楼补充道，美国没有修改现有的协议的计划。[3] 据报道，美国国务院的观点是，"现在最艰难的事情不是中国，是日本"。[4] 伊恩·凯利（美国国务院）声明称，无意允许对其进行部分修改[5]，而凯文·马赫（Kevin Maher）在一天之后补充说，对于国与国之间已经达成一致的问题将不会重新启动谈判。[6] 一位"国防部高级发言人"也在华盛顿指出，如果现存计划不能被实施，这将是对两国间"信任的打击"。[7]

---

[1] Yoichi Kato, "U. S. Warm to Proposal to Reaffirm Security Pact," *Asahi Shimbun*, July 23, 2009.

[2] Quoted in Mure Dickie and Daniel Dombey, "Prospect of Power Softens DPJ's Stance," *Financial Times*, July 21, 2009. (Green, formerly George W. Bush's top adviser on East Asia, was at this time at the Center for Strategic and International Studies.)

[3] "Futenma hikojo no isetsu, goi minaosazu Bei kokan minshu koyaku meguri hatsugen," *Asahi Shimbum*, September 3, 2009.

[4] John Pomfret and Blaine Harden, "US Pressures Japan on Military Package," *Washington Post*, October 22, 2009.

[5] Hiroshi Ito, "U. S. on Futenma Revisit: Forget It," *Asahi Shimbun*, September 2, 2009.

[6] "'Kokka – kan no goi' kyocho/Zainichi Beigun saihen/Mea Bei bucho minaoshi kensei," *Okinawa Times*, September 4, 2009.

[7] "Futenma isetsu dekineba Nichibei kankei ni dageki, Bei kokan ga keikoku," *Asahi Shimbun*, October 18, 2009.

（2009 年）10 月，国防部长罗伯特·盖茨（Robert Gates）与参谋长联席会议主席迈克尔·马伦（Michael Mullen）访问东京。盖茨直言不讳称：

> 普天间搬迁设施是重组路线图的关键。没有普天间的重组，普天间基地设施将不会搬迁至关岛。而不搬迁至关岛，就无法整合军力并归还冲绳的土地。①

还有报道称，他侮辱了他的日本东道主，因为他拒绝参加在国防部举办的欢迎仪式或者与日本高级防卫官员共同进餐。②

为了防止日本人头脑中残存任何疑问的阴影，马伦将军补充说，边野古基地的建设是一项"绝对的必要要求"。③

"掌掴"美国

华盛顿的恫吓在 2009 年年末达到高潮。对于迈克尔·格林（乔治·W. 布什政府时期总统国家安全事务特别助理、国家安全委员会亚洲事务高级主任，盖茨曾表示他是"其同行中精明的判断者"）来说，鸠山及其政府将不能"继续掌掴美国"或者"玩鞭炮"（play with firecrackers）了。④ 格林具有威胁性地告诉《朝日新闻》，如果改变已制定的政策并从印度洋撤回日本的海军力量，民主党会"感到后悔"。⑤ 他提到奥巴马政府的观点，"以民主党为首的联合政府最终将提出适度的要求、放弃与现实相抵触的竞选辞令，并设法证明足以胜任经营美日同盟的能力"。⑥ 计划于 11

---

① Department of Defense，"Joint Press Conference with Japanese Defense Minister Toshimi Kitazawa and Secretary of Defense Robert Gates，" October 21，2009.

② John Pomfret and Blaine Harden，"U. S. Pressures Japan on Military Package，" *Washington Post*，October 22，2009.

③ "Joint Chiefs Chairman：Futenma Must Move to Nago，" *Yomiuri Shimbun*，October 24，2009.

④ Michael Green， "Tokyo Smackdown，" *Foreign Policy*，October 23，2009，http：// shadow. foreignpolicy. com/posts/2009/10/23/tokyo_ smackdown.

⑤ *Asahi Shimbun*，August 28，2009，quoted in Miyazato Seigen，"Okinawa kenmin no ishi wa meikaku de aru，" *Sekai*，November 2009.

⑥ Michael Green，"Japan's Confused Revolution，" *Washington Quarterly*，Vol. 33，No. 1，2009，p. 12.

月在东京举行的奥巴马-鸠山会面的前一周，伊恩·凯利（美国国务院）令人不安地补充道，"这是日本政府决定其将同我们保持何种关系的时候了"。①

同样，理查德·阿米蒂奇尖刻地评论，日本民主党"正在说一种不同的语言"，而他和他的同僚们"为其所发表的演讲感到震惊"。他后悔美国没能"充分地展开我们的网络"，其结果是"同盟完全漂浮不定了。"他对民主党干事长小泽一郎心存恨意，小泽十年没有访问华盛顿，并被称为是与中国建立更密切关系的支持者。②

截至2009年12月，美国不间断地施压，决定不得不在年末之前做出，而随着国家（有别于冲绳）媒体和几乎所有政治人物的附和，日本政府似乎濒临屈服。防卫长官北泽俊美（Kitazawa Toshimi）与外务大臣冈田克也（Okada Katsuya）也都越来越像他们的阅读事先准备好的官僚化简报的自民党前任。冈田克也早些时候做出如下声明，"如果日本只是遵循美国所说的，那么我想作为一个主权国家，这是极其可悲的"，③ 并且"我认为我们将不会接受美国的指令，并且照办"。④ 到了2009年10月，他转而说，似乎除了把普天间基地搬迁到冲绳之外，别无选择。

2010年1月，当外相冈田克也同美国国务卿希拉里·克林顿在檀香山（Honolulu）会面时⑤，在后者的会议报告中除却仪式性和庆典的语言，剩下的都是蛮横的美国信息：

> 我们期待我们的日本盟友与朋友兑现自己的承诺，包括在普天间基地问题上。

> 今天我再次强调，与以往会议所说的一样，搬迁普天间基地非常重要。

---

① US Department of State, Ian Kelly, Daily Press Briefing, November 3, 2009, Washington, D. C..

② Richard Armitage in the 16th Japan – US Security Seminar, Pacific Forum CSIS, January 15, 2010, Washington, D. C..

③ *Guardian*, August 10, 2009.

④ "Japan urges U. S. to Respect 'Democracy' over Base," AFP, October 22, 2009.

⑤ Hillary Rodham Clinton, "Remarks with Japanese Foreign Minister Katsuya Okada after Their Meeting," January 12, 2010, http://www.state.gov/secretary/rm/2010/01/135088.htm.

我们仍然持有这一观点，重组路线图才是前进的道路。这是在我们两国政府之前的每一届政府之间达成的协议。

华盛顿在鸠山政权出现之前和之后一连串的干预（及其责难和威胁的语调），在美国与其他任何国家的关系中都无法想象，无论是朋友或者敌人，更不用说是它所谓的最亲密的盟友了。

但是这还不是全部。维基解密在 2011 年 5 月公开的文件揭示了鸠山在何种程度上被自己的政府所出卖。如果说曾经存在被系统内高层所背叛的情况（trahison des clercs），这就是。从鸠山政府上台初期开始，他的高级官员就秘密地，甚至可以公正地说是有阴谋的，与美国官员联系，建议奥巴马政府坚定立场。他们明确表示，鸠山是一位"有人格缺陷的"首相，"当与强硬的人交流时则很软弱"，并且"总是基于他最后所听到的强有力的评论发表自己的看法"，他的政府"仍然处于调整阶段"，[①]"缺乏经验""愚蠢"[②]，其政策决定过程"一片混乱"。[③] 鸠山的高级国家官员，像其自民党前辈在这半个多世纪以来一样，忠诚于华盛顿，而不是鸠山或者日本的选民。

这些东京官员的不断的安抚是为了让华盛顿消除疑虑，证明其立场坚定并且"避免表现出灵活性"，[④] 他们能够扭转这个政府，确保基地协议实现。防卫省副大臣谈到其部门关注的焦点是"寻找一种避开民主党竞选承

---

① Various senior Japanese officials, quoted in Roos, Cable 09TOKYO2377, "A/S Campbell, GOJ Officials Discuss PM Hatoyama's," October 15, 2009, *Wikileaks*, http://wikileaks.ch/cable/2009/10/09TOKYO2377. html.

② Saiki Akitaka, director general of the Asian and Oceania Affairs Bureau in the Ministry of Foreign Affairs, speaking to Kurt Campbell, assistant secretary of state for East Asian and Pacific Affairs, on September 18, 2009, in Roos, Cable 09TOKYO2197, September 21, 2009, *WikiLeaks*. "Gaimu kanryo Nichibei no taito motomeru Minshu seiken wa oroka," *Asahi Shimbun*, May 7, 2011, http://www.asahi.com/special/wikileaks/TKY201105060396. html.

③ Izawa Osamu, foreign policy assistant to Chief Cabinet Secretary Hirano, quoted in Greene, Cable 09NAHA67, "DPJ Senses USG Flexibility on FRF Renegotiation," October 5, 2009, *WikiLeaks*, http://wikileaks.org/cable/2009/10/09NAHA67. html.

④ Takamizawa Nobushige, director general of Defense Policy at Ministry of Defense, over lunch with US officials, October 12, 2009, quoted in Roos, Cable 09TOKYO2378, "A/S Campbell, GOJ Officials Discuss the History of," October 15, 2009, *WikiLeaks*, http://wikileaks.ch/cable/2009/10/09TOKYO2378. html; Greene, Cable 09NAHA67, ibid. .

诺的快速方法，以重新开启重组承诺"，也就是说，颠覆其政府。① 冲绳人基本上被忽略不计，因为正如民主党国会对策委员长山冈贤次（Yamaoka Kenji）所说的，"在冲绳，都是为了反抗而反抗，如果冲绳的意愿受到尊重，就什么都不会发生了。"② 对于这个问题，日本民众也好不了多少，因为据山冈说，他们被"宠坏了"，而且认为美国的保护是理所当然的。③ 不仅如此，就像深堀亮（Fukahori Ryo，前外务省副大臣）说的，"绝大多数的日本公众不了解安全事务"。④ 事实上，首相似乎也位于这种不可救药的无知范畴之中，以至于外务事务次官数中三十二（Yabunaka Mitoji）与美国大使鲁斯共进午餐时，建设性地提到"这有益于美国与首相达成安全问题的基本原则"，也就是指，向首相也解释一下生活中的政治因素。⑤

屈 服

国防部长盖茨与助理国务卿库尔特·坎贝尔在10月以公开威胁的姿态访问东京，他们毫不避讳地警告鸠山："如果日本民主党政府继续提出各种各样的建议，回顾并调整现存的联盟安排，美国的耐心将逐渐消失。"⑥此时压力达到最高点。

正当鸠山犹豫之时，大使鲁斯（据说是奥巴马总统亲密的私人朋友）在12月4日忠告日本防卫大臣与外务大臣，如果（边野古基地建设的）

---

① Greene, Cable 09NAHA67, ibid. .

② Yamaoka Kenji, quoted in Roos, Cable 09TOKYO2815, December 9, 2009, *WikiLeaks*, http://wikileaks. org/cable/2009/12/09TOKYO2815. html.

③ Yamaoka Kenji, quoted in Roos, Cable 09TOKYO2815, December 9, 2009, *WikiLeaks*, http://wikileaks. org/cable/2009/12/09TOKYO2815. html.

④ Roos, Cable 09TOKYO2875, "MOFA 'Alliance Hands' Express Frustration at DPJ," December 16, 2009, *WikiLeaks*, http://wikileaks. org/cable/2009/12/09TOKYO2875. html.

⑤ Roos, Cable 09TOKYO2946, "Ambassador's December 21 Lunch Meeting with Vice," December 30, 2009, *WikiLeaks*, http://wikileaks. org/cable/2009/12/09TOKYO2946. html.

⑥ On Gates's visit, see Gavan McCormack, "Ampo's Troubled 50th: Hatoyama's Abortive Rebellion, Okinawa's Mounting Resistance and the US – Japan Relationship (Part 2)," *Asia – Pacific Journal: Japan Focus*, May 31, 2010, http://japanfocus. org/ – Gavan – McCormack/3366, and on Campbell, Roos, Cable 09TOKYO2369, "Managing Alliance Issues: A/S Campbell's," October 15, 2009, *WikiLeaks*, http://wikileaks. ch/cable/2009/10/09TOKYO2369. html.

协议没有在年内达成，奥巴马与鸠山之间的信任关系可能会受到严重的挫伤。① 在于次日访问冲绳时，表面上是"倾听民众的观点"，外相冈田却令其名护市听众大吃一惊的，实际上他在寻求冲绳人对于"同盟的危机"与谈判中"进退两难困境"的理解。当他甚至建议冲绳人同情奥巴马总统时，他说，如果关岛条约政策无法实施，"他可能无法逃脱在处理日本事务时表现软弱的批评，同时支持率会下降"，这令会议爆发出愤怒的尖叫和喊声。冲绳人的《琉球新报》把他对美国政府立场的公开态度描述为"可悲"。②

随后浮现出的是鸠山在接受边野古这一地点的同时，希望通过倾向于实施离岸桩柱结构而不是填海和从岸边扩展的立场来挽回颜面，但是当美国（和日本）政府坚决主张进行填海工程时，就像在关岛协议里所承诺的那样，他很快就直接屈服了。

任期刚满三个月，鸠山就崩溃了。2009 年 12 月 8 日，鸠山政府通过民主党国会对策委员长山冈贤次向美国大使馆保证，尽管"驾驭国会"会使得它很难立即执行，可能要到 2010 年夏季才能采纳，但是"已经做出了决定"，"政府将实施这项政策"，需要美国耐心等待。③ 第二天，前原诚司（Maehara Seiji，除了其他职务之外，他当时还担任冲绳国务大臣）向美国大使鲁斯传递了相同的信息：日本政府将探索"替代方案"，但是"如果替代方案不被接受，那么社会民主党（Social Democratic Party，SDP）与国民新党（People's New Party，PNP）少数党联盟将同意接受边野古这一选择"。换句话说，如果美国不同意任何替代方案（实际上寻找到这种方案的可能性为零），那么现有计划就将继续。④

随着这些秘密谅解准备就绪，鸠山及其政府维持这种寻找（与他及该

---

① "Futenma nao meiso, Bei makikaeshi de kyuchi," *Ryukyu Shimpo*, December 6, 2009.

② Quoted in "Gaisho no kenmin taiwa Kiki aoru dake de wa nasakenai," editorial, *Ryukyu Shimpo*, December 7, 2009. For a transcript of the meeting, see author Medoruma Shun's blog, "Uminari no shima kara," "Okada gaisho to 'shimin to no taiwa shukai', zenmen kokai," in seven parts, beginning at http://blog.goo.ne.jp/awamori777/e/1863c314ee19f70bd5c5c676e8409ad1.

③ Roos, Cable 09TOKYO2815, ibid..

④ Roos, Cable 09TOKYO2822, "Ambassador Roos's Meeting With Minister Maehara," December 10, 2009, *WikiLeaks*, http://wikileaks.org/cable/2009/12/09TOKYO2822.html.

政党选举承诺一致的）冲绳以外的迁移地点的公共假象长达六个多月。在那几个月里，出现在东京政治和媒体舞台上的实质上是一个精心制作的伪装。欺骗的深度直到一年半之后才被公众所知。

为扮演好他的角色，鸠山 12 月 15 日宣布他将推迟做出关键性的决定直到 2010 年 5 月。尽管他已经做出了秘密保证，但是华盛顿仍迸发出了狂暴的（blustery）愤怒。一位未透露姓名的华盛顿官员提及鸠山的讲话时声称，"我们不信任他"。① 五角大楼新闻秘书杰夫·莫雷尔（Geoff Morell）宣布，美国"不接受"日本的决定②。东亚及太平洋地区助理国务卿库尔特·坎贝尔提出，日本的民众将*必须理解*（斜体为强调）保留驻冲绳美军这一需要的重要性。③ 约瑟夫·奈则称民主党"缺乏经验、分散并且仍然受到竞选承诺的束缚"，由此可以看出，他显然认为重新谈判关岛协议的尝试是绝不能容忍的。④

大多数日本本土媒体直接转发了美国的信息，对于其对日本事务的威胁和公然干涉则置若罔闻。⑤ 只有冲绳的报纸抨击鸠山政府无力应对美国的"恐吓外交"（据《琉球新报》称），并且退回到"追随美国、接受现状"之中。"如果这就是新政府，"其得出结论认为，"那么政府交替就是一次失败"。⑥

世界其他地区对此没有什么兴趣。在美国，官员、学者和评论家一致支持关岛条约方案，而对日本民主或冲绳市民社会则表现出既不同情也不

---

① Yoichi Kato，"Hatoyama Must Have Strategic Talks with U. S.，"*Asahi Shimbun*，December 29，2009.

② "Pentagon Prods Japan on Futenma Deadline，"*Japan Times*，January 8，2010.

③ "Pentagon Prods Japan on Futenma Deadline，"*Japan Times*，January 8，2010.

④ Joseph S. Nye Jr.，"An Alliance Larger Than One Issue，"*The New York Times*，January 6，2010. 在奈公开呼吁美国克制，告诫边野古问题"得不偿失的胜利"所造成的结果之后，美国方面的公然的威胁减少了，但是基本信息没有改变：边野古是"最好的解决方案"。"Futenma isetsu Bei seifu no shisei imashime Nai shi ga Bei shi kiko，"*Ryukyu Shimpo*，January 9，2009.

⑤ 甚至"自由派"《朝日新闻》以社论批评鸠山政府说道，"华盛顿的耐心是有限度的……如果普天间问题事态扩大，对于两国政府来说将是相当不幸的"。"Relocating Futenma Base，"*Asahi Shimbun*，October 23，2009.

⑥ "Okada gaisho hatsugen – boso suru Hatoyama seiken no genkai, Ampo no Okinawa izon kara dakkyaku o，"*Ryukyu Shimpo*，October 25，2009.

理解。然而，有一个令人尊敬的例外：苏联前总书记戈尔巴乔夫。戈尔巴乔夫斥责美日两国政府持续的僵局，认为它们应该认真对待70%反对基地项目的民众。"政府的变迁意味着政策的转变，作为两国政府应该认识到。鸠山政府谈论政治领导，（就应该）考虑使自身不受官僚行动和情报（机构）的操纵。"①

一份饱受争议的、有可能成为美日关系历史上最专横和最具侮辱性的特别声明尤其值得关注。当做出这些评论时，理查德·劳利斯（Richard Lawless）不是一名在职官员。但是，作为乔治·W.布什任职期间（2002～2007年）的亚太安全事务副部长帮办，他在2006年及2010年的谈判中发挥了核心作用。离职后，他能够充分自由地做出评价，几乎可以肯定的是这在华盛顿官员中是很常见的。② 对于劳利斯来说，鸠山和日本民主党治下的日本已经被允许：

> 旋转着下降至一片沼泽，这是一种针对前自民党政权盲目报复的混合体，混合着日本民主党（Minshuto，DPJ）内部的政治策略，在民主党与各种冲绳政治团体之间徘徊，执政联盟计划所掩盖的全部内容都是以7月的上议院选举为核心的。如果日本凭自己的力量决定，同盟不需要那些军事能力，那么日本需要告诉我们这一新的现实，并解释它希望我们做什么。

鸠山及其政府"正在挖一个随着时间和犹豫不决而不断加深的坑"，迫使美国做出决定是否离开冲绳和日本。

> 这个主意——你可以只是把普天间搬到其他地方然后一扔，就像是在九州中部掷一个扑克筹码一样——是一个不理智或者不清醒的想法。新政府不得不做的所有一切就是理解已经达成了什么样的妥协、这些安排的基本逻辑、接受联盟的价值与维护联盟可信度的需求，然

---

① "Gorubachofu shi honshi ni kaito, teigen, Futenma isetsu," *Ryukyu Shimpo*, December 21, 2009.

② Yoichi Kato, "Former U. S. Official: Japan Could Lose Entire Marine Presence if Henoko Plan Scrapped," *Asahi Shimbun*, March 5, 2010, http://www. asahi. com/english/TKY201003040361. html.

后继续执行协议。

……鸠山政府及其政治霸主，对于它们所存在问题的严重性没有任何感觉。在有关日本安全事务更宏大的规划中，看起来好像有一群男孩和女孩们，正坐在一个装满炸药的房间里，玩一盒火柴。在他们将自己长时间置于危险之中时，真正的损毁将发生在日本的房屋之内。而一旦做出烧毁房屋的决定，美国的消防员们又不在附近……当你给自己挖了一个非常大的坑时，停止挖掘，或者是有人不得不拿走铲子，通常是明智的选择……一旦这种势头和友好远离日本，日本就将很难把这个问题放回盒子里。

……鸠山先生作为其政党的领袖，必须接受他和他的政党阶层所带来的后果……远远超出了日本和作为一个国家和作为安全伙伴的自我边缘化（self - marginalization）程度，似乎已经开始。

一位知名的并与政策紧密相关的美国人士严厉批评说，任何其他国家使用诸如"盲目的""不理智的""不清醒的""男孩和女孩们玩……火柴"这些词语，或是那些谈论"给自己挖了一个非常大的坑"并引起"自身边缘化"的人，都是不可想象的。然而就日本而言，一份特别许可证（special license）似乎很适用。道格拉斯·麦克阿瑟将军在 60 年前隆重而轻蔑将日本民众称为"12 岁大的孩子"的傲慢态度，今日在华盛顿仍然可以见到。就好像日本是"我们的"创造物一样，任何除服从以外的行为都是让人愤怒的。劳利斯的突然爆发没有引起日本的愤怒或抗议。几周之后，他将日本由外务大臣冈田克也下令进行的对于"秘密协议"的调查，称为"对过去的偏见……一次愚蠢的历程及一项联盟无法承担的消遣"。①

总之，美国政府不得不对日本政府表明态度，在"同盟"的五十周年庆典于 2009 年年末与 2010 年年初举行时一次又一次地命令鸠山，让其履行一项极具争议的、不平等条约的签署承诺，并且通过他的前任（麻生太

---

① "Updating the US - Japan Alliance - An Interview with Mike Finnegan, Richard Lawless and Jim Thomas," National Bureau of Asian Research, April 2, 2011, http：//www. nbr. org/re-search/activity. aspx？ id = 77.

郎）在国会铺就道路，这在某种程度上让人联想起岸信介1960年推动最初的安保条约在国会通过的情形。没有其他的主要盟友曾遭受过鸠山由纪夫时代所特有的这种责难和威胁。奥巴马，在他自己的国家掌握政权时承诺"变革"，在日本却要禁止变革。

骗　局

从2009年12月开始，当鸠山接受边野古选址（同时通过推行一种离岸结构来挽回颜面）的秘密决定传达到华盛顿时，东京的官僚们精心策划了一个为边野古寻找替代方案的复杂故事，旨在制造一种传达强烈意愿的印象，同时又掩盖早已做出的决定。很多地点都被加以考虑：嘉手纳（那里的美国空军基地融合了普天间基地的部分海上功能）；冲绳的其他岛屿，如下地岛（那里拥有一个具备3000米跑道的民用机场，最近用于飞行员训练）或者伊江岛（拥有供海军陆战队使用的小型飞机场）；一些相对较近但处于冲绳县范围之外的岛屿，如位于鹿儿岛县①的德之岛（Tokunoshima，Tokuno Island，拥有一个较少使用的具备2000米跑道的飞机场）或者马毛岛（Mageshima，Mage Island）；佐贺县（Saga）的明佐贺（Ariake Saga）机场（现存一条2000米的跑道）；以及各种各样位于日本本土的那些未被利用或者已处于使用中的飞机场，从东京的横田美军基地（Yokota US base，具备4000米的跑道）到（由大阪府知事提议的）位于大阪的关西国际机场或者最近建成的"白象"静冈（Shizuoka）或者茨城（Ibaraki）机场。还有一处地点则因为处于外国领土之上而略有不同，它指的是关岛或者美国的其他太平洋版图。助理国务卿库尔特·坎贝尔在这一伪装中运用抗议发挥了自己的作用，不无道理的是，"几乎每一天，都有人提出声明或建议"。②

---

①　"Kagoshima no Mageshima fujo," *Ryukyu Shimpo*, December 5, 2009. On Mage Island, see also Gavan McCormack, "Mage – Japan's Island beyond the Reach of the Law," *Asia – Pacific Journal: Japan Focus*, February 20, 2012, http://www.japanfocus.org/ – Gavan – McCormack/3694.

②　"US in the Dark on Final Futenma Decision," *Asahi Shimbun*, February 5, 2010.

渐渐地，鸠山的政府将挑选范围缩小到以下几个主要的选择上。①

施瓦布：或在美国海军陆战队（位于边野古岬）施瓦布基地修建 500 平方米直升机坪，或建一条 1500 米的跑道，同时在更远的内陆基地中多花一些时间来建造更多坚固的土建工程。

"白滩"：在白滩美国海军基地离岸地带，填埋 200 公顷的海域，建造一条长 1800 米的跑道；在远离胜连半岛（Katsuren Deninsula）海岸的浅海中，在津坚岛（Tsuken）附近，或者，在长期的转变中，在浮原岛（Ukibaru）与宫城岛（Miyagi Islands）之间填埋更大的（1021公顷）海洋区域，建造一座与美国海军陆战队、（从那霸港迁移来的）美国军事港口设施及（从那霸机场迁移来的）航空自卫队共用的人工岛屿。

这两个选择都将共用，通过搬迁部分目前在普天间基地进行的训练演习，到德之岛或者马毛岛（Mageshima），行政上属于鹿儿岛县，虽然前者在历史上属于前现代的琉球王国和琉球文化圈（北纬 30 度以南，这条线曾被美国海军在 1945 年用来分隔日本），或者自卫队位于长崎县（Nagasaki prefecture）的大村航空基地（Omura Air Base），或者位于宫崎县（Miyazaki prefecture）的新田原空军基地（Nyutabaru Air Base）的一部分。

华盛顿（实际上知道这个空洞的骗局）早已带着平静的满足感注意到了日本提出的基地扩建的选择范围——不仅包括借助海上和陆上的建筑使边野古岬和大浦湾军事化，也包括一些在远离白滩的地方建造大规模人工岛屿的想法，即一个在规模上六倍于拟在边野古建设的填海项目，并且其将转变部分基地的功能，也就是说，将冲绳基地复合体扩展至邻近的县，尤其是鹿儿岛。五角大楼的策划者们早有理由预计，鸠山在绝望的焦虑中会变得讨好，甚至将履行其中的几条承诺。

然而，华盛顿坚持其核心主张：关岛协议规划必须实施；不管其他替代方案多有吸引力，它们也都是行不通的。大部分选择在 2006 年及随后几

---

① Media reports, especially "Govt to offer 2 Futenma alternatives," *Yomiuri Shimbun*, March 18, 2010, and "Kennai keizai kankeisha/1020 hekutaru jinko to o teian/Katsuren oki an de Kitazawa shi to mendan," *Ryukyu Shimpo*, March 16, 2010.

年的协议中都曾被考虑过并且被排除掉了。而且，无论采纳哪种主要替代选择——施瓦布（边野古内陆）与白滩/胜连——都将需要一份崭新的环境影响评估。但环境评估是两国政府都决定避免的，因为这将耗费很多年。如果运作恰当，将开启可能的谈判结果，倘若是积极的结果，紧随其后的是长达十年的建设。美国政府因此仅是继续坚决地要求东京保持（"尊重"）关岛协议。①

冲绳方面，对于被揭示出的各种各样计划细节的一种反应是愤怒和怀疑。县知事宣布，任何一个计划（施瓦布或者白滩/胜连）都将"极度困难（可理解为不可完成的）"②，而后一处地点的人造岛屿将耗费"20年"③。《琉球新报》提到，"很难想象（比这个计划）更糟糕的事情了"，它结合了两个"最糟糕的"选择。④ 胜连/白滩的位置本应该不存在重大的环境问题，因为珊瑚都已经死亡或濒临死亡，但是当两个来自冲绳报界的潜水员调查这一位置时，他们发现了旺盛的生命群体，就像《琉球新报》描述的那样，它是一片真正"丰饶的海洋"。⑤ 宇流麻市（其包括白滩）及鹿儿岛县的城镇和村町都注意到了这些情况，它们一致强调无法容忍这种工程。由自民党支持的那霸市保守派市长翁长雄志（Onaga）提出，重新恢复13或14年之前审议和否决的诸多计划，说明政府"显得对冲绳人民缺乏关注，并且对于基地问题缺少任何原则"。⑥

4月，德之岛出现了历史上最大规模的当地居民聚集的场景。岛上五分之三的居民（总人口12000人）集合起来，向东京发出抗议并抵制任何基地转移计划的信息⑦。当面对这种对立时，鸠山似乎要放弃把普天间基

① "US Likely to Nix Futenma Alternatives," *Yomiuri Shimbun*, March 26, 2010.

② "Chiji, seifu 2 an o konnan shi, Futenma isetsu," *Okinawa Taimusu*, April 3, 2010.

③ "Ken-nai 2 an wa 'mattaku dame'," *Asahi Shimbun*, April 1, 2010.

④ Editorial, "Futenma seifu an-min-i azamuku wasuto no an da," *Ryukyu Shimpo*, March 27, 2010.

⑤ "Hojo no umi sango kagayaku-Futenma isetsu kohochi Katsuren oki hirogaru gunraku," *Ryukyu Shimpo*, April 2, 2010.

⑥ "'Koyaku ihan' ikari hakka Henoko kui-uchi an, seifu shuho o shimin hihan," *Okinawa Taimusu*, April 29, 2009.

⑦ "'Hantai!' Tokunoshima's Record-Breaking Addition to Ryukuans' Democratic Voices," Peace Philosophy Centre, April 19, 2010, http://peacephilosophy.blogspot.com/2010/04/tokunoshimas-record-breaking-addition.html.

地迁移到这个岛的想法。冲绳人不禁感到愤怒，这种愤怒是因为鸠山没有因为冲绳同等的反对而被撼动。

五角大楼在这场骗局中发挥了自己的作用，它让日本明白没有什么是可以与其协商的，除非日本政府能够确保居民对于新选择的地点表示同意。① 这种新发现的敏感性可能旨在向鸠山施压，以尝试与所需要的冲绳政治掮客达成强制实施边野古计划的协议，如果东京总是能够将其意愿强加给拒不服从的当地政府，那么，在这次的情况中也能如此。不可能从字面上理解这个问题，因为在这种情况下，只有一个清晰的因素，那就是冲绳居民对任何边野古计划都是充满敌意的。

2010 年 4 月 12～13 日，在华盛顿举行的核安全峰会上，鸠山在晚餐时抓住在奥巴马总统附近就座的机会，告诉美国总统 5 月的最后期限将能够满足。据报道，他被带着怀疑的回复断然拒绝了："你能贯彻到底吗?"② （在他们的上一次会面中，当他说"相信我"时，这通常被解读为鸠山尝试让奥巴马消除疑虑。）《华盛顿邮报》将鸠山描述为"（世界领袖中）最大的失败者……不幸的是……头脑越来越愚笨"。③ 而有报道则称日本"对奥巴马强硬的态度非常震惊，以至于他们甚至没有草拟一份交换意见的书面记录"。④ 事实上，美国是在表明，日本的首相是个疯子。

不久之后，在 4 月 25 日，9 万名冲绳居民在读谷村（Yomitan Village）集结。县知事，全部 41 个市町的长官或他们的代表，县议会议员，从共产党到自由民主党所有政治党派选出的冲绳国会议员，以及冲绳市民，提出反对任何新基地建设的统一战线以及无条件关闭并归还普天间基地（见图 6－1）的要求。"冲绳网络"（The Network for Okinawa，简称 NO），一个在华盛顿的市民团体，于同一天在日本驻美大使馆前组织集会，并且与一个位于日本的非政府组织联盟，一起筹措资金在《华盛顿邮报》（见图6－2）上发

---

① "Hatoyama's Latest Futenma Tack: Move Choppers to Tokunoshima," *Japan Times*, April 10, 2010.

② Satoshi Ogawa, "US Distrust of Japan Sharply Accelerating," *Yomiuri Shimbun*, April 19, 2010.

③ Al Kamen, "Among Leaders at Summit, Hu's First," *Washington Post*, April 14, 2010.

④ John Pomfret, "Japan Moves to Settle Dispute with US over Base Relocation," *Washington Post*, April 23, 2010.

图 6 - 1　2010 年 4 月 25 日全冲绳集会

图片来源：《琉球新报》。

表了一整页的告示。

　　鸠山最后一次尝试去做办不到的事情是一个关于准备"广泛接受" 2006 和 2009 年为普天间在边野古进行替代所达成协议的指示，但是以码头结构的形式，依靠数以千计嵌入海底的桩柱（据记载为 4000 根），而不是实际填埋大浦湾。这一想法既新颖又陈旧。它与几周之前受到青睐的陆基施瓦布方案不同，但是它实质上是一个计划的回归，这个计划曾在 2000~2002 年被考虑过，却又由于其所包含的技术难题而被否定了。① 尽管桩柱结构对珊瑚和海洋生命所引起的破坏可能会比填海造成的损害小，但是假装一个如此大规模的结构在海湾里施建以及紧张的军事行动在那里集中将不会造成严重的环境后果，是一件很荒谬的事。阳光将不会照在珊瑚上，花费越多，风险越高（由于附近地区有波涛汹涌的大海，这一工程中包括建造一座广阔的防波堤），甚至施工合同的效益看起来很有可能被日本本土专业的海洋工程建设公司大幅度占有，而给本地企业留下很小的利润空间。这一计划也保留了一个大大降低"位于冲绳之外的"可能性的因素：转移某些直升机训练单元（约 1000 名海军陆战队队员）去德之岛

---

① "Tero kiken, kankyo－men mo kadai…isetsu－an QIP koho," *Yomiuri Shimbun*, April 29, 2009.

图 6 - 2　2010 年 4 月 28 日，由冲绳的日美公民网络与冲绳网络
发表在《华盛顿邮报》上的公告（小比尔·梅尔顿设计）

图 6 - 3　2010 年 5 月，首相鸠山由纪夫（居中）与宜野湾市市长
伊波洋一（右侧）察看普天间空军基地

图片来源：《琉球新报》。

的这种方式。

　　无论如何，不管结果怎样，日本都承担了建设和维修的全部费用。在未来某一个日子里，当要求进一步"强化"并"深化"同盟时，五角大楼有望归还在这些疯狂年月里东京所提供的一系列设备。

日本的"第二次失败"

　　随着他自己提出的 2010 年 5 月这一最后期限的临近，鸠山处于一种四面楚歌的境地，他所面对的一边是美国的最后通牒和奥巴马的冷遇，另一边则是冲绳的顽固，这一切实际上是公开反对他执掌的政府，并始终受到日本新闻界说他在恶化同盟的攻击。外务省与防卫省的官僚们发起了一项"回滚"的操作来迫使他服从，① 拒绝合作与合谋，从而把他搞垮。被不忠诚的官僚们所包围着（如果不是背信弃义的官僚）和缺乏勇气或明确的目标对抗或是抵挡来自华盛顿的压力，鸠山的政治地位沦陷了。其政府的支持率在仅仅九个月之后，就从起初的 73％左右下降到 19％（或者是在其政府最后几天里的 17％）。日本媒体指责他使国家最重要的对外关系恶化了，坚决要求他停止冒犯和激怒美国。②

　　在其政府悲惨的最后几周里，鸠山转变了他的政治立场以符合其私下里屈服的立场，明确表示他将满足美国的要求，即使这意味着疏远冲绳人（但他们将得到"补偿"）。③ 他仍然试图与之前的自民党政府保持距离，在海湾填海造陆中反对 V 型设计，也就是说，反对那些细节而不是实质。不管怎样，填海是在 2006 年所采纳的方案，并且是美国唯一可以接受的方案。

　　鸠山暗示他所感受到的那些复杂情绪，甚至在向华盛顿表示了秘密同意之后，他在关岛的一次会议上悲凉地说："当我站在边野古水域旁边时，

---

①　"Interview – Fukushima Mizuho zendaijin ga kataru Hatoyama Yukic Ozawa Ichiro Kan Naoto," *Shukan Kinyobi*, June 18, 2010.

②　Yamaguchi Masanori, "'Media ichigeki Hato o sagi ni saseta' ote media no 'Nichibei domei fukashin' hodo," *Shukan Kinyobi*, June 11, 2010.

③　Defense Vice – Minister Nagashima Akihisa, quoted in John Brinsley and Sachiko Sakamaki, "US base to Stay on Okinawa, Japanese Official Says," *Bloomberg*, March 2, 2010.

我强烈地感觉到在那片水域建造一块填埋区将会亵渎自然。目前的协议不应该被采纳。"① 然而他事实上已经接受了这一方案，即使只是暂时的。拐弯抹角的逻辑让他认为，虽然填埋区会"沾污"自然，但是依靠桩柱结构则不会产生污染。

当公众为"搜寻"报告分心之时，鸠山宣布他最终理解了位于冲绳的海军是为达到"威慑"目的而存在的重要性。正是出于这个原因，将他们搬离冲绳过是不妥当的，而且正是因为如此，他决定接受边野古迁移的 V 型计划。② 2010 年 5 月 28 日，他签署了一项带有这一含义的协议，而不到一周后，他就辞职了。

在其政府荒诞剧的最后一个场景里，就像如此多奇怪的夸张行为标志着用六个月"寻找"用于替代的基地选址一样，鸠山不过只是朗读他的官僚们为他准备的剧本而已，以用于从现实当中分散注意力，他早已在 12 月就决定向华盛顿的压力屈服。当他承认他只是编造出关于威慑的一个决定性理由时，这在半年之后逐渐明显。他承认，威慑仅仅是个托词，这个托词甚至连他自己都不相信，但是被他的顾问说服了，这也是他背叛了自己竞选承诺的证明。外务省与防卫省的官员们"轻蔑地驳回"（他所说的）他的想法，直到最终他达到了这种程度："其他一切都是徒劳的，我无法再向前了，我开始怀疑我自己的力量。"他谈到了在他自己的政府里面那种"压倒性的论调"——"将很难把普天间基地搬出这个县。"回顾往事，鸠山曾希望他首先同奥巴马进行交谈，尽管他也认为"奥巴马先生自己很可能被很多声音围绕着，这些声音告诉他唯一的选择是维持现状"。③

与"秘密协议"一起透露出来的是鸠山的告白（confession），其打开了一扇不同寻常的窗子。这扇窗子是关于日本政府对问题做出决定的过程，这个过程关注与美国的关系。在鸠山的回忆（在其"忏悔"中）与文件证据之间存在一个明显的矛盾，其政府最迟在 2009 年的 12 月初做出了

① "Few Futenma Choices Left for Hatoyama," *Asahi Shimbun*, April 26, 2010.

② "Hatoyama shusho, Okinawa kinrin o mosaku, seiji sekinin ni hatsu genkyu," *Ryukyu Shimpo*, April 22, 2010.

③ Satoko Norimatsu, "Hatoyama's Confession: The Myth of Deterrence and the Failure to Move a Marine Base Outside Okinawa," *Asia - Pacific Journal: Japan Focus*, February 13, 2011, http: //www. japanfocus. org/ - Norimatsu - Satoko/3495.

关键性的决定。但是，无论事情如何，他的政府深深地陷入了政治欺骗与荒诞剧之中。他学到的惨痛教训不是关于威慑，而是首相的权力与日本政府主权的局限性。

此处无法详细讨论鸠山其他议程的命运，包括东亚共同体。但是，最近被揭露的真相进一步清楚地显示了他在自己的内阁中究竟是如何被孤立出来的。2010 年 2 月，当华盛顿的责难和威胁如雨点般投向鸠山时，其负责土地、基础设计和交通的大臣（稍后担任外务大臣，明晰美国人的喜好）前原诚司，会见了美国助理国务卿库尔特·坎贝尔，向其保证他（意味着，与他的首相不同）"一有机会便会对同盟表示支持，并补充说，这个由民主党国会对策委员长山冈贤次提出的美国 – 日本 – 中国'等边三角形'的理念，'很荒谬'"。① 而这个"荒谬的"理念也是鸠山所珍视的核心。

尽管华盛顿与东京在表面上铿锵作响，但随着一个又一个秘密协议，双方毫无顾虑地联合起来愚弄日本民众，并且在 2010 年前六个月里旨在分散注意力并欺骗日本公众的骗局中互相协助。对于《琉球新报》来说，维基解密所揭示的内容显示，"尽管日本被认为是一个民主国家，但其官员，在异邦面前卑躬屈膝并且没有努力实现民众的意愿，他们没有任何资格进行外交谈判"，而日本注定"作为美国实际上的附庸国而被载入史册"。②

鸠山 2009 年"密切""平等的关系"的口号使美国感到担忧。但是，大量责难、威胁和嘲笑把他打垮了，以致短短几个月他和他的大臣们看起来就像是其自民党前任们的克隆体一样。在经过不光彩和混乱的 9 个月之后，"鸠山反抗"在 2010 年 5 月 8 日终结，屈辱地投降并恢复了 2009 年的《关岛国际协议》（或条约）。就在大浦湾沿岸丰饶的水域，几星期之前他已经宣布将"亵渎自然"并进行填埋，鸠山承诺他将填海并建造华盛顿坚决要求的普天间替代设施。各个细节，包括"地点、布局和建造方法将完成……不迟于 8 月末"，一个联合专家委员会将对此事负责。

---

① Roos, Cable 10TOKYO247, "Assistant Secretary Campbell's Februay 2 Meeting," February 8, 2010, *WikiLeaks*, http://wikileaks.org/cable/2010/02/10TOKYO247.html.

② "Gaiko koden bakuro – seifu ni kosho no shikaku nashi – taisei isshin shi shikirinaoshi o," *Ryukyu Shimpo*, May 5, 2011.

为了让华盛顿满意，鸠山就这样背叛了搬迁设施"至少要在冲绳以外"的竞选承诺。能够为他的屈服挽回一丝颜面的是这样一个说辞：至少在某种程度上，一些海上功能将被从这个县转移出去（即使德之岛仅是位于该县边界之外，并且毫无疑问也是琉球文化带的一部分）。

鸠山也曾抗议过，悲哀的是，他的填海工程将引起"环境敏感"。在经历了边野古基地建设以及散布的配套直升机停机坪（参见第八章的讨论）之后，余下的山原森林只能被称为或许会被联合国教科文组织确定为世界遗产的、在近海保护儒艮的"山原国家公园"。① 通过特殊步骤保护儒艮的想法在冲绳得到强烈的支持。但是，这些认真的构想都承认，军事化森林和海岸的关键部分，将与保护儒艮的目标不相容。

鸠山的屈服通常被描述为是其混乱和犹豫不决的领导方式（leadership）的结果。确实是这样，但也存在更多的问题。对于东京大学政治学家篠原一（Shinohara Hajime）来说，它甚至成为现代日本历史的一个关键性事件，在这样的时刻交出主权可以被称作"日本的第二次失败"（也就是说可以与 1945 年的投降并肩）。②

在九个月——或者正如现在似乎看得很清楚的，实际上只有三个月——之后，鸠山政府放弃了一项核心的政策目标，这确实造成了一个意想不到而又意义深远的后果：它唤起了冲绳人民的广泛觉醒，把往往是碎片化的对抗凝聚成全县范围的大众抵抗运动。2010 年，日本政府跨越了鸠山和菅直人首相，冲绳人借助每一种可以采用的民主手段，表达了他们的观点：

　　1 月：坚决反对拥护基地建设的名护市市长当选；

　　2 月：地区议会和县议会全体一致通过议案，坚决反对在该县建设任何新的军事基地；

　　4 月："全冲绳"群众集会，反对基地建设；

　　7 月：第二次县议会全体一致决定，宣布 5 月 28 日（鸠山的"投

① "Hokubu ni kokuritsu koen nado Henoko isetsu de kankyo 3 saku," *Tokyo Shimbun*, evening, May 26, 2010.

② Shinohara Hajime, "Toranjishon dai ni maku e," *Sekai*, November 2010, p. 91.

降"）的美日协议是一种"暴力的、践踏民主的行为"，这种行为
"愚弄冲绳县民"；

9月：多个反基地的候选人当选为名护市议会议员；

11月：提出将呼吁基地搬迁到冲绳之外的其他地方的县知事
当选。

尽管传递出清晰的信息，并且是以民主和非暴力的方式，冲绳人
通过民意调查和直接的行动进行明确的表达，但无论是东京还是华
盛顿都没有为之动容。美国，宣称遵循高尚的原则，要求所有基地
的开发都要获得当地的认可，但实际上其中一项协议实施时显然没
有得到这种认可。

2010年5月美日政府间协议（鸠山的"投降"文件取代了2009年2
月的协议，日本议会在5月将其作为一项条约正式采纳），其间依次重申
了2006年"美日执行调整计划路线图"的条款，其中包含了可追溯至
1996年的两国政府间承诺：当一个适当的替代设施"在五至七年间"准备
妥当之时，普天间军事基地将归还日本。16年过去了，很少有迹象表明这
个"世界上最危险的军事基地"将在可见的时间内被迅速归还或者废止，
或者将在边野古建造一座全新的基地。

2005年，由于他所说的"大量反对"，小泉纯一郎放弃了在大浦湾珊
瑚礁区域勘测和建设基地的尝试。两年之后，安倍晋三（Abe Shinzo）采
取了将自卫队纳入引人注目的基地建设当中的试探性措施，但是很快就恢
复到传统的"劝服方式"上来了。日本政府从那时起就持续进行威胁和诱
哄，但是迄今为止无法充分利用国家政权来强加其意愿。自从鸠山2010年
5月屈服以来，日美两国政府所面对的问题是：对于那些诉诸武力强制进
行基地建设所带来政治后果，它们真的能应付吗？这个大肆吹嘘的美日
"同盟"能应付吗？

第七章

冷战后的选举与民主

从冲绳最初的"民主"选举即 1968 年的冲绳政府主席选举开始，华盛顿和东京都认为不能遵从热门选择这个问题非常重要。干涉，就像大使赖肖尔设想和建议的那样，对于进一步推动美国的政策目标或许是必要的。因此，选举往往在两个方面存在争议：在不同党派的候选人之间的争议，以及在奋力实施民主原则的冲绳人与冲绳之外的意图否定或推翻他们的那些人（及其同伙）之间的争议。然而，在回归之后的诸多方面，日本政府是从中央情报局那里接手负责的。秘密总是被精心打造而成，关于这些干预过程的细节，通常是在事实发生的几年或者几十年之后，才能通过部分的或者间接来源才能了解。然而，人们可能会看到一种普遍现象，由于安全的重要性，至少是在当地同意基地体系重大重组的表面上，这种干涉变得更加肆无忌惮。

这里不是叙述冲绳极力争取选举民主之完整历史的地方。我们将注意力集中在 2009～2010 年，当选举中决定成败的这些关键问题逐渐变得更加重要并且干预的速度逐步上升的时候，（在我们看来）支持抵抗与反对美日两国政府之间的平衡明显地转变了。

大田与"行动计划"，1990～1998 年

自 1972 年归还开始，县知事（冲绳当地选出的高级官员，负责主持由宪法确立的县级自治机构）这一角色一直非常重要。因此，冲绳历任知

事的选举竞争都很激烈。在 1968 年公选为第一届政府主席的屋良朝苗（Yara Chobyo），刚好在回归之后再一次被选举为县知事。经历了六年的革新派任期之后 ［屋良朝苗及随后的平良幸市（Taira Koichi）］，西铭顺治（Nishime Junji）在 1978 年成为冲绳的首任保守派领袖。在这三届任期之后，是（伴随着环境破坏的）12 年大型建设项目和旅游业开发。在 1990 年冷战末期，冲绳人再一次选择改变。随着苏联的解体以及基地体系建立时所假定的对抗威胁突然消失，他们期望一种"和平红利"。反映出这种预期情绪的是，1990 年大田昌秀（Ota Masahide，冲绳战役的幸存者与杰出的历史学家）赢得了县知事职位，他承诺在人们的生活和公平管理方面实施"和平宪法"。他的任期以"归还基地行动计划"为标志，该计划在 1996 年 1 月主要表达的是要求归还部分主要的基地，包括普天间军事基地，到 2001 年则要求到 2015 年归还其他全部基地，包括嘉手纳基地。① 他采取了重要的举措来纪念战争死难者，并致力于冲绳未来的和平身份建设。同样重要的是他的经济议程：为了把冲绳打造成一个国际化的都市（有时翻译成"国际大都会"），这意味着像新加坡和中国香港一样的自由市场与放松管制，享有在日本国内的地位而又不是从中分离出来，就像香港在中国"一国两制"制度下那样的地位。

大田昌秀五次访问美国，寻求一种直接的冲绳外交，然而基地回归目标推进收效甚微。② 但是，随着 1995 年 9 月的强奸案激起了整个县的愤怒，大田也转变了自己的立场。随着全岛范围发出暴怒之声，在回复当年早些时候的由奈提出的倡议时（该倡议宣布了一项在东亚保持 10 万兵力的承诺），大田表示，"为了打造一个年轻人能够怀抱希望的冲绳，有必要摆脱阻碍了独立发展的基地"。③ 在这种情绪的作用下，他采取了一种更为直接的具有挑战性的方法。他明白土地问题很关键，因此选择向军事基地

---

① Ota, *Konna Okinawa*, pp. 119 – 129; Makishi Yoshikazu, "SACO goi no karakuri o abaku," in *Okinawa wa mo damasarenai* (Tokyo: Kobunken, 2000), p. 53.

② 回顾往事，他们确实完成了一件意义重大的事情：大田在 1995 年年末邀请美国著名的保守派政治学家查莫斯·约翰逊（ChalmersJohnson）访问冲绳，这次访问有助于促成约翰逊重新审视美国在冲绳的角色，以及构成了其新近畅销系列书籍的主题的全球基地系统的一部分。

③ Quoted in Arasaki, *Okinawa gendaishi*, p. 156.

拨款过程的合法性提出质疑。根据《美国驻军使用土地的特别措施法》（《美军用地特措法》），日本政府实际上被迫按照美国军队的要求从土地所有者那里租赁土地。当土地拥有者拒绝时，他们的市长拒绝代替他们签字，事情将交由县知事负责。大田在 1991 年曾经签过字，但是在 1995 年抗议约瑟夫·奈的倡议时，伴随着冲绳人对于在同年年初强奸女学生事件中难以抑制的愤怒，他选择拒绝。① 当时，日本政府（首相）在法院寻求迫使他签字的法令并起诉了他。② 福冈高等法院那霸分院在 1996 年 3 月第一次对大田做出了裁决，而最高法院在 8 月批准了这项裁决，显示出令人惊讶的迅速。同样值得注意的还有对大田表现出的藐视，他们用敷衍了事的两句话就驳回他的观点："我们拒绝并驳回上诉。法庭费用应由上诉人支付（也就是，由大田支付）。"③

令那些参与冲绳运动的人感到失望的是，大田选择了服从。④ 另一种选择将是日本政府起草并通过一项特别法案，剥夺他的权力并可能因为其藐视（政府）而逮捕他，但无论哪种情况似乎都将引起一场政治和宪法危机。然而，大田与东京政府之间的关系从未完全恢复过。大田自己在反对基地运动中的坚持遭受到了打击，而东京-冲绳交易的焦点部分转移到了经济和"发展"事务上，在这点上日本政府很自然地掌握了优势，并能够围绕这一点培养出一种依赖情绪，希望借此让冲绳遵守基地建设议程的承诺。⑤

仅仅一年多之后，一个进一步与土地相关的问题出现了。日本政府担

---

① Quoted in Arasaki, *Okinawa gendaishi*, pp. 78 - 81, 109 - 114, 123 - 128, 148 - 151, 155 - 182.

② Koji Taira, "The Okinawan Charade: The United States, Japan and Okinawa: Conflict and Compromise, 1995 ~ 1996," working paper, Japan Policy Research Institute, University of San Francisco Center for the Pacific Rim, January 1997, http://www.jpri.org/publications/workingpapers/wp28.html.

③ For Ota's statement to the Supreme Court (and the judgment), see Ota Masahide, "Governor Ota at the Supreme Court of Japan," in Chalmers Johnson ed., *Okinawa: Cold War Island* (Cardiff: Japan Policy Research Institute, 1999).

④ For a judicious analysis of the complex of reasons involved, see Julia Yonetani, "Making History from Japan's Margins - Ota Masahide and Okinawa," dissertation, Australian National University, 2002.

⑤ In November 1997, Okinawa prefecture formally asked Tokyo to declare the prefecture a free trade zone by 2005. (See the discussion in Arasaki, *Okinawa gendaishi*, pp. 171 - 182.)

心，在某些土地所有者拒绝同意基地租赁安排的情况下，调查将无法在租赁合约到期前完成，而租赁又不得不续约。如果租约到期，美国军方的持续占领严格说来将变为非法。为了避免这一情况随着 1997 年 5 月这个迫在眉睫的截止日期而发生，国会针对《美国驻军使用土地的特别措施法》通过了一项修正案，据此直接取消了所有者在租赁期满后重新获得其土地的权利。宪法规定确保土地所有者"不可侵犯的"权利（第 29 条）并通过这一规定确保地方自治，该规定是一项适用于地方公共团体的法律，要求"地方公共团体多数投票人同意"（第 95 条），但是这一规定在快速且几乎一致通过（下议院 90% 同意，上议院 80% 通过）的投票中被置之不理。① 冲绳的主流观点认为，日本政府永远不会给予任何其他县这种待遇。他们将其视为极其歧视性的。

新崎盛晖将大田对最高法院的服从理解为冲绳反基地运动中一个严重低迷的时刻，他评论道："经修订的特别措施法的通过，是日本政治结构中碾压冲绳主张的一个象征性代表。"②

当清偿基地的要求与危机摆在美日两国政府面前时，东京与冲绳之间较量的焦点转移到了北方。1996 年 4 月，在大使沃尔特·蒙代尔（Walter Mondale）与首相桥本龙太郎的一次会面之后，日本政府宣布普天间基地将在五至七年之内"全面归还"，县知事大田将这一消息称作"面向 21 世纪闪亮的第一步"。③ 随后，惊讶和喜悦消失了，因为很明显，这种回归是有条件的，而这条件最初被描述远离冲绳东海岸的一座浮动或者固定的"海基设施"很快变得清晰，它指的是位于边野古的近海。因为边野古位于名护市东部区域，俯瞰大浦湾，名护市的公民要求举行一次全民公投，表决对此建议的意见。尽管东京严重干预——日本防卫厅派代表到每一家拜访以购买选票，挨家挨户地送酒和钱（大田回忆道）——并且支持当地与建筑相关的企业，但是大多数人（82.45% 的总调查人口中的 52.85%）选择对这一想法说不。④ 但怪异的结果是，市长比嘉（Higa）飞至东京宣布结果，推翻

---

① Koji Taira，"Okinawa's Choice：Independence or Subordination，" in *Okinawa：Cold War Island*，p. 175.

② Arasaki，*Okinawa gendaishi*，p. 181.

③ "Futenma kichi o zenmen henkan，" *Okinawa Taimusu*，April 13，1996.

④ Chalmers Johnson，"The Heliport，Nago，and the End of the Ota Era，" in *Okinawa：Cold War Island*，pp. 219 – 220.

了代表着整座城市的选择的这一结果（也就是说，同意基地建设），并宣布辞职。

然而，数月之后，大田再一次挑战了中央政府。（1998 年 2 月）他提出作为县知事的他被迫执行冲绳民众的意愿，因此他将不会违背其愿望而允许边野古项目继续进行。这一次，东京冻结了他所有的官方接触，使其实施本地管理几乎是不可能的。小渊（Obuchi）政府进一步采取措施，投入 3 亿日元（大体相当于 300 万美元）作为竞选资金，这在冲绳方面是一个相当可观的数目，以确保他在当年 11 月的选举中失利。1998 年 11 月的选举曾被长期怀疑涉及非法（并违反宪法的）干预，但是直到十多年之后，在一系列冲绳"冲击"中发生在 2010 年的那一次才被证实。① 大量金钱被投入一项用于将注意力从基地问题上分散开的华而不实的竞选当中。许多标语，例如"给我们工作""针对经济衰退采取些措施""扭转当前的局面""换一个投球手"和"现实，而不是理想"，培养了这样一种意识：大田的不切实际以及他与东京破碎的关系没有必要危及整个县。② 正如 1998 年担任副内阁官房长官的铃木宗男（Suzuki Muneo）在 2010 年所提到的那样，"我们确实做出了该做的判断（资助反对大田的竞选），因为我们不得不赢得这次选举"。③

处置大田的干预是暗中随意使用公共资金模式的一部分，为的是确保自民党国家机器的功能顺利地协调起来。内阁官房长官的（不需要收据"行贿基金"据铃木所说）是通常使用的手段，尤其是向知名的媒体"知识分子"和评论员所提供的装满现金的信封（"盂兰盆节"夏祭为 500 万日元，每月为自民党杰出人物提供 500 万 ~ 1000 万日元奖金，而夏季或冬季为每位前首相提供 1000 万日元）。在短暂的媒体关注之后，这种舞弊及非法行为显然（这仍然为稻岭所否认）终结了大田的政治生涯——或由于这个原因，各种腐败的征收——还有待立法和司法层面或国家（与冲绳不同的）媒体追查。

---

① "'Okinawa chijisen ni kanbo kimitsuhi 3 oku en' hatsu shogen," TBS, News 23 Kurosu, July 21, 2010; "Chijisen ni kimitsuhi? soho nattoku iku setsumei o," *Okinawa Taimusu*, July 23, 2010.

② Ida Hiroyuki, "Kambo kimitsuhi yaku san oku en ga Okinawa chijisen ni nagarekonda shoko," *Shukan Kinyobi*, October 22, 2010.

③ TBS, News 23 Kurosu, July 21, 2010.

在这次选举中，最不可思议的是，稻岭惠一（Inamine Keiichi），这个战胜了大田的保守派，他自己宣布反对边野古项目。而就在投票前几天，日本政府宣布正在重新考虑海基项目，并将准备与冲绳谈判。至于在稻岭的竞选成功中发挥了重要作用的改善冲绳经济并降低失业率的承诺，在他的任期里并没有发生显著变化。

然而，随着大田问题的解决并且"温和的"稻岭惠一在 1998 年 12 月担任县知事，日本政府将工作重心转向了冲绳。1995 年强奸案的爆发震动了东京的保守人士，甚至超过了 1987 年在全国运动会上焚烧日之丸旗进行抗议的震惊程度。① 稍晚些时候（2000 年 3 月），当他控诉位于冲绳的学校没有教授日本国歌《君之代》，以及共产党支配着冲绳的教师联合会和报界之时，自民党总干事（很快成为首相）森喜朗（Mori Yoshiro）表达了一种具有代表性的冲绳观点。②

东京因此转变了态度，试图与冲绳重塑政治关系，特别是"软化"和增选冲绳的在野党。它包含两个方面：财政和意识形态。

在财政方面，东京授予稻岭的支持（blessing）相当可观：冲绳计划的恢复（大田掌权时期最后 10 个月暂停的东京-冲绳联合协商机构）；100 亿日元冲绳发展特别基金（是大田可用资金的两倍）；1000 亿日元的"北部区域发展基金"，集中用于规划中新基地附近的项目。日本政府还决定提供另外 2000 日元纸币用于冲绳首里城堡的守礼门的设计，并在名护市主办 2000 年 G7 "九州岛-冲绳峰会"。这些是努力安抚、诱惑并增选冲绳社会团体的更深层次的原因，用"糖果"来分散人们对基地问题的注意力，冲绳作家目取真俊（Medoruma Shun）如是说。③

竞选也有强烈的意识形态维度，冲绳历史学家高良仓吉（Takara Kurayoshi）1999 年在谈到 21 世纪首相事务委员会日本的目标时首次阐述，随后首相小渊惠三于 2000 年 3 月 25～26 日提出"亚太议程项目"时进一

---

① On this incident, see Field, *In the Realm*, pp. 33 – 104.

② " 'Okinawa no sensei wa kyosan shihai,' mori jimin kanjicho ga hihan," *Ryukyu Shimpo*, March 23, 2000.

③ Medoruma Shun, "2000 en satsu – naze Okinawa 'Shuri no mon'?" *Asahi Shimbun*, November 4, 1999.

步发展。这在当时被贴上了"冲绳倡议"的标签。① 高良仓吉及其同僚认为，尽管日本的战时政策已经给冲绳人造成了伤害，并且1951年的《旧金山条约》、1969～1972年的"归还"协议也极为不公平，但是冲绳民众的历史情绪，即冲绳战役与随后军方将这些岛屿纳入美国的亚洲战略，是"受害者意识"的一种形式，这妨碍了他们与日本其他地区的积极融合。他们认为，现在是时候展望未来，理解并自豪地维护其岛屿为东亚的和平与安全所做出的贡献。② 正是由于这些因素，冲绳能够采取一种积极的地区与世界性视野并发挥重要的地区作用，将日本的其他地区与亚洲太平洋地区相协调与联系。同样，稻岭县政府为了不冒犯"持反日立场"的访问者，换掉了在新的县和平博物馆里陈列的展品。③ 具有"反日"立场的展品是那些显示出日本士兵恐吓或杀害冲绳民众的东西，但是自从此类事件形成冲绳记忆的核心部分及其道德感与身份感，当局不得不迅速屈服了。④

经济诱因与意识形态阻碍都引起了猛烈抨击。其他冲绳知识分子指出，冲绳倡议隐含着对冲绳经历的否定，它所设想的全新的日本-亚洲关系能够并且应该以日本无限期托管美国军事基地以及在美国地缘政治议程中的从属地位为基础，而21世纪的地区秩序就像20世纪一样，将建立在武力的使用之上。一位学者将其称为一种企图"对冲绳内心、其感情和精神的……内部殖民化"。⑤

在多重压力和诱因的作用下，这些岛屿当时处于经济不景气的环境之中，伴随着高失业和对基地的结构性依赖，这些诱因和意识形态运动取得了一定成效。保守党候选人一个接一个地被选入当地的政府机构，并且贿

① Arakawa Akira, *Okinawa*: *Togo to hangyaku* (Tokyo: Chikuma shobo, 2000).

② "Prime Minister's Commission on Japan's Goals in the 21st Century," First Sub-Committee, "Japan's Place in the World," July 28, 1999. On Takara's position, see "Kichi no sonzai sekkyoku hyoka," *Asahi Shimbun*, May 15, 2000, and the articles by Takara in the *Okinawa Taimusu*, two-part series, Takara Kurayoshi, "Okinawa Inititiative no kangae kata," May 23–24, 2000.

③ See Yonetani, *Making History*; Yonetani, "Contested Memories"; Julia Yonetani, "Future 'Assets' but What Price? The Okinawa Initiative Debate," in Laura Hein and Mark Selden, eds., *Islands of Discontent*: *Okinawan Responses to Japanese and American Power* (Lanham, MD: Rowman & Littlefield, 2003).

④ Arasaki, *Okinawa gendaishi*, p. 199.

⑤ Julia Yonetani, "Playing Base Politics in a Global Strategic Theater: Futenma Relocation, the G-8 Summit, and Okinawa," *Critical Asian Studies*, Vol. 33, No. 1, 2001, p. 84.

赂是如此明目张胆，以至于冲绳的各地政府展开了急不可耐地自愿将其所在地作为各种美国军事设施搬迁地点的行动，这些事此前是难以想象的。东村（Higashi Village）、冲绳市和胜连町（位于津坚岛）与边野古（名护市）争夺安置搬迁的普天间海军航空站的权利；金武町（Kin City）探寻楚边（Sobe）通信设施能否或者什么时候能从目前的地点返回读谷村；伊江村（Ie Village）自愿承担降落伞训练演习；而浦添市（Urasoe）的工商业联合会力荐军事港口设施应该从那霸迁往这里。①

在这种有争议的事态所处的狂热氛围中，1999 年 12 月，报纸的一项民意调查显示，反对新基地的情况仍然处于很高水平，总的来说，名护市为 59%，冲绳为 45%。② 县知事和名护市市长在这个时候都容许基地项目继续进行，但只能在最苛刻的条件下，这相当于，在这个不可逾越的障碍下，需要认真对待（参见第五章）。

在这些高附加条件的赞同达成之后不久，2000 年 4 月，日本政府遇到了前所未有的政治、经济和心理压力。就在峰会前夕，2.7 万人排成一条人链，包围了嘉手纳周边 17 公里的地方，来极力表达他们关闭基地的要求。而一个冲绳民间团体联盟发表了一份《冲绳民众和平宣言》来推进他们的冲绳倡议，反对高良仓吉及其同僚与东京政府的愿景。东京对看到县知事和城市的"赞同"表示满意，尽管是有所保留的，但是可以作为一个能够按照需要成其目标的而可进一步操纵的棋子。随后的事情表明，这种乐观是盲目的。

2010 年的三次选举

当东京推行了十年的"以推动基地为目的的冲绳'发展'计划"的经济繁荣终归破灭时，在鸠山由纪夫在 2009 年 8 月的全国选举中胜利之后，冲绳的态度决定性地改变了。结果显示，冲绳的民主党（及相关反对党）的明确反对任何普天间替代项目的候选人横扫了民调，出现了在比例上比

---

① Osawa Masachi, "Fuhenteki na kokyosei wa ika ni shite kanoka," *Sekai*, August 2000, pp. 151, 158.

② *Asahi Shimbun* and *Okinawa Taimusu* survey of opinion, published in *Okinawa Taimusu*, December 19, 1999.

以往更高的投票。冲绳的意见曾经（于 1999 年）在反对迁至冲绳与准备接受它的那些人之间平分秋色，十年之后，反对基地的情绪更加强硬，而且反对（针对边野古建设的）关岛方案的人员的比例始终保持在 70% 左右。① 2009 年 5 月，一个调查发现仅有微不足道的 18% 的人坚定支持华盛顿和东京的边野古选择，而截至 11 月这一数字降至 5%。② 冲绳的报纸与冲绳市民社会的杰出人士保持着一种强硬的反基地立场。③ 随着冲绳议会（县议会，2008 年当选）于 2010 年 2 月批准了一项特别决议，愤怒和不满情绪的信号达到顶峰，一致要求普天间基地迁至"海外或者日本其他地区"。④ 2010 年 3 月，冲绳 41 个市町村的所有长官宣布他们持有相同观点；4 月，由 11 位冲绳城市市长组成的市长协会一致通过一项决议，要求关闭与返还普天间基地，并反对任何替代方案。⑤

这意味着当东京独自挣扎着寻找实施《关岛国际条约》的道路时，冲绳转而一致反对它。在这个问题上，冲绳的政治不再有革新与保守之分。冲绳首府那霸的市长，过去曾担任冲绳自民党主席，他甚至明确表示，作为一位知名的冲绳保守党成员，他对于鸠山政府履行其关于普天间基地竞选承诺的勉强感到失望，并且希望冲绳人民保持团结得"像橄榄球争球一样"，完成基地的关闭与归还（也就是说，没有替代）。⑥ 没有哪个当地政

---

① "Futenma hikojo daitai, kennai isetsu hantai 68%," *Okinawa Taimusu*, May 14, 2009. 在北部地区（包括名护市），反对甚至更加强烈，约 76%。

② "Futenma iten: Genko keikaku ni 'hantai' 67%, Okinawa yoron chosa," *Mainichi Shimbun*, November 2, 2009; for a partial English account, see "Poll: 70 percent of Okinawans want Futenma moved out of prefecture, Japan," *Mainichi Daily News*, November 3, 2009.

③ 当国务卿克林顿在 2009 年 2 月访问东京时，这封致她的"公开信"要求撤销边野古计划，立即并无条件地归还普天间，并进一步减少美国军事存在。"Hirari R. Kurinton Beikokumu chokan e no shokan"（"Open Letter to Secretary of State Clinton"），by Miyazato Seigen and thirteen other representative figures of Okinawa's civil society, February 14, 2009. "Henoko kichi kensetsu chushi o: Bei kokumu chokan rainichi de seimei/kennai gakushikisha 'shinseiken no taio kitai,'" *Okinawa Taimusu*, February 17, 2009.

④ "Kengikai, Futenma 'kokugai kengai isetsu motomeru' ikensho kaketsu," *Okinawa Taimusu*, February 24, 2010. 一份相同作用的解决方案已于 2008 年 7 月由多数票通过。

⑤ "Zen shucho kennai kyohi, Futenma kengai tekkyo no shiodoki," editorial, *Ryukyu Shimpo*, March 1, 2010; "Ken shicho kaigi kennai hantai ketsugi zenkai itchi kuni ni chokusetsu yosei e," *Okinawa Taimusu*, April 6, 2010.

⑥ Onaga Takeshi, "Okinawa wa 'yuai' no soto na no ka," *Sekai*, February 2010.

府或日本的县曾经与国家政府如此意见不一致。并且，2010 年的选举给这一过程打上了封条。

（a）1 月：名护市市长

日本民主党在 2009 年 8 月的全国选举中取得成功——它在竞选中的承诺包括普天间基地将被安置到冲绳以外的某个地方——数月之后，名护市的市民（总人口 6 万，4.5 万名合格选民）参加了 2010 年 1 月 24 日选举一位新市长的投票。在现代日本历史上，没有哪次地方选举曾经在全国范围内甚至国际上，引起如此广泛而强烈的兴趣。这毫无疑问是一次对同盟关系、东亚地区的军事均衡甚至日本民主都有着很大影响的重要市长选举。

这个市，比现代日本其他的任何市都要反对中央政府的意愿，从 1996 年开始，它就尽最大努力阻止中央政府与其全球超级大国盟友。的确，随着 1997 年名护市的全民公决之后，倾向于同东京做交易的市长们在 1998 年、2002 年和 2006 年当选，但是他们的服从总是受到复杂情况的束缚。接纳基地的力量发展成为一种充满模糊、混淆和制约的庞大组织，它使用一种与秘密外交和谎言相同的欺骗政治在国家层面上为同盟服务。在名护市，由自民党支持的市长和市政府尽其所能地从基地问题上转移注意力，并把它集中在本应该与东京达成合作的就业、工资和其他经济利益之上。十年间，从比嘉的背叛开始，一系列当地政府选举的胜利者给予东京的自民党政府以信心，他们能够继续进行基地建设，同时分化和收买反对党。只要基地在选举期间被提及，总是会使用有限制、有条件接受的措辞。没有人会同意一项永久、大规模的美国军事设施，并且因此从来没有人能说，"这个城市需要的是一座新的美国军事基地"。因此，它最初被称作"直升机停机坪"，或者一种暂时的离岸结构。名护市和冲绳县在 1999 年给予的赞同，因为是通过严格的条件来对其进行限制，实际上相当于拒绝。然而，像变色龙一样，该项目不断变化，随着每一次改变的规模越来越大，它变得更为持久，更具有威胁性。

然而，随着日本民主党 2009 年 8 月在下议院选举中胜利，潮流改变了。当日本政府尝试用各种方法削弱、分裂、收买和威胁那些反对建设新基地的民众失败之时，它自己却被抛出了办公室。名护市的反抗，尽管是疲于明显毫无止境的抗争、用坚决的非暴力方式与国家进行斗争，但振奋人心。

由民主党支持并且其联盟伙伴与劳工和市民组织相处融洽的挑战者稻岭进（Inamine Susumu），挫败了现任由自民党（及其公明党伙伴）以及与建设相关的经济利益团体支持的岛袋吉和（Shimabukuro Yoshikazu），以17950票对16362票。此次选举不是一次全民表决，但是稻岭停止基地建设的承诺具有如此显著的特色，以至于他的胜利被视为名护市向东京和华盛顿发出的清晰声明，证实了民意调查得出的70%的名护市市民反对边野古项目的证据。① 通过拒绝这项已将大浦湾军事化理智协调过的协议，名护市不仅选择了一位新的市长，而且发出信号要求就安保联盟的外交和安全立场进行重大调整。

这次选举震动了东京和华盛顿政府，迫使他们重新考虑2005~2006年关于驻日美军重组的协议以及2009年的《关岛国际条约》。对于名护市自身来说，稻岭的胜利结束了13年的痛苦和分裂。②

由经验丰富的顾问比嘉所指导与协助的岛袋正在打一场殊死的战斗。在选举周当中，他的阵营利用选举制度提前投票的规定，动员当地企业（承诺给他们利润丰厚的建筑合同）并迫使他们召集全体人员提前投票，一家接一家企业进行。③ 尽管他最有希望支持基地，但是他的选票不能被归类为"支持基地"，因此他避免提到任何相关问题，只是说这是由国家政府所决定的，将自己粉饰成一名关岛条约计划的评论者，以及一位支持1998~2005年曾予考虑的离岸选择的支持者。在名护市市长选举的当天，甚至当地的企业似乎都对比嘉-岛袋模式失去了信心。依靠国家政府就基

① 由《读卖新闻》《冲绳时报》《朝日新闻》《琉球新报》与冲绳电视台进行的调查于2010年1月9日公布结果，发现分别有73%、65%和69%的民众希望普天间基地重新安置到冲绳以外的地区。Urashima Etsuko and Gavan McCormack，"Electing a Town Mayor in Okinawa：Report from the Nago Trenches，" Asia - Pacific Journal：Japan Focus，January 25，2010，http：//japanfocus. org/ - Gavan - McCormack/3291.
② 2010年岛袋的竞选顾问是前任市长比嘉哲也（Higa Tetsuya）。
③ 由于31.7%的选民提前投票，公民团体支持稻岭在1月19日向竞选委员会提出申诉，他们认为提前投票的动员违反了《公职选举法》，并与自由投票相对立。由于稻岭的胜利，该问题没有被进一步追究。

地问题的顺从而获得大量救济，只会加深城市经济的低潮。从这一结果必然得出结论，很多被岛袋强迫的人很可能去了投票站，但是没有像他们预期的那样投票。①

结果确实一改颓势。稻岭承诺将避免边野古海域被用作新建军事基地的选址，终结了与基地相关的、那些已经毁坏了城市经济的使市民们意志消沉的特殊利益，并且将优先制定为当地提供与环境相和谐的可持续性工作的经济政策。② 然而，除了具体的承诺之外，名护市的选民要求他撤销其前任在 13 年前对城市意愿的背叛。

无论如何，名护市的选举结果没有动摇东京绝对优先考虑同盟义务的坚持。内阁官房长官平野博文（Hirano Hirofumi）认为，在做出有关基地的决策时，没有必要将城市的意见纳入考虑范围，如果有必要，增加适当的法律措施能够采取强制服从。③ 从这个意义上讲，日本民主党政府暗示着要比前自民党政府走得更远，将诉诸武力逼冲绳就范。这种观点提醒着冲绳人他们的土地在 20 世纪 50 年代"按照法律"被美国军队用刺刀和推土机没收的方式，④ 冲绳人寄托在民主党身上的希望和信任在 2009 年消失了。

（b）9 月：名护市议会

稻岭 1 月取得的胜利是全市范围内涌起的反基地动员的一部分。紧接着是市议会在 2 月一致通过了一项决议，4 月举行的"全冲绳"群众集会也宣布反对该项目。4 月市议会全体一致通过的决议，以及民意调查显示的连续证据证明，随着 6 月菅直人（Kan）政府上台，人们继续高票反对任何新的基地建设。名护市有革新与保守政府交替并承受持续不断的外部

---

① 我们非常感谢浦岛悦子的这一观察。
② For a discussion by Mayor Inamine，see Miyagi Yasuhiro and Inamine Susumu，"'Unacceptable and Unendurable'：Local Okinawa Mayor Says No to US Marine Base Plan," *Asia－Pacific Journal：Japan Focus*，October 17，2011，http：//japanfocus. org/－Miyagi－Yasuhiro/3618.
③ "'Hirano chokan hatsugen' kenmin no kokoro moteasobuna," editorial，*Okinawa Taimusu*，January 28，2010.
④ "'Hirano chokan hatsugen' kenmin no kokoro moteasobuna," editorial，*Okinawa Taimusu*，January 28，2010.

压力的长期历史。正如名护市居民、获奖的小说家目取真俊在选举前夕所说的，名护市民众对基地已经"受够了"，而无止境的外界压力长久以来离散家庭并在其城市中激起痛苦和敌对情绪。①

浦岛悦子（Urashima Etsuko），冲绳北部地区反基地联盟的核心成员（也是历史学家），曾于2006年愤怒地评论道：

> 因此，在过去的九年里，基地问题成为我们不断痛苦的原因，卡在父母、孩童、兄弟姐妹、亲戚、邻居彼此的喉咙里。基地问题及与之相关的那些"金钱"，将人们基于合作与互助的关系撕成碎片，各种人际关系曾经如此丰富，尽管我们贫穷，或者，并不仅是因为我们如此贫穷。②

一位反基地的市长的出现对于东京和华盛顿来说是一记当头棒喝，假如能够在原定于2010年9月12日的市议会选举中阻止他获得多数票，但是这也并不是决定性的。在日本没有哪个城市被培养得比名护市更加勤勉并持续了这么长的时间（自从1999年开始）。正如上文提到的将有很多与基地建设相关的特殊利益群体受益，因此，如果基地所诱发的依赖和服从将在任何地区奏效，它应该在名护市这里。根据一项"北部地区发展方案"（与服从基地项目绑定在一起），80亿日元在2000~2009年被注入名护市及周边区域，填满了与建筑及公共工程相关的群体的荷包，并且缓解了当地政府的财政危机。在选举中，自民党尽一切努力避免人们关注基地问题，同时强调他们提供工作和资金的能力。"保守党"（支持基地）团体主张，他们是可信赖的，能更好地解决经济问题，并且在工作和服务方面能比反基地力量产生更好的结果，因为他们享有与国家政府和国家企业更好的联系"渠道"。随着时间的推移，津贴诱发的地区服从制度在基地选址问题上孕育出了犬儒主义（cynicism）和腐败，阻碍了立足于本地需求

① Medoruma Shun, "Nago shigikai senkyo," *Uminari no shima kara*, September 6, 2010, http：//blog. goo. ne. jp/awamori777/e/763baeb3560503c4f1f5f7181352be7a.

② Gavan McCormack, Sato Manabu, and Urashima Etsuko, "The Nago Mayoral Election and Okinawa's Search for a Way beyond Bases and Dependence," *Asia - Pacific Journal*：*Japan Focus*, February 16, 2006, http：//japanfocus. org/ - Etsuko - Urashima/1592.

的发展。

特别关注集中于边野古、丰原（Toyohara）和久志（Kushi）的三个小村庄，它们位于名护市东边所谓的久边（Kube）地区，临近预计的基地建设地点。边野古（人口接近 2100 人或 450 个家庭）被一条狭长的海滩从美国海军陆战队位于施瓦布军营的基地分割开来。它每年得到与基地相关的收入在 2 亿日元左右，至少一半居民领取租金收入（每年为 70 万～700 万日元），其依据的是半个世纪之前交给美国军方的其家庭在村庄公共用地中的份额。① 如此慷慨的甜头，一旦尝到，就很难放弃。历史学家新崎盛晖认为东京的劝说不是糖果和鞭子，而是鸦片和鞭子。②

边野古 "繁荣" 的一个象征是它每年的 "Hari"，或者称为六月的龙舟节。在 2010 年的活动中，这个小村庄展示了 4 艘华丽的船只，每一艘的造价大约为 1 万美元（90 万日元）。60 支队伍，包括一些来自附近施瓦布军营基地的船只，参加了比赛。③ 边野古的交易所广场于 2007 年完工，花销仅仅不到 10 亿日元，拥有一个能够容纳 600 人的大厅、图书馆、电脑设施，配备了齐全的体育设施以及按摩器材，是顺从成果的另外一个象征。这些据说是专门用来振奋这个村庄的，像许多其他地方的发展一样，这也是东京所支付的用以确保依赖与合谋代价的一部分。

煞有介事地，久边地区的组织经讨论向政府提出要求，为每户支付 3 亿日元作为他们同意基地建设的报答，而且据报道，如果支持填海方案，由于他们将拥有近海的岛屿，一旦基地建成，它们将以每年 5 亿日元的价格永远租赁给国家。④ 然而，这些好处往往集中在少数人手里，这一交换中的有损人格的特性对当地人不起作用。截至 2010 年，东京方面对仅找到一个合适价格便表示同意的做法怀着不可言喻的藐视，这酿成了边野古及

---

① "Bunshukin no eikyo," and " 'Mokunin' no haikei," parts 11 and 12 of "Zoku 'Ame to muchi' no kozu," *Okinawa Taimusu*, August 1 and 2, 2010.

② "Kokusaku no kajitsu," part 21 of "Zoku 'Ame to muchi' no kozu," *Okinawa Taimusu*, August 20, 2010.

③ "Kokusaku no kajitsu," part 21 of "Zoku 'Ame to muchi' no kozu," *Okinawa Taimusu*, August 20, 2010.

④ "Kadena hoshiki," part 16 of "Zoku 'Ame to muchi' no kozu," *Okinawa Taimusu*, August 9, 2010.

其邻近村庄怨恨和屈辱的情绪。2010年6月，久志地区批准支持名护市市长稻岭反基地立场的一致决定，标志着其表现出对十年来选择的依赖越来越反感。基地反对者建立了一个"全久边"组织，把稻岭的竞选带到边野古中心地带。① 形势正在转变。

城市选举通常与当地家庭和企业的利益有着密切联系，而除了军事基地，名护市尽管有知名度很高的白象纪念品，但是面对失业率维持在国家水平的两倍左右，拥挤的城市服务（包括医疗服务和一个由商店围起来的商务中心②）等问题。县议会副主席玉木義和（Tamaki Yoshikazu）在选举前夕说："认为一个像基地问题这样的国家性问题会为地区选举所影响，这完全是胡说八道。"③ 在稻岭的阵营坚决反对基地——稻岭声明不会在名护市的陆地或海洋建造新基地——的同时，岛袋团队候选人拒绝回应当地报纸关于基地问题的意见调查，将他们的竞选完全集中在本地事务上。④然而，这不是秘密，菅直人政府极其希望反基地势力战败，高级内阁大臣积极为岛袋组织竞选。事实上，这在当地这个小城镇的选举中是没有先例的。⑤

在这次选举中，国内（国家）和国外兴趣和干预水平也是史无前例的。美国驻冲绳总领事及日本政府高级官员与当地支持基地建设的官员及商界领袖秘密会面，讨论如何协助他们竞选。⑥ 对于菅直人及其政府来说，名护市近似于必须被再次征服的敌方领土。为了赢得支持，他们敲定了一项惠及民生的计划（垃圾处理、教育与福利、幼儿园），他们想让名护市

---

① "Sanpi ryoha," part 9 of "Zoku 'Ame to muchi' no kozu," *Okinawa Taimusu*, July 30, 2010.

② 截至2008年，据报道高达19.5%的名护企业关闭（停业）。Chinen Kiyoharu, "Nago shicho sen hitotsu ni natta min‑i," *Sekai*, March 2010, p. 22.

③ Quoted in "Ippyo no butaiura‑2010 nen no toitsu chiho sen," *Okinawa Taimusu*, August 26, 2010.

④ "'Ken‑nai' hantai seron han'ei Nago shigisen rikkohosha anketo," *Okinawa Taimusu*, September 6, 2010.

⑤ Peter Ennis, "Seiji Maehara and Unrealistic Expectations in Washington," *Dispatch Japan*, September 17, 2010, http://www.dispatchjapan.com/blog/2010/09/seiji‑maehara‑and‑unrealistic‑expectations‑in‑washington.html.

⑥ "'2 homen kosho' ni hihan isetsu yoninha to mikkai kasaneru Maehara shi," *Ryukyu Shimpo*, August 19, 2010.

民众认识到，9 月 12 日他们采取了"正确的"态度将会有如此好的生活条件。①

当反基地力量寻求边野古与冲绳其他地区及名护市的密切合作时，知名的地方权威和名护市渔业工会主席古波藏广（Kohagura Hiroshi）发表了一项最终结论："你（该项目的反对者）在谈论什么？除了在边野古，美国人绝不会在任何地方做这件事。政府在我们的头顶上实施它的计划之前，我们不得不对这些条件进行抗争。"② 早前，古波藏广曾在劝说村民们拒绝与在施瓦布基地范围内建设新基地的图谋合作的过程中，发挥了重要作用，也就是说，他不支持填海造田。但是，随着填海项目回到桌面上，他改变了他的思路。对于他来说，这是对政府"先发制人的一击"，也是当地社团现金交易的唯一机会。如果政府不合作，那么边野古将进行抵抗。

但是到最后，当地和国家支持基地力量的重重努力都没有得到回报。名护市议会席位的平衡明确转而支持反基地的市长稻岭以抗衡支持基地的前市长岛袋。拒绝东京的"鸦片"诱惑，这个城市选择站在坚决反对基地的大多数人一边。正如内阁官房长官仙谷由人（Sengoku Yoshito）所说，东京的回应是政府将"坚持我们寻求（名护居民）理解、诚恳解释搬迁计划的基本立场"。③ 作为其诚意的象征，菅直人政府冻结了与稻岭的接触，而其他高层政府人士也拒绝与他会面。曾在 1998 年用来对付大田的这种奏效的措施，预计将再一次被用来对付稻岭，不过可能需要更长的时间。

（c）11 月：冲绳县知事

2010 年达到高潮的事件是当年的第三次主要选举，因为县知事选举是在 11 月 28 日举行。它所代表的意义，随着名护市在 1 月和 9 月相继投票

---

① "Chatozu," part 23 of "Zoku 'Ame to muchi' no kozu," *Okinawa Taimusu*, August 22, 2010.

② "Hanpatsu fuji joken toso – yonin ketsugi isoida ku gyosei – i," part 1 of "Zoku 'Ame to muchi' no kozu," *Okinawa Taimusu*, July 16, 2010.

③ 选举前的平衡是 12∶12∶3 [分别为稻岭的支持者、岛袋的支持者及无党派人士（independents）]。在这次选举中，稻岭的阵营赢得了 16 个席位，而岛袋的阵营为 11 席。"Nago Voters Pick Anti – base City Assembly," *Yomiuri Shimbun*, September 14, 2010.

明确反对边野古项目而增强了。这次选举，在职的保守派仲井真弘多（Nakaima Hirokazu）面对着宜野湾市市长伊波洋一（Iha Yoichi）。

仲井真，一位冲绳商界领袖，而在这之前是 MITI（日本通商产业省）的高级官员，他于 2006 年在自民党和公明党（Komeito）的支持下当选，此前支持边野古基地建设。尽管如此，在最近几年，他在无数场合抗议东京在基地问题上故意忽视他的方式，他说道："认为仅仅由于它们达成了协议，该项目就将继续，两国政府这样思考是毫无意义的。"① 4 月，他在全冲绳大众反基地集会中透露战争的痕迹已经不再，但美国的基地却仍然在眼前，即便是从日本全国来看，这也是非常不公平的，给人以被歧视的印象。之后，他告诉菅直人政府，他将不会参与任何有关普天间基地迁移或者任何假设存在新基地建设的谈判，他将 8 月 31 日的"专家报告"描述为一堆"毫无价值的废纸"，这将"无法实施"。② 最终，他的选举抗争纲领是将普天间基地搬出冲绳，但他使用的是模棱两可的语言，从未表示反对在冲绳建造替代性的军事基地。执政党和在野的国家党派（日本民主党和自民党）以及公明党都支持仲井真的竞选。

伊波洋一是仲井真的挑战者，他在归还普天间基地并且不在冲绳建设任何替代性基地的选举纲领下参与竞选。作为 2003～2010 年度的宜野湾市市长，他将他的公职生涯建立在要求归还普天间基地与反对为其在冲绳建设替代品的任何建议的基础之上。他认为，"世界上最危险的"普天间航空基地坐落在其城市中央。他以社会民主党、共产党和冲绳社会大众党（Social Mass Parties）为后盾。③

对于允许基地建设继续进行的任何填海工程来说，县知事的授权是一项法律规定，所以，这次选举的结果也引起了日美两国政府的高度兴趣。东京的微小希望系于仲井真的身上，虽然他发表了不少满怀愤恨的发言，但是针对基地计划他没有明确表示反对，也不曾表示出绝对阻止的态度。

---

① "Okinawa fukureru seifu fushin," *Asahi Shimbun*, August 8, 2010.
② "Henoko hokokusho/jitsugen funo na kara shomon Nichibei goi no hatan akiraka," *Ryukyu Shimpo*, September 2, 2010.
③ 在一次旨在赢得当地共产党支持的让步中，伊波洋一的竞选采用了"撤走海军陆战队"（Kaiheitai tettai）的口号，这比无需替代设施地归还普天间更加宽泛。这暴露了他对主流冲绳运动竭力避免的反美情绪的指控。

菅直人政府不得不将仲井真的"艰难"和"极其艰难"解读为暗示谈判的开放程度。所能期待的最好结果是,一旦重新选举,仲井真将是"理智的",这意味着他将有被说服的可能性,并且如果给予合适的激励的话,他将背叛他的选民。换句话说,菅直人和他最亲密的顾问相信,一旦选举,仲井真将背叛他的冲绳选民而与东京合作。是否通过收买或者威胁来达成目的,并不重要。

2010 年的赌注明显要比 1998 年所付出的更高,1998 年时国家政府发起了秘密竞选,从而把县知事大田拉下马。然而,现在的氛围与当时是很相似的。正如一位评论家所说的,

> 现在与 1998 年一样,在冲绳有一种束缚感在空气中四处飘荡。但是现在明显不同的是,无法从闭塞感中摆脱的原因是固执于边野古基地移设问题的民主政权以及由于把安保的负担转嫁给冲绳而得到安稳状态的本土,但大多数县民对此并不相信。[①]

当问及小渊政府是否曾利用秘密(及非法)的干涉在 1998 年一直奉行反对大田昌秀政策的时候,内阁官房长官拒绝回答,[②] 并且首相菅直人拒绝下令停止这种秘密做法,或者发起一项推动刑事法律诉讼的调查。另外,可耻的是,可任意支配的资金也在菅直人政府保留了下来。[③] 很显然,2010 年的风险比他们在 1998 年曾付出的要更高。是否干涉以及使用哪种干涉都是被秘密授权的,以确保伊波可预见的失败。

很快,仲井真确实以相当大的优势(大体上为 52% 对 46%)重新掌权。但是华盛顿所希望的,一旦仲井真再次当选,他将在边野古问题上采取一种更实际的方法,很快破灭了。在他竞选胜利的感言中,仲井真表达得很清楚:

---

① Watanabe Tsuyoshi, " 'Jihatsuteki reiju' no jubaku o tachikiru Okinawa," *Sekai*, December 2010, p. 51.

② "Seifu, Kimitsuhi tonyu hitei sezu jiki chijisen, nago shigi sen de," *Ryukyu Shimpo*, August 21, 2010.

③ 2010 年 7 月,菅直人政府为被定罪为恐怖袭击者的金贤姬(Kim Hyon Hui)主办了对日本进行的国事访问,包机进行环绕富士山的直升机之旅,并给予"额外的酬金"。Debito Arudou, "The Victim Complex and Kim's Killer Con," *Japan Times*, August 3, 2010.

起初，我认为在特定条件下接受边野古计划是不可避免的。但是，当名护市的人民投票给一位反基地的市长时，他们明确表示不接受这个计划。因此，在冲绳没有任何地方可以用于迁移普天间基地。①

但是，一位明确支持日本政府实施 2010 年 5 月搬迁普天间基地到边野古的协议的候选人，则凭借可笑的 2% 的选票落选了。对于获胜的仲井真来说，在他作为县知事的第二任期里，他开始越来越像他最畏惧的前任，大田昌秀。

2011 年：无法逆转的改变?

2010 年的三次选举表明，以激励和劝服为主的金元体系（carrot system）不再奏效了。自民党系统用以运行国家、县和城市政府的政治公信力，在冲绳选民的心目中被严重削弱了：这种公信力其实是没有传达出去的。

人们过去常常说，冲绳的基地存在给当地社区带来的经济利益超越了负面效应。的确，美国和日本的基地政策创造并孕育了食利阶层，他们更愿意享用自回归后稳定增长的土地租赁收入（甚至产生了一种在这种土地上提供投资的投机性交换），但是作为整体的社区利益却在不断萎缩。在回归时，与基地相关的收入构成了冲绳经济的 15%，现在仅相当于大约5%。当多年的国家救助使得冲绳依赖加深，并且导致那些当地政府依赖于此而陷入长期的财政危机时，不存在基地（并且因此没有"享受"专项补贴）的城镇和村庄通常比那些建有基地的地方获得了更好的发展，而那些设法收回了大批基地土地的村庄发现，从军用回归民用之后，生产力和收入往往迅速上升，达到 20 倍、30 倍甚至 40 倍。②《琉球新报》的副主编将这些基地称作"吞噬冲绳活力的寄生虫"并且腐化了它的经济。③

---

① Eric Johnston, "Nakaima Victory Helps Kan, US," *Japan Times*, November 30, 2010.

② Figures from a study conducted by the prefecture quoted in Maedomari Hiromori, "'Kichi izon keizai' to iu shinwa," *Sekai*, February, 2010, p. 207.

③ Figures from a study conducted by the prefecture quoted in Maedomari Hiromori, "'Kichi izon keizai' to iu shinwa," *Sekai*, February, 2010, p. 203.

大浦湾的军事化是五角大楼自 1966 年开始的梦想，也是自 20 世纪 90
年代末以来颇受日本官僚青睐的项目，它根据 1996 年、2006 年和 2009 年
的双边协议接近于实现，但是 9 位首相（从桥本龙太郎到菅直人）以及 17
位防卫大臣（自久间章生至北泽俊美）的任期中，都被现代日本（或者世
界）历史上最著名的一项非暴力政治运动阻止了。截至 2010 年，这三次
选举的结果显示出这一运动更加强大了，享有更加广泛的支持，并且在民
主过程中比以往嵌入得更加牢固。

普天间基地替代设施，1996～2011 年

1996～1998 年："直升机停机坪"，最初 45 米，离岸，位于冲绳北部；
1997 年名护市公民投票否决（随后被市长批准，但遭到冲绳县知事否决）。

1999～2001 年：边野古离岸、可移动浮桥，1500 米的跑道，面积 75
至 90 公顷，有条件地（军民共同使用、限期 15 年等）为该城市和县所接
受；1999 年 12 月由日本内阁通过。美方愿意接受搬迁至日本的其他地区，
但是日本政府坚持要在边野古。

2002 年：边野古离岸建设方案确定，开垦暗礁、填海造陆，1500 米的
跑道，大约 184 公顷，民事-军事结合，以浮桥为基础。环境调查与抗议
静坐从 2004 年开始。

2005 年：由于"大量的反对"，小泉取消了边野古计划。以海岸为基
础、L 型、1600 米单跑道，离岸 1 公里，被采纳，但是很快变型。

2006 年：边野古岬，以海岸为基础、V 型、从施瓦布基地延伸至大浦
湾的 1800 米双跑道，附加海军港口和山原森林直升机停机坪。预计完工日
期：2014 年。2006 年在"美军重组"时为两国政府所批准，2009 年被日
本以有约束力的形式在《关岛国际条约》中采纳。

2010 年（3 月）：鸠山由纪夫越过 2006 年的 V 型施瓦布计划，以一个
由三部分组成的计划取而代之：

一条长 1500 米的陆基边野古岬直升机跑道，或者长 11600 米的位
于施瓦布基地的跑道，或者一座 1020 公顷的人造岛屿，拥有从胜连半

岛离岸的 10200 米跑道（两条为 3600 米、一条为 3000 米），位于宇流麻市（冲绳中部，靠近现存的美国白滩军事基地），或者在鹿儿岛县的德之岛建设新的设施，其距离冲绳主岛北部 200 公里，刚刚越过冲绳县边界。最终计划是上述方案的部分组合或包括所有这些方案。

2010 年（4 月）：以《关岛国际条约》款项这种"广泛接受"的形式给美国政府的"最终提案"，然而，相比此前方案，它存在明显修改之处：

> 一座位于边野古的普天间基地替代设施，包括一条依靠嵌入海床支柱（约有 4000 根）的海基单跑道，以及将部分直升机训练部队从普天间基地转移到德之岛。

2010 年（5 月）：鸠山突然屈服了，放弃了他的各种替代方案并且同意接受边野古基地建设（以及山原森林直升机停机坪）方案，他在签署 5 月 28 日协议后马上辞职了。

2011 年（6 月）：美国与日本的"2＋2"会议，双方外交及国防部长重申了继续进行边野古计划的意向，但将完工日期推迟至"最早可能在 2014 年之后"。日本承诺在马毛岛和宫古岛建造军事设施。

2011 年（9 月）：野田佳彦政府就职以及向美国总统奥巴马重申边野古承诺。

普天间基地替代设施，政治发展，2009～2011 年

2009 年（8 月）：日本民主党就日本与美国、中国的关系承诺了一项新的协议，并且向冲绳人民承诺普天间基地将"至少搬迁到冲绳以外"，并在全国选举夺取政权，组织了以鸠山由纪夫为首的新政府。

2010 年（1 月）：名护市选举了一位市长，他声明"将不会有新的基地在这座城市建造，无论在陆地还是海洋"。

2010 年（2 月）：冲绳县议会采纳了一项全体一致通过的决议，要求迅速关闭普天间基地，并且反对在冲绳建造任何替代设施。

2010 年（4 月）：一次"全冲绳"大众集会（大约 9 万人），包括县知

事和本地政府当局所有负责人，通过了一项提出同样要求的决议。

2010 年（5 月）：首相鸠山在美国和日本官僚以及媒体的巨大压力下，与华盛顿签署了在施瓦布基地－边野古岬区域及毗邻海域建设普天间替代设施的协议，并随即辞职。

2010 年（6 月）：菅直人，作为首相接替鸠山，优先"恢复"与华盛顿的关系，继续进行海军陆战队基地的建设。他为违背了该党的竞选承诺而向冲绳人道歉，但是强调不存在替代方案并且这个问题已经结束了。

2010 年（7 月）：冲绳县议会（7 月 9 日）通过一项全新的决议，要求废除 5 月 28 日的协议，其条款是一种"愚弄冲绳人的""暴力的、践踏民主的行动"。日本民主党，面对因抛弃阻止任何新基地建设承诺所引起的冲绳暴怒，是无法在上议院选举中让其候选人胜选的。

2010 年（9 月）：反基地力量在名护市议会选举中胜利了，粉碎了以东京为后盾的支持基地建设的力量。

2010 年（11 月）：在冲绳地方长官选举中，在职的仲井真弘多承诺在冲绳以外的某地寻求新基地的搬迁，击败了挑战者伊波洋一，后者要求关闭普天间基地，并承诺阻止任何在冲绳建造新基地的尝试。有一名候选人明确呼吁按照 2010 年 5 月的美日协议继续进行建设，但他仅仅获得了 2% 的选票。

2011 年（6 月）：美国和日本的外交与国防部长们放弃了 2014 年的最后期限，但是确认要继续进行 V 型边野古基地项目（并且在其他岛屿建造基地）；县知事仲井真宣称这种行为是"无耻的"。

2011 年（9 月）：首相野田佳彦向总统奥巴马承诺，基地建设将继续进行，但是知事仲井真表示只有动用武力才可能实现，并要求两国政府"停止做交易并立即归还基地"。①

---

① "Okinawan Governor Denies a Japan – US Deal on US Military Realignment Package," *Ryukyu Shimpo*, September 26, 2011.

第八章

环境："非评估"

把外交、政治和军事考虑先放到一边，单以生态为由，一个庞大的新军事设施应该被建造在名护市的想法就是不合情理的。边野古选址通常被描述为人口稀少，似乎这使它成为一个用以取代过度拥挤的普天间基地的显而易见并且几乎毫无问题的选择。然而，撇开了无疑有人居住在这个地区及邻近区域的权利，如此忽视对这些特征的讨论，使得边野古及周围地区不仅具备地区或国家的，也具有全球的意义：其独特而珍稀的海洋及森林环境。在这个地点强加一个大型军事基地，类似于把美国大峡谷或者澳大利亚的卡卡杜国家公园划归为军事基地。

边野古沿岸区域根据冲绳县政府指导方针被划分为一级环境保护区，授予最高级别保护。国际自然保护联盟（IUCN）一再呼吁优先给予边野古地区的濒危物种保护。① 在大浦湾和边野古岬内部及周围，受到国际保护的儒艮在此吃海草，海龟来这里休息和产卵，而且多种珍稀鸟类、昆虫和动物也在此繁衍生息。2007 年，一片蓝色珊瑚在此地被发现（而到了2008 年，它就被收录在国际自然保护联盟的"红色"或者极度濒危名单中，加入了儒艮的行列）。2009 年，世界野生动物基金会的一项研究在此

---

① For details, see Citizens' Network for Biological Diversity in Okinawa, *Call for Your Attention and Action: Protect Yanbaru Forest and Local Community from Helipad Construction*, February 16, 2011, http://okinawabd.ti-da.net/e3264329.html.

地发现令人惊讶的 36 个新品种的蟹和虾，① 并且在 2010 年 3~4 月，东京海洋科学研究人员发现了同样令人震惊的、热带雨林般的 182 个不同品种的海草和海洋植物，其中在大浦湾发现的 4 种可能是新的种类。② 日本自然保护协会 2010 年在同一片水域发现了 362 种贝类，其密度在 50 平方厘米的区域内竟有高达 186 种贝类。③ 不过，蓝色珊瑚、新品种的虾和蟹以及海草的发现都是在所谓的环境影响调查之后，因此环境调查报告并没有包括以上任何内容。

2010 年（这年为国际生物多样性年），日本政府在名古屋（Nagoya）举办的《联合国生物多样性公约》第 10 次缔约国大会上，宣布了其将这一区域规划为国家公园的设想，而冲绳县政府推动了作为核心的《琉球岛意见书》的通过，认可联合国教科文组织将其列为世界自然遗产。但是，高水准的自然保护能够与一座重要的美国海军作战设施的发展相融合吗？

在创建这座庞大的联合部队军事基地时（当它被合并时，被误导性地描述为"普天间替代设施"，尤其是一座用于停靠核潜艇的深海港口设施，以及两条长跑道和各种辅助设施），这些珊瑚、儒艮、海龟和其他生物仅仅是一种累赘。同样必须指出的是，2006~2009 年协议提到的"直升机停机坪"也将在冲绳北部的山原森林建造（稍后将会讨论）。

当海军陆战队 1962 年第一次将其计划扩展为使大浦湾军事化的时候，正如上文所提到的，他们开始用轰炸的方法处理珊瑚。不过今天，海洋陆战队并没有这么做，但是从长远来看，预期的军事化规模有望起到相同的作用。然而，与关岛一样，只有当（国家与国际的）环境保护所必要的法律规定被制定（无论是遵从还是规避）时，边野古（和高江）项目才能够继续进行。

---

① "Oura‐wan ni 36 shinshu, ebi kani‐rui, ken ni hozon hatarakikake e," *Ryukyu Shimpo*, November 25, 2009.

② "Henoko ni shinshu? Kaiso 4 shu umetatereba zetsumetsu no osore," *Asahi Shimbun*, July 16, 2010（English text："4 new types of seaweed found at Henoko," *Peace Philosophy Centre*, July 19, 2010, http://peacephilosophy.blogspot.com/2010/07/4‐new‐types‐of‐seaweed‐found‐at‐henoko.html）.

③ Tomoyuki Yamamoto, "Conservationists Say Futenma Move Threatens Rich Marine Life," *Asahi Shimbun*, September 30, 2010.

日本克服了根深蒂固的官僚作风与企业的敌对情绪，基于自 1970 年开始在美国运行的体系，（在 1997 年）通过了一部《环境影响评估法》（*Asesuho*）。然而，每年在美国进行的环境影响评估（EIAs）为 3 万~5 万份，而在日本的这一数字约为 20 份，把依据当地法令所进行的评估包括在内也不超过 70 份。而且，法律直接授权政党提出建议，考虑其环境影响并采取适当措施保护环境。[①] 但是，法律没有指定公正、科学的流程，还不包含出于环境考虑停止正在进行的项目的条款。环境影响评估过程包括三个阶段：审查文件（限定范围及评估方法）、初步评估以及发布最终影响报告。市民意见咨询应该在第一和第二阶段保证，但是唯一有权在第三和最后阶段发表评论的是县知事，而政党为了项目的继续进行，也会批准公有海滨的填埋。

2007 年 4 月，日本政府决定，那霸防卫设施局（DFAB，是当时日本防卫厅也是现在防务省的一部分）将开始一项针对建造 V 型跑道区域的环境评估。公民活动家们指出，这样的程序违反了《环境影响评估法》。该法案要求为大型工程设定一份实际建造日程，边野古军事基地毫无疑问需要这么做，并且只有在评估之后才能决定工程是否进行。但在这种情况下，2014 年的完工日期已经被国际协议设定了，但评估流程尚未进行。此外，尽管立法界定范围的文件很明确，向市民发出参与项目的开放信号是在第一阶段，但在这种情况下，为法律禁止的数月紧张的"预先调查"行动也实施了。大约 120 件设备被安置在水中，包括 30 台被动声呐、14 台水下摄像机以及用来检查附着的珊瑚卵和洋流的设备。2007 年 5 月 18 日，日本政府派遣海上自卫队扫海舰"丰后"后到边野古参与行动，并且毫无疑问地也是在威慑抗议者。海上自卫队用于威慑公民抗议的这种用途是前所未有的。

稍后，防卫长官久间章生下令增加作业船只，并将日本海上保安厅（Japan Coast Guard）官员的保镖从 30 人增加到 100 人。据报道称，他说："我不想重复 2005 年令人沮丧的经历，当时我们不得不放弃边野古近海空

---

① "'Iho' to 344 nin teiso Futenma asesu yarinaoshi sosho," *Ryukyu Shimpo*, August 20, 2009.

军基地的建设。"① 结果，4 艘日本海上保安厅的船只、50 艘作业船只和 16
橡皮艇停靠在边野古近海，这让人想起冲绳战役期间与包围冲绳岛的美国
舰队进行抗议斗争的参与者们。反抗这样一支无敌舰队，只有很少的抗议
者能做到。从 2007 年 8 月到 2009 年 4 月，日本政府展开了环境影响评估。
鉴于政府对项目的承诺，评估结果从未被怀疑过。

随着 2009 年的政府变动以及在边野古问题上延长的政治和外交危机，
环境影响评估程序被暂停了，其最后陈述被搁置了两年多。然而，自 2011
年年初开始，美国的压力增加了。国防部长盖茨强迫日本在"这个春天的
晚些时候"② 让基地建设任务呈现出一定进展。然而，在采取任何措施之
前，3 月 11 日的灾难袭来。6 月，菅直人宣布一旦危机所需的特别法案通
过，他就将辞职。然而，接力棒在 9 月初交给野田佳彦后，压力又恢复了。
当盖茨的继任者莱昂·帕内塔，在 10 月宣布在当年年底之前完成环境影响
报告非常重要之时，这被看作一项最后通牒。野田佳彦的政府向华盛顿保
证，将满足最后期限。内阁大臣们一个接一个地去那霸"朝圣"，他们提
出的内容混杂着歉意与要求。不惜任何代价，他们希望能够传达出"深化
同盟"的信息。

然而，愤怒和警报在那霸蔓延着。冲绳人想要的是其宪法民主权利及
其自然环境保护措施的"深化"。冲绳县议会在 11 月 14 日全体一致通过
了一项决议，要求放弃环境影响评估，并且一组杰出市民代表，包括两位
近期的县知事，大田昌秀和稻岭惠一（一位是"革新派"，另一位是"保
守派"），向其施压。③《琉球新报》将防卫大臣一川保夫（Ichikawa）称作
对美国"低三下四"（ii dakudaku）并且"唯命是从"（goyo kiki）。至于
被假设的、在年底之前促使项目向前推进的美国压力，《琉球新报》悲观

---

① Kikuno and Norimatsu，"Henoko，Okinawa."
② "Gates Hopes for Japan – US Base Progress in Months," Agence France Presse, February 16,
2011.
③ Gavan McCormack, Sakurai Kunitoshi, and Urashima Etsuko, "Okinawa, New Year 2012:
Tokyo's Year End Surprise Attack," *Asia – Pacific Journal: Japan Focus*, January 7, 2012, ht-
tp: //japanfocus. org/ – Urashima – Etsuko/3673. 这与 2011 年 6 月 14 日的决议类似，它呼
吁东京和华盛顿撤销边野古计划，称它"有悖于（在普天间）努力消除危险"，并指责
东京"忽视人权与冲绳当地居民的生命"。

地推测认为，"走狗官僚们完全有可能已经在幕后把这一想法注入美国政府的头脑中"（也就是说，像他们在 2009～2010 年背叛鸠山时所做的一样）。①

随着时钟转到提交重要文件的时刻，无论县知事仲井真，还是名护市市长稻岭，都不准备卑躬屈膝。稻岭提出，对于其所在城市的计划，他"无法接受、无法忍耐"。② 他将坚持选举时的承诺，不允许在他的城市里建设新基地，无论是在陆地还是海洋。他强调，这"没有什么可谈判的"。③ 就他自己而言，仲井真回应说，从过渡报告问题（无论如何，他曾提出过严正抗议）开始，政治环境在这两年间发生了巨大的改变，他还重申了对于普天间基地搬出冲绳的要求，"我已经就这个问题做出了一项政治承诺，并且冲绳人民的愤怒没有减弱"。他也指出，是日本民主党政府引起了这个问题，它首先提出基地将搬出这个县，然后又背弃了自己的承诺。④ 日本防务省宣布打算继续进行基地建设计划，不会考虑县知事的回应。⑤ 简言之，这个程序将流于形式。

得知该声明以及它所依赖的程序引起了冲绳社会各界的广泛愤怒，日本政府采取了特别措施，并在 2011 年 12 月 28 日凌晨 4 点，这一年的最后一个工作日，把环境评估报告文件传达给冲绳县政府办公室。拥有 16 份副本的报告文件（而不是法律所要求的 20 份）很冗长（7000 页），但是它的底线（bottom line）是这样一个简洁的语句："当实施时，该项目将创建特定的障碍物来保护环境。"冲绳人对临时报告的质疑和反对增长了，2009 年 4 月发布的一份 5400 页的版本中的大部分内容都被忽略了。选择夜深人静的时候递送是出于对充满敌意反应的恐惧，可能会出现市民们（包括县町村当选议会的许多成员）聚集在县政府办公室周围的情况。日

---

① "Chiji boeisho kaidan, daijin wa Beikoku no goyokiki ka," editorial, *Ryukyu Shimpo*, October 18, 2011.

② Miyagi, "Unacceptable and Unendurable."

③ "'Yakusoku tsuranuku' Nago shicho, senkyo koyaku age Henoko isetsu hantai, gaisho to kaidan," *Ryukyu Shimpo*, October 19, 2011.

④ "Hyokasho nennai teishutsu to dentatsu Henoko asesu de boeisho," *Ryukyu Shimpo*, October 18, 2011.

⑤ "Henoko hantai de mo asesu shinko, boeisho," *Okinawa Taimusu*, October 22, 2011.

本政府决定以这种方式执行，在夜色掩护下，期望很多人的注意力会被新年的准备工作所分散，并且这一个小时里所发生的事是冲绳人最想不到的，这表现出其对于满足美国强加的截止日期的绝望和对愤怒的冲绳市民的恐惧。

报告的结论也很简短生硬，边野古环境影响评估不得不被列为"日本最糟糕的经历"，如果不是对于任何地方来说都是最糟糕的话。① 冲绳处于主导地位的环境法律权威、前冲绳大学校长樱井国俊（Sakurai Kunitoshi）毫不含糊地表示：这只能有助于"削弱对于建立可持续发展社会至关重要的环境影响评估体系。将这一体系缩减成一个空壳，使日本丧失其独特的未来"。② 樱井国俊早前已经把 2009 年的评估报告描述为"不科学"和存在致命缺陷③，并且把由日本政府在国际生物多样性年（2010 年）做出的决定形容为怪异，甚至反对缔约方会议第十次会议（COP10）用这么长时间并耗费了纳税人如此多的金钱却促成了一项完全不科学的、为破坏如此珍贵的生物多样性集中的辩解。④《日本时报》（*Japan Times*）在评论该最终结果时称，"曾经设想用一种民主和科学的手段在利益攸关者间达成共识，但是日本的环境影响评估已经被胁迫并且转变为一种政治工具，借此冲绳防卫局迫使基地建设计划继续推进"。⑤

冲绳县环境影响委员会在评估的初步措施和最终阶段中都发现了多种错误。关于前者，它对 59 个门类中 412 项进行了辅助检查（包括儒艮的数量）。对于后者，它在 2012 年年初给知事的建议是毫不妥协的：它列出了共计 150 项"对于环境不充足及低估的负面影响"。⑥ 在批准他们的报告之

① Shimazu Yasuo, chairman of the Japan Society for Impact Assessment, quoted in Sakurai Kunitoshi, "Japan's Illegal Environmental Impact Assessment of the Henoko Base," *Asia – Pacific Journal*：*Japan Focus*, February 27, 2012, http：//japanfocus. org/ – John – Junkermar/3701.

② Sakurai, "Japan's Illegal Environmental Impact Assessment. "

③ Sakurai Kunitoshi, "Ronsho ketsujo surikae mo – tayosei nen ni towareru shinka," *Ryukyu Shimpo*, August 23, 2010; Sakurai Kunitoshi, "Nokoso! Subarashii okinawa no shizen o mirai sedai ni," in *Shinpojiumu*：*Okinawa no seibutsu tayosei no genjo to kadai*（Naha：Okinawa University Institute of Regional Studies, 2010）, pp. 55 – 67.

④ Sakurai, "Ronsho ketsujo. "

⑤ "Okinawa Accepts Receipt of Environment Impact Report," *Japan Times*, January 6, 2012.

⑥ "Okinawa Finds Gov't. Report on US Base Relocation Problematic," *Mainichi Daily News*, February 1, 2012.

后，知事仲井真甚至更进一步宣布，"实际上不可能没有得到当地同意就开始进行"，而且这将是"不可能的，通过环境影响所阐明的环境保护措施，应该在该项目工程的临近地区完全地维护人们的生活和自然环境"。①为此，他列出了175个具体问题。一名县级官员评论环境影响评估报告时认为其是"没有根据与缺乏科学基础的"。② 在日本的环境评估的历史上，没有任何这种对抗的先例，并且也没有任何迹象以任何方式（no sign of any way）表明这种对峙将会得到解决。

环境影响评估本应该是科学的、公开的并以最大程度的市民参与为中心，但现在整个过程的进行都是迫于强大的美国外交压力，目的是完成必要的手续以给基地建设提供放行信号。原则上，由日本政府兴建该设施，但是之后会把它交给美国海军陆战队酌情使用。但是，对该建成设施性质的详细说明，用于该基地的飞机种类或者数量以及将在这里储存或者使用的原料，报告中都没有提供。在这种情况下，评估是一种谬论，是一种对未知的、不确定影响的评估。

这次环境影响在很多方面都是有问题的，并未提供关键信息，樱井（Sakurai）称之为"傀儡"策略（在此插入一个细节，评估本来在最后一分钟要更改并以此逃避审查），最后却被采纳了。③ 一个重要细节（MV-22鱼鹰飞机）恰恰在讨论过程结束之后被揭晓。单这一个漏洞就足矣，至少在自民党政府一位高层人士看来，使一份新的环境评估报告成为必需。以这种方式对待基地建设项目将给濒临的受保护物种（儒艮）可能造成的影响和可能引起的社会影响（特别是噪音方面），是存在问题的。它完全忽视了可能与台风有关的风险（因为在环境影响评估过程中没有发生）以及大规模填海所造成的环境影响。根据2008年1月的计划，将需要总量2100万立方米的填埋，最初的1700万立方米将是海沙。这将意味着令人惊叹的可装满340万辆自动倾卸卡车的沙子，该数量是目前冲绳县全年采海砂总量的12倍以上。仅凭这一点，怎么可能不对冲绳脆弱的土地和海洋

① Quoted in Sakurai Kunitoshi, "The Henoko Assessment Does Not Pass," *Asia - Pacific Journal*：*Japan Focus*，March 5，2012，http：//japanfocus. org/events/view/131.

② "Asesu chiji iken, Henoko no wa fukagyakuteki da," *Ryukyu Shimpo*，February 21，2012.

③ Sakurai，"Japan's Illegal Environmental Impact Assessment."

环境造成重大影响了，更不要说它的实施过程，简直无法想象。①

至于儒艮，2009 年 4 月的初步评估声明，已经有 3 只儒艮得到确认（尽管不是紧邻边野古），而且据观察这些儒艮并不吃边野古的海草。该评估忽视了市民们的关切，他们认为正是由于这次调查包括了大规模的设备安装并在边野古海滩钻孔，儒艮才没有在那里被发现。即使 2010 年 5 月 12 日探测到儒艮的踪迹已经到了距离边野古建设选址处北部仅 4 公里处，2011 年的最后评估报告仍然推断，"由于设备建设所造成的海洋表面损失，实际上不会导致儒艮栖息地的减少"，因为儒艮没有在基地建设的这些预选区域中生活或者觅食海草。该评估显然没有注意到儒艮的踪迹曾经在该区域大量出现（见图 8 - 1）或者在海底固定数以百计的评估设备的事实，这足以将儒艮从丰饶的海草床赶走，让它们远离边野古。冲绳防卫局人员与抗议者们（在第五章中有讨论）之间发生在这些海域的激烈抗争，刚好就发生在环境影响评估程序开始之前，这肯定也威胁到了出了名胆小的儒艮。

图 8 - 1　儒艮与海龟在大浦湾

图片来源：东恩纳琢磨（Higashionna Takuma）。

---

① World Wildlife Fund, Japan, "Futenma hikojo daitai shisetsu jigyo ni kakawaru kankyo eikyo hyoka junbisho ni taisuru ikensho," May 13, 2009, http：//www. wwf. or. jp/activities/2009/ 05/611813. html; Urashima Etsuko, "Okinawa Yanbaru, kaze no tayori（10）ikusa yo wa tsu-zuku," *Impaction*, Vol. 170, August 2009, p. 137.

以环境问题为理由挑战边野古项目的法院行动正在美国和日本进行，而且，正如下面所提到的，美国也已经在日内瓦发起了一项临时程序。①2008 年，旧金山的联邦法庭审理了一起代表冲绳的儒艮及其海洋环境对五角大楼提起的起诉，法庭最终裁决美国国防部违反了《美国历史文化保护法》，在规划位于边野古和大浦湾的美国军事基地时没有"顾及"建设对作为日本的"自然纪念碑"儒艮所造成的影响。法庭责令美国国防部遵守下列行动：提供并考虑相关信息，"目的是避免或者缓解（对儒艮的）负面效应"。② 在日本，344 位（稍后增加至 622 位）冲绳人在 2009 年 8 月向那霸地区法院提起了诉讼，要求宣布这次环境影响评估无效。这两项行动在 2012 年仍在继续。独立的诉讼程序，不局限于但是包括环境问题，于 2012 年 3 月在日内瓦提交给美国。以冲绳原住民的名义，三个冲绳非政府组织向联合国消除种族歧视委员会提起抗议，除其他事项外，环境影响评估流程推进的方式也触犯了他们的权利。③ 此外，其他基层抗议活动也在持续（见图 8 - 2）。

回顾环境影响评估流程，其中似乎也存在与公开投资项目串通投标和额外雇工的特点，这些是日本民主党在 2009 年掌权时承诺杜绝的问题。三年多的评估程序耗费了 34 亿日元（约合 4000 万美元），其中 12 个勘测项目以投标的方式承包出去，其中 8 个的中标价格为初步（和秘密）评估价格的 99%，部分甚至为 99.97% 或 99.68%。成功的分包公司在他们的工作人员中囊括了退休的防务省高级官员。④ 尽管对此有一些丑闻传出，但是在本书（指英文版）撰写之时，很少有冲绳自身以外的人或者媒体感兴趣。

---

① Sakurai Kunitoshi, "The Guam Treaty as a Modern 'Disposal' of Ryukyus," *Asia - Pacific Journal*：*Japan Focus*, September 21, 2009, http：//japanfocus. org/ - Sakurai - Kunitoshi/3223.

② Hideki Yoshikawa, "Dugong Swimming in Uncharted Waters：US Judicial Intervention to Protect Okinawa's 'Natural Monuments' and Halt Base Construction," *Asia - Pacific Journal*：*Japan Focus*, February 7, 2009, http：//www. japanfocus. org/ - Hideki - YOSHIKAWA/3044.

③ "Racism Panel Asked to Review Futenma Plan," *Japan Times*, February 14, 2012；"Zainichi Beigun saihen：Futenma isetsu wa 'joyaju ihan' 'jinken' de Nichibei yusaburi kokuren sanka NGO, heisoku dakai no kokoromi," *Mainichi Shimbun*, February 12, 2012.

④ "Asesu gyosha ni boeisho OB ga amakudari," *Okinawa Taimusu*, January 24, 2012；"Fukakai asesu kokkai no ba de jijitsu kyumei o," *Okinawa Taimusu*, January 26, 2012.

图 8 - 2　2011 年 11 月 11 日，来自本土的高中学生访问边野古抗议帐篷。
截至 2011 年年底，静坐已经持续超过了 2800 天

图片来源：反对直升机机场建设大会。

高江与鱼鹰直升机停机坪

　　一连串建造在冲绳北部、横穿生态敏感的山原森林地区的直升机停机坪（直升机起飞和着陆带），并没有像边野古项目那样引起太多的注意，但是它们也已经受到强烈的质疑。自 1957 年开始，美国海军陆战队将大片的森林用作贡萨尔维斯基地（Camp Gonsalves），而从 1998 年开始把它当作丛林战训练中心，并已经有 22 个停机坪投入使用。[①] 在越南战争期间，这里的村民们偶尔就像穿黑色宽松服装的"越共"一样被动员起来，传递一种海军即将启程去战区的现实感。根据 1996 年冲绳问题特别行动委员会最后的报告，将修建 6 座新的停机坪（直径 75 米，混凝土界限分明的浇筑区，能够通往海洋），而作为回报，约有一半的森林训练区域将归还日本。评论家们将美国建造停机坪的要求看作美国在冲绳加强军事能力的托词，

―――――――――――

① Okinawa Prefecture, "Beigun no shisetsu betsu jokyo," http：//www. pref. okinawa. jp/kititaisaku/8kaiheitai. pdf.

以非常相似的方式，他们也目睹了普天间基地的搬迁。①

停机坪的建造，尽管其规模明显比普天间替代设施在边野古所建项目小，却是东村主要关心的问题，特别是坐落在指定用于建设的中心区域的高江村（160 户）。高江的抗争与边野古的斗争反映出相同的考虑，但他们所拯救的受到威胁的生态环境是山区和森林，而不是海洋和珊瑚。然而，这与公众的意识和支持存在不同。当县知事仲井真随着 2010 年 4 月的全冲绳大众集会在边野古问题上转变为消极立场时，他还没有把自己与高江的停机坪计划保持距离。

从 2007 年开始，出于对缺乏磋商、噪音、坠机风险及他们所选择的亲近自然生活方式丧失的抱怨，高江村民一直在静坐，在 70 号县级公路旁夜以继日地抗议，不仅保护他们自己的生计与和平的环境，也为了丰富的动物、鸟类和植物的生命，正是这些吸引他们在那里生活（见图 8 - 3）。由于距离更远而且难以进入，高江的静坐（现在是它的第 5 个年头）与边野古的静坐（现在是它的第 8 个年头）相比，是一项更加艰难与孤独的斗争。

2008 年 11 月，冲绳防卫局起诉 15 位抗议者阻碍交通。那些遭到起诉的人最初以为他们一定已经成为某些精心制作的恶作剧的一部分，因为众所周知，在高江基本上没有什么交通。② 没过多久，这项起诉针对的人数降至 13 名抗议者，且主要集中在两个假定的"主谋"身上。法院要求冲绳防卫局与当地居民进行庭外协商，以达成和解。③ 冲绳防卫局无视法院的命令，而且静坐在路边的帐篷里持续进行。2012 年年初，冲绳防卫局试图借助用于测试人类忍耐程度的 75 ~ 80 分贝扩音器，以冲击抗议者并使他们放弃。抗议者们堵上耳朵，仍然不离开。④

---

① See architect Makishi Yoshikazu's analysis of the connection between Henoko and Takae through deployment and operation of the p MV – 22 Osprey. http: //www. ryukyu. ne. jp/ ~ maxi/ sub6. html.

② Mark Driscoll, "When Pentagon 'Kill Machines' Came to an Okinawan Paradise," *Counterpunch*, November 2, 2010.

③ Citizens' Network for Biological Diversity in Okinawa, *Call for Your Attention and Action: Protect Yanbaru Forest and Local Community from Helipad Construction*, February 16, 2011, http: //okinawabd. ti – da. net/e3264329. html.

④ "Heripaddo hantai jumin ni daionryo kakuseiki," *Okinawa Taimusu*, January 26, 2012.

图 8 - 3　2010 年 7 月，高江抗议帐篷

图片来源：乘松聪子。

　　除了为当地所深恶痛绝的、在他们和平的自然环境中施加军方特权和战争准备以外，高江的村民们（和全冲绳处于海军控制地区的居民们）也深入地关注五角大楼将为他们安排的飞机种类。目前美国海军所使用的 CH - 46 飞机体积大而且嘈杂，但是很明显，它在结构和功能上是直升机。然而，从最早针对驻冲绳美国军队重组的讨论开始，美国明确表示打算用 MV - 22 鱼鹰（垂直起飞、着陆）飞机替换 CH - 46 飞机，从严格意义上讲，前者根本不是一架直升机，而是一架中程重载飞机。因为作为固定翼飞机的飞行功能，其飞行轨迹比直升机广阔得多，并且它能携带使其在 3700 千米范围内飞行的燃油，约为 CH - 46 飞机的 5 倍。但是，它有时也由于其易坠毁的特点而被称作 "寡妇制造者"。①

　　鱼鹰飞机问题在华盛顿与东京的高层联席会议期间经常被讨论。它曾在 1996 年 12 月的冲绳问题特别行动委员会最终报告 "海基设备将被设计

---

① For a table of Osprey - related accidents up to and including that of April 2010 that took four lives in Afghanistan, see "Osupurei dentatsu nihon seifu, oikomare shisei tenkan," *Ryukyu Shimpo*, June 7, 2011.

用于支持基于直升机和 MV - 22（鱼鹰）飞机的部队"的草拟版本中被涉及，尽管在最终版本中被删掉了。① 日本防卫厅的一位高层官员，高见泽将林（Takamizawa Nobushige）甚至寻求美国关于如何处理鱼鹰飞机问题的建议，提出了一系列包括飞机、噪音水平和交通模式之类"问与答"的题目。高见泽甚至提供了日本防卫厅自己的首选答案："海基设备被假设为一个直升机的搬迁地点，目前部署在海军陆战队航空站普天间基地。从这个角度来看，海基设备是一个直升机场。"②

鱼鹰飞机在普天间（与建造在边野古的替代物）和高江预计的发展与运作，可能使邻近社区受到很大的噪音和坠毁风险的影响。自从美国方面希望"尽快发布这一消息"③ 以来，很显然，东京拒绝了国会的质询及在其他方面就这一问题提供信息④，并主张不就此事做出决定，以确保在环境影响研究期间它不会成为考虑的对象。由于这意味着带来 MV - 22 鱼鹰飞机，冲绳人不会接受边野古（和高江）项目的消息传播起来，就像在密约事件中，政府再三否认对于已有此事和其中的浓厚兴趣，大概是因为它希望对日本民众隐瞒，特别是不想让冲绳民众知道。

日本防卫厅（按照它当时的叫法）在 2006 年向边野古选址附近的居民解释，来自预设基地的这些直升机将采取一种梯形飞行模式，同时会将噪音滋扰减至最低并避免影响居民生活的区域，当地居民和名护市在此基础上同意了。⑤ 然而，事实证明这是具有误导性的，因为最终采用的模式只是其中一个，美国军用飞机采用的是椭圆形而不是梯形飞行模式，且比最初所说的更加接近生活区域，制造了比名护市人民被告知的更多的噪声干扰。

① See "SACO Process, October 1996," and "SACO Process, November 1996," University of the Ryukyus Repository, http：//ir. lib. u - ryukyu. ac. jp/bit stream/123456789/6967/19/gabe2_ 09. pdf.

② Lt. R. Y. Jelescheff, US Navy, to Commander of Marine Corps and US Embassy, etc. , November 27, 1996, University of the Ryukyus Repository, p. 449, http：//ir. lib. u - ryukyu. ac. jp/bitstream/123456789/6967/19/gabe2_ 09. pdf.

③ "SACO Process, October 1996. "

④ 2006 年 4 月 18 日，（当时的）防卫厅长官额贺福志郎答复国会询问。See Makishi Yoshikazu, "Kakusareta Osupurei haibi," *Okinawa Taimusu*, July 25 - 27, 2011.

⑤ "Menboku yusen, jimoto hairyo nashi Henoko hiko keiro," *Ryukyu Shimpo*, August 24, 2010.

从 2011 年 5 月开始，根据国防部长盖茨的陈述，美国想要在 2012 年 10 月开始把鱼鹰飞机部署到普天间（和高江），因此，东京政府不能再声称不知情了。6 月 6 日，冲绳防卫局匆忙发了一页传真给冲绳县知事及相关市町（包括宜野湾市）政权的负责人，通知鱼鹰飞机要来了。噪音和干扰的影响确实感觉到了，而已经向当地居民做出的以环境影响考虑为基础的解释再也站不住脚了。菅直人政府没有就放弃了理应设计成使边野古周围居民区的噪音和危险最小化的飞行轨迹提供任何解释，也没有对突然将边野古和高江确定为鱼鹰飞机不情愿的东道主提供任何解释。这种违规行为在冲绳自身以外只引起了极低的兴趣，却加深了冲绳人的认识，这个县遭受到本土人士特别是日本政府表现出的体制性歧视。

县知事仲井真最初的回应是，对鱼鹰飞机部署不予考虑并认为通知是"白日梦"，一个类似于将东京的日比谷公园留给鱼鹰飞机的决定。① 但如果是这样，它将是个不会快乐地醒来的白日梦。

当日本民主党在 2009 年 9 月组建政府时，部分高层人士似乎意识到了关于"鱼鹰"的欺骗。10 月，在与美国助理国务卿库尔特·坎贝尔的一次会议上，外务大臣前原诚司表示关注：

> 美国将 MV – 22（鱼鹰）飞机引进施瓦布基地的计划，也将影响普天间基地替代设施计划在当地居民中的接受程度，因为噪音问题与目前的环境影响调查没有考虑到 MV – 22 鱼鹰飞机部署的这一事实。②

坎贝尔的回应没有记录，但是这些关注很快被日本的高层防务官员置之不理，防卫政策局局长高见泽将林反驳了前原诚司并单独向坎贝尔保证，日本进行的环境影响评估流程不要求涉及飞机这一将来可能使用的设备。③ 但是，他是否建议前原诚司在与鱼鹰飞机有关的事务上进行自 1996 年开始的由自民党政府付诸实施的高水平欺骗，则并没有被记录。与此相同的是，高见泽先生建议美国政府对鸠山政府"不要表现出灵活性"，换

---

① " 'Esoragoto da' Chiji, Henoko hoshin ni fukai kan," *Okinawa Taimusu*, June 13, 2011.

② Roos, Cable 09TOKYO2369, "Managing Alliance Issues: A/S Campbell's," October 15, 2009, *WikiLeaks*, http://wikileaks. ch/cable/2009/10/09TOKYO2369. html.

③ Quoted in ibid. .

言之，保持压力直到它服从。也就是他，在 1996 年曾向美国寻求如何处理鱼鹰飞机问题的建议。

无论高见泽是否也向前原诚司做出了保证，但前原诚司显然并不信服。数周之后的 2009 年 12 月 4 日，前原在记者招待会上表示，如果鱼鹰飞机将被部署，那么一项新的环境评估程序将变得很有必要。[①] 防务大臣北泽俊美也关注环境评估程序的合法性，尽管他是出于不同的原因：采纳美国支持的 V 型双跑道结构，而不是单跑道 I 型的日本设计。按照北泽在 2010 年所说的，如果那样做了，环境评估研究将不得不重新开启，而且他补充说明这将需要三年时间。[②] 然而，一年之后，北泽毫无推托地向美国的主张屈服，并且着手尝试说服冲绳当局也这样做。同时，前原也克服了他对鱼鹰飞机的顾虑。

无论如何，时至 2011 年，针对环境影响评估流程的积极、早期结论成为一项政策优先。菅直人政府非常清楚，包括鱼鹰飞机在内，任何重新启动的环境影响评估程序更有可能导致比 2007~2009 年实施内容更加负面的整体认识。

2012 年 2 月，那霸地区一所法院，受理了由 600 位冲绳市民提出的要求，他们认为环境影响评估程序是有缺陷的并且应该重新启动，法院传唤"高见泽先生"解释 1996 年那个明显的骗局，并要求调查日本政府在 1996 年故意隐瞒最终的冲绳问题特别行动委员会协议（和随后的环境与公众咨询流程的所有程序）的证据，该证据显示所建造的设备专供鱼鹰飞机使用。这一案件存在爆炸性的潜在威胁，因为法院有可能接受原告的要求，认为环境影响评估流程是非法和无效的。这将等同于重新开展环境影响评估的司法命令，而且听起来就像是对边野古项目的一记死亡钟声，因为很明显时至 2012 年该项目已经禁受不起任何严肃的科学调查。高见泽在法庭上仅仅表明，截至 1996 年政府没有在鱼鹰飞机问题上做出明确决定，所以不存在欺骗，而且他避免针对基于维基解密提出的问题做任何评论。[③] 无

---

① Makishi, "Kakusareta Osupurei haibi," July 27, 2011.

② "Nihongawa ruto kyohi – Henoko hiko keiro," *Ryukyu Shimpo*, August 25, 2010.

③ "Henoko asesu sosho shonin jinmon, boeisho no Takamizawa shi, gutaiteki kaito sakeru," *Ryukyu Shimpo*, March 5, 2012.

论如何，他的出庭虽然时间简短且透漏得很少，但是特别引起冲绳人注意的是，围绕鸠山政府垮台的不光明过程以及居于美日关系的核心：骗局与谎言——密约正在进行的架构。①

自从县知事下台以来，冲绳人愤怒了，国家政府竟能够对他们直白、反复和明确表达的愿望如此麻木不仁，而且他们很震惊，世界上最危险的航空站和日本最优质的原始森林将为他们认为的世界上最危险的飞机当基地。冲绳大学的樱井国俊主张，冲绳的环境影响评估将不得不重新开启以将鱼鹰飞机这一因素纳入考虑范围，否则政府将进行非法行动。② 县议会也持相同观点。宜野湾市市长安里猛（Asato Takeshi）与东村负责人伊集盛久（Iju Morihisa）都表示反对，并主张鱼鹰飞机这一重要新元素的引入意味着环境评估流程将不得不重新开启。③ 而且，冲绳人指出，鱼鹰飞机部署的问题已经成为美国连续九年且广泛开展的环境调查的主题，包括十次公开听证会和数千页文件的产生，并且导致了 15 个推荐地点中 13 处的消除。很明显，日本在免除任何环境考虑方面采取了双重标准。防卫大臣北泽俊美只能空洞地抗议，因为不同国家有不同的法律。④

国家与县政府之间前所未有的对抗，由于挑战日本政府工作程序的合法性而复杂化，随着 2012 年面临着为随后的美日关系提供基础的《旧金山条约》签订 60 周年及冲绳回归日本 40 周年，美日关系显示出不祥之兆。

犯罪，事故，危害，噪声

从 1959 年 6 月喷气式战斗机在宫森小学（Miyamori Primary School）坠毁（事故共造成 11 名学生和 6 名当地居民丧生，156 名儿童和 54 名当地居民受伤），到 2004 年直升机在冲绳国际大学的校园里坠毁，冲绳人一直都生活在不安全的环境中，遭受着毫无止境的伤害和危险。意外事故、犯罪以及所有驻冲绳的美军基地所引起的总体危害负担实际上很

---

① Ryukyu Asahi Broadcasting, "Q Ripoto, kankyo asesu to osupurei," December 14, 2011.

② "Osupurei haibi nara, Henoko asesu yarinaoshi o," *Ryukyu Shimpo*, June 8, 2011.

③ "Osupurei haibi: kankei shucho ra issei hanpatsu," *Okinawa Taimusu*, June 10, 2011.

④ "Osupurei haibi: Bei hondo to niju kijun," *Okinawa Taimusu*, June 9, 2011.

严重。2009 年，暂不提 179 起交通意外，还有 59 起与基地相关的意外事故，包括从飞机迫降到污油泄漏和森林大火，以及其他 50 起犯罪案件。①

由于美国按照《驻日美军地位协议》完全控制着它的基地及其人员，对于发生在基地内的犯罪行为具有领事裁判权，对于发生在基地以外的行为，根据如前所述的 1953 年的秘密协议，他们具有半司法豁免权。此外，许多冲绳人也怀疑核武器和化学武器是否真的在 1972 年回归之前被转移了，担心基地弹药库或许放置着什么，或者什么被埋在基地里及其周围。橙剂和凝固汽油弹是受到特别关注的两种物质。大量的橙剂，这种曾在 1962～1971 年被用于摧毁越南森林的高致癌性化学战武器，曾经储存在冲绳；根据前美国军人最近提供的记录，一些铁桶曾突然爆开，大量的此类物质仅仅被埋在北谷町（Chatan）附近的海沟里。② 它或许也被用于控制基地内部或者周围杂草的生长，而山原丛林或许充当了稍后在亚洲东南部大规模使用的实验地点。③ 至于凝固汽油弹，其生产和使用在国际法中是被禁止的，两架 FA-18 大黄蜂战斗机在 2011 年 8 月 31 日被拍摄到从嘉手纳起飞，携带着"改进"型的凝固汽油弹进行攻击演习。大约一小时之后，飞机返回了，但是没有负载武器。这些武器大概在位于冲绳的美军射击场的临近水域被发射出去了。④

从 1972 年（归还）到 2010 年，仅仅计算那些官方记录，冲绳就经历了将近 1 万起与美军有关的犯罪及意外事故，包括 2588 起交通事故（仅从 1981 年开始记录）、1545 起军方事故（506 起由军用飞机引起）和 5705 起犯罪（其中 10% 是严重犯罪，如谋杀、强奸、抢劫和纵火）。⑤

与美军基地当局联合调查犯罪事件、移交嫌疑犯等时有发生，并且经

① Takayuki Maeda, "Okinawa Says No," *Okinawa Taimusu*, April 27, 2011.
② Mitchell, "US Military Defoliants."
③ Jon Mitchell, "Agent Orange Revelations Raise Futenma Stakes," *Japan Times*, October 18, 2011.
④ "FA18, Napamu dan kairyo gata o tosai 2ki ga Kadena kara hiko," *Ryukyu Shimpo*, September 1, 2011.
⑤ Okinawa Prefectural Government Military Affairs Division, "US Military Base Issues in Okinawa," pp. 12-15, http：//www3. pref. okinawa. jp/site/contents/attach/24600/2011. 6%20Eng. pdf.

常迫不得已。许多犯罪行为没有报道，与军事犯罪相关的起诉比例不到日本整体的一半，其关键在于不适用于军事特权。① 针对妇女和女童的暴力行为时有发生并引起了特殊的愤怒。1995 年的强奸案，三名美军士兵攻击一名 12 岁的女学生，是诸多暴力犯罪事件中最耸人听闻的。

噪声也是一个严重的社会和健康问题。美国空军占据了嘉手纳町②大约 80% 的土地，而它的 F -15s 飞机（其中 100 人长期驻扎，其他部队经常访问）对周围居民区施加了极其沉重的噪声负担。居民们患上失眠及由 110 ~ 120 分贝的飞机引擎响声所引起的其他健康问题。日本的高等法院曾在 1982 年和 2000 年两次拒绝发布飞行禁令，并称其为第三方（美国军方）行动，超出了日本政府的控制。③ 尽管存在两国政府正在尽最大努力"减轻"基地负担的承诺，但是深夜或是清晨由基地产生的噪声干扰事件（超过 70 分贝）正稳步增加。在第一起诉讼中，原告的数量在 1000 人左右，而到了第二起诉讼时则超过了 5000 人，当时被描述为"猛犸象诉讼"。④

2011 年 4 月，大约 2.2 万名住在基地附近地区的居民联合提交了一份针对政府的新诉讼。作为日本司法史上规模最大的民事行动，这一原告团体包括了嘉手纳 1/3 的居民。他们索要夜间飞行禁令以及针对干扰睡眠、身体机能（听觉）紊乱和心理失调的赔偿。⑤

琉球大学宪法法律专家高良铁美（Takara Tetsumi）认为，如此大规模的民众起诉是基于和平生存权利的宪法原则，可以与 1972 年冲绳回归时日本的主权运动相媲美。《琉球新报》称这起诉讼是"一次现代的人民起义"。⑥ 冲绳人正在诉说的是，这些基地与他们的生活是矛盾的，他们觉得

① Takahashi Tetsuro, Okinawa Beigun kichi deta bukku（Okinawa tanken sha, 2011）, p. 38.

② "Kadena bakuon sosho – kuni no iinogare yurusarenu," *Ryukyu Shimpo*, April 28, 2011.

③ "Kokunai saidai genkoku 2man cho – Kadena bakuon 3ji sosho, 2ji no 4bai," *Ryukyu Shimpo*, January 1, 2011；"Genkoku 2man cho gendai no minshu hoki da hiko sashitome ni fumikome," *Ryukyu Shimpo*, January 3, 2011.

④ "Kokunai saidai genkoku 2man cho – Kadena bakuon 3ji sosho, 2ji no 4bai," *Ryukyu Shimpo*, January 1, 2011；"Genkoku 2man cho gendai no minshu hoki da hiko sashitome ni fumikome," "So - on gekika no itto, kichi no kujo, kako saita 189 ken," *Ryukyu Shimpo*, June 12, 2011.

⑤ "22000 File Suit over Kadena Night Flights," *Japan Times*, April 29, 2011；"Kokunai saidai," *Ryukyu Shimpo*, January 1, 2011.

⑥ "Kokunai saidai"；"Genkoku 2man cho gendai no minshu hoki da hiko sashitome ni fumikome," *Ryukyu Shimpo*, January 3, 2011.

自己有行使宪法的权利。在他们的基本权利中，有睡眠的权力。这种行动被看作与更为人们熟知的确保普天间基地回归或者阻止边野古新基地建造的行动相比肩。

在此，如同其他与冲绳相关的问题一样，日本政府表现出了一贯的意愿。它超越冲绳市民而优先考虑五角大楼的利益和要求，愿意说谎且隐瞒会引起不便的事实，并忽视它自己的环境保护法律，而不是允许有根据的、公开的民主辩论。它寻求竭力满足五角大楼的要求，在边野古建造一座新的海军基地，并在"直升机停机坪"的幌子下穿越山原森林修建一系列飞机跑道。

第九章

"深化"同盟：菅直人议程

当菅直人（Kan Naoto）在2010年6月初掌握政权时，全国媒体将他最重要的任务定义为治愈鸠山由纪夫给美日同盟造成的"伤口"、恢复华盛顿对日本的信任和信心，并通过"说服"让冲绳接受新基地以解决冲绳问题。菅直人作为首相进行的第一项行动是致电奥巴马总统，向其保证将按美国要求去做。当他向国会发表政策演讲时，他承诺"稳步深化同盟关系"，这就是他的意思。

像鸠山一样，菅直人发现深化的过程并不容易。事实证明，日本难以同意联合声明中关于如何在2010年的"金婚"之年深化联盟的条款。事实也同样证明，美日无法就边野古5月协议的实施细则达成一致。一方面，美日双方表面上保持项目实施的继续进行，事实却是从协议中后退了一步并互相指责；另一方面，双方迫切地期待11月末进行的冲绳地方长官选举，这是一项对于双方都意义重大的民主决定，但是双方也都担心一种民主干预——冲绳民众的拒绝。

在此期间，当菅直人在9月14日与挑战者小泽一郎（关于小泽的更多信息参见第六章）进行较量以捍卫其政党领导地位（和首相职务）之时，普天间基地是一个主要问题。菅直人和小泽都强调与美国关系的重要性，都煞费苦心地避免任何可能会被视为对联盟严重质疑的事情发生。菅直人强调5月的国际协议不得不遵从（因此边野古基地也要建设），并指责小泽想要重新审视它所引起的"混乱"。① 但是他也声称将"不会决定当地居

---

① On the Kan – Ozawa debate, see Kentaro Kawaguchi, Kiichi Kaneko and Hiroshi Ito, "Futenma Relocation Plan Stuck between a Rock and a Hard Place," *Asahi Shimbun*, September 2, 2010.

民的负责人"，① 甚至提到，"我充分意识到这个协议对于冲绳民众来说是无法接受的"。② 除了回答一个 2009 年年末的神秘反问（"是否允许埋葬这片美丽的蓝色海洋？"）之外，早前一直就冲绳基地问题保持沉默的小泽，给人留下了同样模糊的印象，他表示协议不得不被重新审视，"因为正是由于冲绳居民的反对，我们无法实施目前的计划"。然而，他承认对于如何重新审视并没有明确的想法。

模棱两可是双方的主调。他们可能根据协议完成美国的要求，但是他们并不会强制执行。这只能意味着任何一方将根本不会执行，但是两方都没有勇气将此事说出来。

无论如何，菅直人无疑是受美国喜欢的。他已经推翻了其前任的政策，还试图让日本恢复与美国关系及对相关新自由主义政策的明确支持，他的努力得到了回报，恢复了华盛顿的信心。相比之下，小泽就美日安全关系的看法往往让华盛顿充满不祥的预感，如同当他重申 2009 年的争议立场时，他提出以横须贺为大本营的美国第七舰队应该足以达成任何西太平洋安全目标，在这种情况下，不仅普天间基地，其他所有基地或许都像回归日本（和冲绳）一样多余（redundant）。华盛顿的"日本管理者"（handlers）无法容忍这一点。而当小泽做即席评论时说他"喜欢"美国人，尽管他们 tansaibo，或称作"单细胞"（这是以一种温和的方式说"相当愚蠢"），他们也可能更不高兴。③ 当日本民主党 2009 年上台不久之后，小泽带领坐满了 5 架飞机的日本国会和商界领袖代表团访问北京时，理查德·阿米蒂奇严厉地指出，"日本人民解放军涌向北京了"。④

然而，无论是菅直人，还是小泽，都不能公开宣称两国之间所签订的可追溯至 1996 年的一系列关于边野古基地建设的协议不再有意义。不仅是无法在冲绳强行建造一座不需要的基地（或基地群，如果将田中基地也包括进来的话），而且海军陆战队起到至关重要的"威慑"作用的想法也将

---

① Quoted in "Futenma Relocation Plan," editorial, *Asahi Shimbun*, August 4, 2010.

② "Kan and Ozawa Lock Horns on Key Policy Issues," *Asahi Shimbun*, September 4, 2010.

③ "Americans 'Simple - Minded'," *Japan Times*, August 26, 2010.

④ Center for Strategic and International Studies, "The Japan - U. S. Alliance at Fifty - Where We Have Been; Where We Are Heading," in Pacific Forum CSIS Conference: The Japan - U. S. Alliance at Fifty, Washington, D. C. , January 15, 2010.

变得毫无道理，而先前所提到的东亚和平与繁荣所依靠的方式，当阿富汗和伊拉克发生战争时实际是不存在的。五角大楼已经决定在关岛针对西太平洋和东亚的焦点（concentration）建立其核心海军力量。

小泽毫无疑问是一个自相矛盾的人，但是在过去的十年，他似乎是一位日本政治领袖，抓住了属国主义耻辱感及重新谈判与美国关系的紧迫感，建立了更紧密的地区联系作为平衡。正是这一点开罪了东京和华盛顿的精英们，而不是根源于小泽事业上作为日本经典"老派"的擅长利益操纵的首相田中角荣（Tanaka Kakuei）的追随者可能存在的小过失。华盛顿对小泽的敌视几乎全部反映在整个日本全国媒体上。小泽的胜利，或许意味着他会以某种更加专注和协调的方式部分地回归鸠山在其任职早期阐明的政策方向，而这肯定不会为东京和华盛顿的精英所容忍。媒体反对他的宣传活动走向高潮，而菅直人稍后成了胜利者。

然而，在菅直人的任期，是一个接一个的协议，一次又一次的延迟，已沿用十四年的模式还在继续着。双方都不能承认冲绳的抵抗构建起了一面砖墙，他们既不能忽视也不能推到。多年来，两国政府为解决"冲绳问题"造成的失败给双方都留下了挫败感，并且相互间存在越来越多的分歧。正当菅直人政府徒劳地努力寻求一条向前的道路时，愤恨的岩浆（magma of resentment）不时地威胁要炸毁影响美日关系的冲绳筑堤。两国政府都质疑对方对于协议的解释，违反其中的这一部分或另一部分。事实上，"深化"就是争论，衍生出了一系列长期持续的不会也不能执行的协议。

边野古 VS. 关岛

尽管有屈服的悲剧，但日本仍坚持在细节的分歧上讨价还价：关岛与边野古。2010 年 8 月，五角大楼消息人士发布了一个令人震惊的公告：关岛政府———一块美国长期负担的半殖民领土，就像冲绳一样，由于基地的存在（by the base presence）———拒绝履行偿还由日本银行为进行国际合作而预先垫付的大约 4.35 亿美元的承诺，该官方政府财政机构由于关岛基础设施发展（水、垃圾处理、能源）提出其无法承担还款。① 对于这种违反合同的问题，日本政府似乎完全有权利向美国政府寻求适当的法律补偿，但是根据计划，日本国际协力银行（JBIC）的贷款被制定成，如果事情发生变化，"由日本政府负责弥补"。为了避免长期推迟迁移，据报道日本政府"没有排除负担基础建设成本的可能性"，此举意味着勾销关岛/美国宣布有意违背的款项。②

至于最初美国海军陆战队转移到关岛的约定日期，即 2014 年，双方都认为是不可能的。基础设施的问题——水、能源和其他生活必需品，按照五角大楼计划所设想的、在必要规模上的大范围关岛扩建——难以应付，而且劳动力也不足。从普天间转移到关岛实际可行的最早日期将是 2017 年，而一位五角大楼官员告诉《读卖新闻》（*Yomiuri Shimbun*）这一计划要到 2020 年才可能实施，有一个为期六年的延迟。③ 五角大楼的信息很明确：只有日本提供了超过其最初同意支付的数十亿美元资金时，它才会采取措施履行义务。

边野古——飞行轨迹与跑道设计

围绕在边野古项目上的困难同样尖锐。根据鸠山由纪夫在 5 月 28 日签署并在后来为菅直人所确认的协议，新基地建造的细节将在 8 月末确定，但到那时候只有最基本的轮廓确定了：填海造地（reclaimed）。除此之外，关于新基地（V 型或 I 型）的形状和细节、确切的建设地点、施工模式、飞机的飞行轨迹以及是否让日本自卫队共同使用的争论不断加深。直到 2011 年 6 月，这些问题才被解决。④

就基本设计而言，美国坚持在 2006 年路线图协议（对于大使鲁斯来

---

① "Guamu iten hiyo, keikaku to mo muri ga aru," editorial, *Ryukyu Shimpo*, August 29, 2010.

② "虽然迟迟不进行迁移可能会对双边联盟产生不利影响，但日本政府没有排除承担基础设施建设费用的可能性。" "US Says It Can't Repay Japan Loan to Build Infrastructures in Guam," Associated Press, August 27, 2010.

③ "Zai Okinawa Bei kaiheitai iten sokushin e 'Futenma' no zenshin o," editorial, *Yomiuri Shimbun*, August 4, 2010.

④ "Henoko Futenma daitai hiko keiro wa 'daen' Bei shucho ukeire," *Ryukyu Shimpo*, June 17, 2011.

说，这是"唯一可行的方式"）中所采用的 V 型设计，① 而日本更倾向于 I 型的单跑道设计。两种设计将对珊瑚、海草和海洋生命以及海湾附近居民区的噪音水平和安全带来各自不同的影响。美国所支持的设计将占据 205 公顷，其中 160 公顷将从通过填海获得，而日本政府偏爱的设计将占据 150 公顷，其中 120 公顷将填海而成。② 两国政府在进港路线的问题上分歧很大，在 8 月的报告中没有涉及。两个计划都概述了在边野古和大浦湾施建一座庞大军事设施的简单变体设计。是否单跑道的 I 型设计会花费九个多月的时间、成本不到 3%，并且比双跑道 V 型设计（在报告中指出）少损毁 1.4 公顷珊瑚等说法，并没有在上下文中出现。

专家报告关于两方争执不下的事件、时间和地点所传达的意义不大，而计划中提到的几乎没有一个是根本矛盾：大多数冲绳人决心不再允许建造任何基地。即使显而易见这个县已经达成了一种前所未有的共识，即无论项目提供了哪种变体都将表示否定，同时对于日本政府一贯的忽视其感受的狂怒普遍存在，外务大臣冈田还是继续持有"重要的是获得冲绳人的理解——没有这一点，我们无法向前发展"的观点。③ 名护市市长强调在他的城市里，无论在陆地或者海洋，将永远不再建造基地，而县议会已经在 6 月 9 日一致通过决议，要求废除 5 月 28 日的协议。④

边野古——共用？

除了困扰边野古项目的诸多问题和争议，美日两国政府在日本要求其

---

① "〔Meiso 'Futenma'〕Bei no tankan tomadou seifu/hiko keiro no henko yokyu/Guamu iten enki kenen," *Okinawa Taimusu*, August 25, 2010.

② US Department of Defense, "Futenma Replacement Facility Bilateral Experts Study Group Report," August 31, 2010, http：//www. defense. gov/news/d20100831Futenma. pdf.

③ Quoted in Masami Ito, "Futenma Replacement Report Leaves Runway Question Open," *Japan Times*, September 1, 2010.

④ Inamine Susumu, "Yokoso shicho shitsu e shunin no aisatsu," Nago City Office website, http：// www. city. nago. okinawa. jp/4/3647. html; "Kengikai, Nichibei kyodo seimei minaoshi motome ketsugi giin futari ga taiseki," *Ryukyu Shimpo*, July 9, 2010. (English version in "Okinawa's Prefectural Assembly Calls for Revision of Japan – U. S. Agreement to Build a New Base in Okinawa," *Peace Philosophy Centre*, July 9, 2010, http：//peacephilosophy. blogspot. com/2010/07/okinawas – prefectural – assembly – calls – for. html.)

自卫队共用计划中的边野古设施也存在分歧。这一点遭到美国政府和海军陆战队彻底的拒绝，并指出 5 月 28 日的协议只规定了"增加联合使用的机会"。日本方面认为这意味着联合操作使用，而美国方面则认为，这只意味着偶尔允许日本自卫队进行周末训练驻扎或者等效的训练。①

这些项目细节上的分歧导致两国陷入争论，《琉球新报》视其为两国政府表现出的"本性难移"——为了试图打消冲绳社会对他们计划的敌意，都准备掩盖或者操纵事实。②

从劝说到强迫

随着县政府的观点在 2010 年 11 月知事选举中的明确表达，以及通过幕后交易解决问题的前景消失，首相菅直人似乎已经感到，除了诉诸压力强制让人遵守，别无选择。由于名护市拒绝批准冲绳防卫局对边野古选址进行进一步的评估，菅直人政府就通过暂缓下拨被称为"调整补贴"（16 亿日元，约合 2000 万美元）的预算款的方式对名护市施加压力，"调整补贴"继续下发的条件是，基地建设必须按原计划进行。12 月 22 日，黎明前的一小时，预计人们在此时的防备比较低，菅直人政府对被推测为冲绳抵抗运动最薄弱的环节发动了攻击——高江森林深处的帐篷静坐。冲绳防卫局的一百名成员负责越过抗议者的帐篷，进入选址重新开始建设。第二天晚上，一架美国直升机在静坐帐篷上方仅 15 米的地方盘旋，把帐篷吹倒，这是一种很明显的故意恐吓行为。居民们在国会和县议会冲绳成员的陪同下，就这次袭击向冲绳防卫局抗议，但是仅被告知美国军方没有证实任何此类事件。而在 2011 年 1 月，政府开始着手建造一面墙以取代现有的铁丝网围栏，将边野古渔港从施瓦布基地（边野古）建设选址当中分离出来。1 月初，抗议者们惊恐地看到坦克方阵出现了，从他们身边越过围栏

---

① "Henoko ni jieitai jochu Futenma daitai shisetsu," *Ryukyu Shimpo*, August 26, 2010.

② "Henoko hiko keiro de tairitsu Nihon, hanpatsu osore 'inpei,'" *Ryukyu Shimpo*, August 25, 2010.

（见图 9 - 1）。① 此外，1 月末，防务省也加大了压力，针对名护市拒绝批准在边野古进行初步调查工作而提起投诉。②

图 9 - 1　2010 年 10 月在边野古海滩的坦克
图片来源：反对直升机机场建设大会。

在逐步对外围地区施加压力的同时，在政治中心高江和名护，菅直人政府也恐吓县知事仲井真，并通过他恐吓冲绳人民，除非冲绳屈服，否则危险且具有破坏性的普天间海军基地将无限期保留。当内阁官房长官仙谷由人在东京召开的新闻发布会上断定冲绳人将不得不"毫无怨言地忍受"新基地时，公众的愤怒迫使他收回了他的话。2010 年 12 月，首相菅直人飞抵冲绳，对于这个县被对待的方式表达了他"作为日本人难以忍受的耻辱"，不料他竟继续说，普天间基地迁移到边野古"或许对于冲绳民众来说不是最好的选择，但是从实际情况出发，它是更好的选择"。③ 县知事仲井真反驳称，首相弄错了，他说

①　See Gavan McCormack, Satoko Norimatsu, and Mark Selden, "Okinawa and the Future of East Asia," *Asia - Pacific Journal: Japan Focus*, Vol. 9, No. 2, 2011, http://japanfocus. org/ - Satoko - NORIMATSU2/3468.

②　"Boeisho, Nago shi ni igi moshitate Futenma isetsu genkyo chosa kyohi de," *Ryukyu Shimpo*, January 29, 2011.

③　"Kan shusho - Nakaima chiji kaidan yaritori (yoshi)," *Ryukyu Shimpo*, December 18, 2011.

在这个县的任何重新安置都将"很糟糕"。①

因此很明显，首相在12月访问冲绳人的反应时充满恐惧，除了这位县知事，他谁都没会见。甚至避开了自己政党的成员，他盯着一片荒凉的景象，从安全的自卫队直升机上（见图9-2）审视着这个难管理的县。很难想象，现代的任何首相在日本的任何地方受到如此不加掩饰的敌意。

图9-2　2010年12月首相菅直人从空中视察边野古
图片来源：共同通信社。

数天之后，外务大臣前原诚司跟随菅直人来到冲绳。当他提到应对普天间基地所带来的危险时，他说将重新安置人口密集的宜野湾市的学校和医院，这让当地民众难以置信。因为这是向他们发出信号，日本政府会优先服务于美国的利益，甚至是从基地周围迁走宜野湾市的民众及其社会机构，而不是搬走侵蚀并威胁这个城市的基地。县知事仲井真谴责任何关于普天间空军基地可能成为永久性基地的建议是"彻底的退化"。"最根本的问题，"他说，"是推进，哪怕只有一天，去除普天间的危险，而从基地将永远存在的假设开始推断，则是把事情颠倒了。"②

---

①　"Kennai wa 'Zenbu baddo' Nakaima chiji, kengai koyaku kenji o kyocho," *Ryukyu Shimpo*, December 18, 2011.

②　"Kengai isetsu e jikko keikaku chiji, nendo nai nimo sakusei Futenma hikojo shuhen itenron o hi-han," *Okinawa Taimusu*, December 29, 2010.

日本"3·11"灾难的一个直接后果是国家的注意力几乎全部转移至东北部，也因此远离了冲绳。甚至在这件事发生了仅一天之后，菅直人就可能会辞职，因为在当天上午他已经被迫承认收受了非法的竞选资金（仅数周之前，外务大臣前原诚司已因此过错而辞职）。然而，在同一天下午爆发的这次灾难，缓解了他继前原诚司之后的压力，当然同时也使他承受着解决这个国家和平时期最严重灾难的巨大压力。

2011 年 3 月 11 日以后，人们已无法寄希望于菅直人政府采取任何果断的行动。其支持水平逐步下降，从 2010 年 6 月的超过 60%，下降到 2011 年最初几个月的大约 20%，到菅直人辞职前夕的 2011 年 8 月已下降到 15.8%。①

---

① "Cabinet Polls at New Record Low of 15.8%，" *Japan Times*，August 22，2011.（Under Hatoyama，support had similarly collapsed，from 70 – plus percent in September 2009 to around 20 percent in May 2010.）

第十章

"深化"同盟：华盛顿议程

华盛顿的长期议程，与 15 年前约瑟夫·奈及其同事们的推荐一致，即与日本"加深"同盟关系，以便让它更加紧密地依赖华盛顿，并加强日本自卫队与美军之间的军事合作。"协同能力"（Interoperability）已经成为五角大楼的一个关键词。在奥巴马时期的改革中（参见安全咨询委员会文件《驻日美军重新调整进展》报告，2011 年 6 月 21 日发表），美国陆军指挥与控制系统同日本陆上自卫队已经进一步协调了在座间基地（Camp Zama）的指挥与控制能力，而截至日本 2011 财政年度末期，双边联合行动协调中心（BJOCC）正在横田空军基地（Yokota Air Base）着手运营，从而"强化双边指挥与控制操作"。在横须贺（Yokosuka），美国第七舰队的母港，日本海上自卫队（SDF）实质上已经成为美国海军的一部分。与此相匹配的，日本 24 万强大的军队全面纳入美国的全球力量投射体制，以便双方能够实际上一同抵抗和战斗，而且，如果有需要的话，肩并肩地死在一起。因此，宪法的修改或者重新解释仍然是有必要的。

在这种情况下，事实远不能表明日本获得了"防务"计划与政策的自主权。一种更贴切的描述是，日本正通过使其 24 万强大的军队服从五角大楼领导，而稳步地推动其附庸国议程。正如国防部长盖茨谈到的美国陆军参与远距离战争使命的终结，以日本军队替代美国军队参与区域（或者可能是全球）干预活动的优势，在华盛顿看来一定非常具有吸引力。一位颇有影响的学术评论家呼吁美国进行政策的转变，这将使美国军队驻日本军事基地孤立地位的最终消除，并支持保留在日本自卫队基地的驻日美国军事存在。这种共用安排是在政治可行性上确保驻日美国军事存在的最好方法①。当然，鸠山的过渡期（interregnum）是华盛顿的噩梦，威胁着华盛顿东亚规划的制定，即使正如我们现在所知道的（部分得益于维基解密），鸠山是一位外行又不严肃的、更谈不上激进的政治家。当他在 2010 年 6 月向交接菅直人政府接交权力时，华盛顿大大地松了一口气，议程重新回到正轨。在 2010 年 9 月末菅直人与奥巴马在纽约的会面中，双方重申了同盟的重要性，并赞同通过全球安全保障、经济、文化与人力方面的交流进行"深化"的需要。菅直人也向奥巴马保证，美国将被纳入任何东亚共同体，如同鸠山曾提议过的。

2010 年 12 月 17 日，日本内阁批准了新的《国家防卫计划大纲》，其中确认中国军事现代化的威胁是"日本周边安全环境"的一部分，并且要求加强与美国现存的安全联系，提出以"动态防卫力量"取代现行"基础防卫力量"的概念，并勾勒出了充分强化自卫队在冲绳群岛外围、中国东海（石垣岛、宫古岛和与那国岛）存在的计划。② 将"中国威胁论"添加到现存的"朝鲜威胁论"中，有助于推进一项在之前的自民党政府看来无法想象的安全议程。

军事评论家前田哲男（Maeda Tetsuo）将 2010 年的防卫计划大纲解读为一个复兴军事强国的议程，其将摆脱宪法中"和平"条款的限制，实际上和平条款也有可能被修改或者删除，③ 因为它与民主党自身的防卫原则相矛盾。他写道：

> 以"动态防卫力量"替代"基础防卫力量"，实际上意味着放弃专守防卫并且（自卫队）将转型为"战斗自卫队"（SDF）。④

在随后 3 月 11 日的福岛（Fukushima）核泄漏危机期间，东北部

---

① Gerald Curtis, "Future Directions in US‑Japan Relations," background paper for the "New Shimoda Conference – Revitalizing Japan – US Strategic Partnership for a Changing World, February 2011, http：//www.jcie.org/researchpdfs/newshimoda/Bkgd_ Curtis.pdf.

② Ministry of Defense, *National Defense Program Guidelines*, December 17, 2010.

③ Maeda Tetsuo, "Minshuto seiken wa senshu boei o homuru no ka," *Sekai*, November 2010.

④ "Chugokugun zokyo kinpaku no umi/boei taiko ni taichu senryaku/katsudo han‑i, taiheiyo ni/shuhen shokoku to no masatsu zoka," *Okinawa Taimusu*, December 18, 2010.

事件与同盟和防卫政策问题之间的联系提供了派遣美国海军陆战队的机会，包括那些来自普天间的部队，一同协助救援行动。菅直人政府接受了美军的多次救援行动，称为"朋友行动"（Tomodachi），而日本本土普遍接受的说法是，美国迅速大力的响应展示了"同盟"的真正价值，因此有理由继续进行冲绳基地计划。正如《读卖新闻》所说的，"救援所付出的努力反映出两国多年来打造出的相互信任"。①

"朋友行动"涵盖了19艘美国海军军舰（包括核动力航母罗纳德·里根号）、140架飞机（包括来自普天间基地的海军陆战队直升机）、超过1.8万名士兵②以及应急物资，包括用于冷却福岛核反应堆的50万加仑淡水。③美军扮演了一个引人注目的角色，如协助恢复基础设施（仙台机场）以及在石卷市（Ishinomaki City）以及其他地方搜寻遇难者尸体。美国的大规模行动使得其他所有国家提供的援助变得相形见绌，海军陆战队一位发言人将它称作美国为其盟友提供的"氧气"。④

"2 + 2"，2011 年

无论如何，安全从未远离美日双方高层官员的脑海。一项安全协议在6月末商讨达成，两国外交和国防部长签名确认，并因此被称为"2 + 2"协议。⑤安全协议的标题为《迈向更加深入与广阔的美日联盟：建立伙伴关系50年》，它旨在修复与加强双边关系，以弥补因建议重新安置普天间海军陆战队航空站所造成的长期紧张和冲突。

协议大部分陈述仅仅确认了已经固定的原则："共同的价值观、民主

---

①　"Japan, US Take Step towards Boosting Alliance," *Daily Yomiuri Online*, April 10, 2011.

②　"Beigun kyuen katsudo ni micchaku inochigake 'Tomodachi sakusen'," *Sankei Shimbun*, March 27, 2011.

③　Ryan Zielonka, "Chronology of Operation Tomodachi," *National Bureau of Asian Research*, http://www.nbr.org/research/activity.aspx? id = 121.

④　Robert D. Eldridge (deputy assistant chief of staff at the community policy, planning and liaison office, G – 5, of USMC *Okinawa*), "Quake Relief Effort Highlights a Vital US Military Function," *Japan Times*, March 31, 2011.

⑤　Ministry of Foreign Affairs of Japan, "Japan – U. S. Security Consultative Committee (2 + 2)," 2011, http://www.mofa.go.jp/region/n – america/us/security/scc/index.html.

理念、共同的利益"，美国承诺"日本的防务以及地区的和平与安全，包括全方位的美国军事能力（核武器与常规武器）"，而日本承诺继续提供美国所需的设施和区域，并支付所需的主要费用。然而，在华丽的辞藻和一般性原则之上，是几项意义重大的新承诺以及迈向拓宽地域范围与深化全面整合过程的措施。

美日双方共同的战略目标包括，首次与澳大利亚和韩国加强三方防务合作；鼓励中国承担"负责任和建设性的角色"及俄罗斯在地区进行"建设性交往"；欢迎印度"作为强大而持久的亚太伙伴"，欢迎同美国、日本进行的"三边对话"；加强美日在人道主义与维和行动、灾难的预防与救援、空间以及网络空间的合作。存在问题的普天间替代设施将继续进行，四位部长同意在边野古的施瓦布基地区域及毗邻水域，用最初提出的填海方法建造 V 型计划中的两条 1800 米跑道，"最早的可行日期是 2014 年之后"（因此这放弃了 2006 年所设定的 2014 年这一目标日期），从冲绳到关岛重新安置"大约 8000 名第三海军陆战队远征部队人员及其大约 9000 名家属"将继续进行。正如下文所指出的，重申当然不能保证实施，并且华盛顿方面对日本的可能性和动机深表怀疑。

三项新的承诺强调：第一，"拓展位于日本的美日设施的双边使用权……紧密双边合作，改善协同能力（interoperability），并加强与当地社区的联系"；第二，"在日本建立一座地区性 HA/DR（人道主义援助与灾难救援）物流中心"，对此各位部长表示同意；第三，建造一座新的自卫队基地——这将包括美军在马毛岛（Mage Island）的一处"永久的舰载部队起降练习场地"（日本政府现在将向地方当局"解释"的事情）。①

除了反复提到不可能完成的承诺与建设全冲绳都表示不会建造的基地之外，日本政府加入了一系列新的承诺。日本将根据美国的情报和指挥，推动军事力量的合并过程，并且它将不仅会继续进行边野古项目，而且将在西南部岛屿建造两座额外的新军事基地：一座在马毛岛，它曾在 2010 年作为普天间重新安置地点的备选被短暂地考虑过，而另一座（灾难救援设

---

① The *Asahi* commented editorially（"More talks needed on bilateral defense alliance," *Asahi Shimbun*, June 25, 2011）on the Mageshima project, "The locals are resisting vehemently, and Tokyo has certainly created a new source of strife."

施）位于下地岛（Shimoji），一座现存一条 3000 米民用跑道、毗邻宫古岛的小岛。在这些规划中，不仅边野古项目实际上已经完全遭到抵制（并且已经没有就当地关心的问题进一步磋商），而且 2011 年 6 月的协议与将下地岛用作国际灾难救援中心的想法，标志着现在几乎可以肯定会在马毛岛和宫古岛展开的、反基地斗争的新战线。事实上，宫古岛地区的市民们迅速组织起来，阻止下地岛民用机场被转作军事用途。

《琉球新报》发表社论称，民主党政府，名义上民主，实际上已经失去了任何这样称呼自身的资格，并正在进行冲绳方言里被称作"iraranmii"（选择在绝望境地中栽得更深）的行为。[1]"2 + 2"协议及其执行，只不过是国家暴力猖獗的体现，并且还摆脱了民主监督。对于一个无法实施前文详尽叙述的工程和设计阶段前景的项目，社论补充道，是"浪费的、麻木不仁的、不负责任的"。[2] 冲绳国际大学的佐藤学（Sato Manabu）将其描述为一个"毫无意义的""糟糕的笑话"。[3] 对于名护市市长来说，它"无非是种恐吓"。[4] 对于县知事仲井真来说，它是"无法理解的"，并且这一建议（即冲绳不得不在普天间成为永久性基地与接受新的边野古基地之间选择）是"令人气愤的"（tondemonai）。[5]《朝日新闻》评论道，日本毫无疑问将"为此次部长级会议的结果付出沉重的代价"。[6] 国防部长盖茨在"2 + 2"协议之后发表声明称，他期待在接下来一年中的"具体步骤"。对于日本政府而言，这相当于一个命令。

体谅——赞助主人的考量

冲绳回归的条件是，美国在实际上保留了其全部军事资产、侵吞大笔资金并取得一项秘密协定（如果它觉得有必要则重新运进核武器）的同

---

[1]　"Boeisho no tsukoku, munashii min‐i mushi no gusaku," *Ryukyu Shimpo*, June 14, 2011.

[2]　"2 purasu 2, minshu seiji mushibamu rekishiteki oten," *Ryukyu Shimpo*, June 22, 2011.

[3]　Quoted in Urashima Etsuko, "Okinawa Yanbaru, kaze no tayori（21）'Kokusaku' ni honro sareru ikari," *Impaction*, No. 161, 2011, p. 123.

[4]　"Ikidoru Nago shicho 'odoshi to shika kikoenu'," *Okinawa Taimusu*, June 22, 2011.

[5]　"Chiji, 'Henoko' 'Futenma' nitaku ron o hihan," *Okinawa Taimusu*, June 24, 2011.

[6]　"More Talks Needed," *Asahi*, June 25, 2011.

时，它还建立了今后日本将继续支付费用以确保美军不考虑撤出的这一原则。

没有哪个国家能够与日本的慷慨相匹敌：鼓励美军继续占有其优质不动产，允许自由使用道路和海港，为其建造兵营、军官公寓、训练设备、学校、医院、运动与休闲设施，提供水、能源、天然气和废弃物处理系统，并允许在其高速公路上进行实弹训练、在邻近的城市进行跳伞及夜间起飞与着陆演习。举个例子，这意味着日本的纳税人（截至 2008 年）正在支付"76 位酒保、48 位自动售货机操作员、47 位高尔夫俱乐部维修人员、25 位俱乐部经理、20 位商业艺术家、9 位游艇驾驶员、6 位戏剧导演、5 位蛋糕装裱师、4 位保龄球馆职员、3 位导游以及 1 位动物园管理员"的工资。①

支撑日本与其前傀儡政权"伪满洲国"（Manchukuo）在 1932～1945 年关系的这一模式，同样被应用于美日关系，作为冲绳回归之后重新定义该关系的一部分。换言之，被占领的领土为了"共同防御"的利益，将向它的占领者支付费用，1932 年时伪满洲国的情况就是这样。而从 1978 年开始——最初，这仅是作为一项"临时的、受限制的、暂时性措施"——为日本继续支付驻日美国基地复合体费用的长期承诺。

作为一个"反向租赁"（房东给予房客租金）和综合补贴的联合体，美国得到的报酬稳步增长，1999 年达到峰值 2756 亿日元，是 1978 年 62 亿日元的 44 倍。② 通常"体谅"（omoiyari）仅意味着"直接"付款，或者"美军在日本驻军的费用分摊"，正如日本政府所说的一样，但是事实上，通过间接补贴支付的整体款项也通货膨胀了。2003 年美国国防部公布了一份表格，显示日本的贡献是 46 亿美元（直接提供 34.5 亿美元，间接支付 11.5 亿美元），这大致相当于在美国盟友所做贡献的清单中排在下一位的国家（德国和韩国）付出的 5 倍，并且超过美国从全世界所有国家收到补

---

① George R. Packard，"Some Thoughts on the 50th Anniversary of the USJapan Security Treaty," *Asia - Pacific Review*，Vol. 17，No. 2，2010，p. 2.

② Ministry of Defense，"Zainichi Beigun churyu keihi futan no suii," http：//www. mod. go. jp/j/approach/zaibeigun/us_ keihi/suii_ table_ 53 - 60. html.

贴总和的 60%。① 对于美国政府来说，五角大楼从 2003 年后就再也没有公布过任何此类清单，但是从日本政府（防卫省）的年度数字中，截至 2011年的情况能够在表 10 – 1 中看到。

日本民主党在 2009 年选举前夕承诺，一旦当选将审查补贴制度（这被普遍认为是要削减或者取消它）。由于鸠山由纪夫的任期恰逢协议自 2008 年生效以来的第三年，而且因为他的注意力大幅地聚焦在普天间替代的问题上，补贴制度保持了不变。然而，当菅直人在 2010 年 6 月接管政府时，重新谈判变得很紧急，因为现存的协议即将到期。压力来自于确保日本没有减少它的支出。亚洲和太平洋安全事务的助理国防部长华莱士·格雷格森（Wallace Gregson）在 7 月 27 日向众议院军事委员会提交了一份声明，他在其中指出东道国支持是"（日美）联盟的一根战略性支柱"，任何削减都将对盟友和潜在的敌对国家发出相似的信号，日本没有严肃对待它的防务，因此东道国支持应该增加，而不是降低。② 菅直人花费了很少的时间来承诺补贴将不会削减。其唯一审核的条款是基地聘用的日本工人的工资，23055 名工作人员总数将减少（430 人）至 22625 人③。而且，通过将冲绳问题特别行动委员会（SACO，从 1996 年开始）的费用和"驻日美军重组"（从 2006 年开始）双边协议固定为该协议的组成部分，其作用是确立第二和第三体谅（omoiyari）类别，从而极大地提高基本补贴的金额。

表 10 – 1　日本政府为驻日美军提供的补贴（截至 2011 年）

单位：十亿日元

驻日美军的基本支出（防卫省预算）	359.7
驻日美军的费用分担：（包括用于设施改善计划，基地工作人员的工资和福利，公共费用，夜间着陆练习等的费用）	185.8

---

① Department of Defense, "US Stationed Military Personnel and Bilateral Cost Sharing 2001 Dollars in Millions – 2001 Exchange Rates," July 2003, http: //www. defense. gov/pubs/allied_ contrib2003/chart_ Ⅱ – 4. html; Yoshida Kensei, "Anpo kichi no shimaOkinawa," *Gekkan Oruta*, December 20, 2009, http: //www. alter – magazine. jp/backno/backno_ 72. html.

② "US Wants Additional Sympathy Budget," *Japan Press Weekly*, July 28 – August 3, 2010; "Beigun omoiyari sogaku iji, tokubetsu kyotei 5 nen ni encho," *Akahata*, December 15, 2010.

③ Hana Kusumoto, "US, Japan Sign New Five Year 'Host Nation Support' Agreement," *Stars and Stripes*, January 21, 2011.

局部措施	55.3
设施租金	93.4
重新安置	0.2
其他（渔业补偿等）	25.1
与冲绳特别行动委员会相关的费用（自 1996 年开始）A	10.1
"重组"费用（自 2006 年开始）B	116.1
除防卫省以外的部门（基地承办地区的补贴等）	39.4
设施租金	165.8
共　计	691.1（约合 86 亿美元，按 1 美元 = 80 日元计算）

说明：A 实施措施包含在 1996 年 12 月 2 日冲绳特别行动委员会最终报告之中（《克林顿和桥本龙太郎协议》）。

B 实施措施用于与驻日美军重组相一致的 2006 年协议，包括将海军陆战队搬迁到关岛的预计费用与归还嘉手纳空军基地南部土地的费用等。

资料来源：Compiled from Boeisho, Zainichi Beigun kankei keihi（Heisei 23 nendo yosan），http：//www. mod. go. jp/j/approach/zaibeigun/us_ keihi/keihi. html.

对于囊中羞涩的五角大楼来说，每年超过 80 亿美元的补贴、连同其他辅助收益的甜头，是无法估量的。自相矛盾的是，拥有"和平宪法"的日本是美国战争最慷慨、最狂热的支持者，它曾以 130 亿美元捐款（contribution）支持海湾战争而出名，即使少一些的捐助也给了美国类似的金额，如随后为战争的捐款下降至鸠山 2009 年承诺的 5000 亿日元（约合 55 亿美元），用于阿富汗为期五年以上的民用重建工程。正如在第五章所提到的，日本用于"驻日美军重组"的费用高达数十亿美元。日本的公共债务成为经济合作与发展组织（OECD）所有国家中最高的，并且面对 2011 年东北部地区灾难发生后重建的巨额账单，这些款项不确定还需要多长时间才能从公共或者议会的讨论中被规避出来。这种慷慨，加上基地应该被如何运用的虚拟全权委托，在世界上的其他地方是难以想象的，但是这并不奇怪，五角大楼决不想再看到体谅（omoiyari）和其他款项降低，更不用说终止了。

无法准确证实日本为总共支持基地系统支付了多少金额，但是根据"驻日美军费用分担"体谅计划，自其从 1978 年开始推行以来，日本已经支付了大约6兆日元（约合750亿美元）。① 美国总审计署将220亿美元这一数字，作为1978～2010年在"日本设施改进计划"标题下所提供建设的价值。② 在其他国家要"批准"美国基地，通常会为此得到大量款项，日本却耗资巨大，且坚决要求美国继续，而不是减少其占领。

东北部地震/海啸的发生以及对美国军队在朋友行动中的角色的积极关注，公众对于体谅制度的批评停止了。2008年，当相关安排在内阁进行最后确认时曾投票反对的日本民主党，在2011年3月31日则表示同意，款项只需稍作调整就继续再提供五年。当美国国务院日本事务办公室主任凯文·马赫在2010年年末告诉一个美国学生团体"日本政府目前支付的高额东道主支持对美国是有利的。我们跟日本做了一笔非常好的交易"的时候，这正是他头脑中想要的那种制度。朋友行动的费用约为8000万美元，③ 但是在补贴的背景下，日本政府已经向五角大楼支付了十年，这是一个相对微不足道的数目。随着日本承诺在接下来的五年保持一定金额的"体谅预算"（以2010年1881亿日元的水平，超过23亿美元），尽管这在近年来有所降低，但美国仍然可以很轻松地获得行动费用的补偿。

"操纵大师"与"朋友行动"

美日关系的矛盾被淋漓尽致地浓缩在2011年年初几乎同时发生的两件事当中：美国国务院最高层明确表达的辱骂、藐视、反日尤其是反冲绳情绪的揭露，以及当日本东北部灾难爆发时开始进行的、精心的"朋友"行动。

2010年12月，美国国务院资深日本专家、希拉里·克林顿的日本事务顾问凯文·马赫会见了一群即将赴日本访问的美利坚大学学生，并发表

① Ministry of Defense, "Zainichi Beigun churyu keihi futan no suii," 1978～2011, http://www. mod. go. jp/j/approach/zaibeigun/us_ keihi/suii_ table_ 53 – 60. html.

② US Government Accountability Office, "Defense Management – Comprehensive Cost Information and Analysis of Alternatives Needed to Assess Military Posture in Asia," p. 40.

③ 截至3月29日，美国国防部的评估是8000万美元。Roxana Tiron, "US Defense Department Will Spend as Much as $ 80 million on Aid to Japan," *Bloomberg News*, March 29, 2011.

简短讲话。他当时所说的话是有争议的，但是根据听到他讲话的学生们的笔记重现的本次谈话内容，他显然处于一种放松的状态，马赫不顾外交辞令说出了自己的观点。他把冲绳人描述成懒惰的（甚至懒得都不种植苦瓜，冲绳主食的一种），以及介绍了"'操纵'大师和对东京的'勒索'"。[①] 他们"肤色更深"，更"矮小"，并且有口音，他们更"像是波多黎各人"。[②] 冲绳人关心金钱超过其他任何的东西，所以基地的重新安置能够很轻松地完成。他说，只要国家政府告诉冲绳的县知事，"如果你想要钱，签了它"。日本的文化也同样可鄙，"以协商为基础"，这就意味着，他解释道，"敲诈"，并且"假装寻求协商，人们试图得到尽可能多的金钱"。

马赫的评论，在 2011 年 3 月初被报道时，像重磅炸弹一样击中了冲绳。《冲绳时报》发表社论称，"那些负责普天间基地迁移事务的人们似乎，在他们的内心深处，鄙视冲绳，并且轻视基地问题"。[③] 两天后它补充道：

> 一个人越是理解冲绳的战后历史和围绕基地问题的情况，这个人就越理解边野古基地建造计划是不可能的，也是令人愤怒的。日本和美国的政府已经用尽了全部手段，通过在人们面前晃来晃去的金钱诱惑，在当地获得不可能得到的项目认可。[④]

冲绳对于被侮辱的愤怒不会由于华盛顿敷衍了事地表示"对不起"而被缓解。[⑤] 对此，《琉球新报》表示赞同。马赫已经表达了"在无意中揭示了美国真正的想法"，[⑥] 数天之后补充道：

---

① For the text of Maher's December 3 talk, see "Mea shi kogi memo zenbun," *Ryukyu Shimpo*, March 8, 2011, http：//ryukyushimpo. jp/news/storyid - 174372 - storytopic - 231. html； "Anger Spreads over Kevin Maher's Derogatory Comments on Okinawans," Peace Philosophy Centre, March 8, 2011, http：//peace philosophy. blogspot. com/2011/03/anger - spreads - over - kevin - mahers. html.

② 安排并参与了决定性的关于马赫事件的简报的美利坚大学教员戴维·万（David Vine）把波多黎各的说法添加了进来。David Vine, "Smearing Japan," *Foreign Policy in Focus*, April 20, 2011, http：//www. fpif. org/articles/smearing_ japan.

③ "'Mea shi zekka' shinjirarenai bujoku hatsugen," *Okinawa Taimusu*, March 7, 2011.

④ "'Nichibei kyokucho kyu kaigi' konna toki ni 'Henoko' ka," *Okinawa Taimusu*, March 10, 2011.

⑤ "'Mea shi kotetsu' - ikken rakuchaku ni wa naranai," *Okinawa Taimusu*, March 11, 2011.

⑥ "Mea shi sabetsu hatsugen, kainin shi Bei no ninshiki aratameyo, yuganda Okinawa kan o toei," *Ryukyu Shimpo*, March 8, 2011.

冲绳基地问题的核心是对峙的结构，在总是抗议《美日安保条约》和美国基地的冲绳人民，与总是力求保留或者巩固基地的日本和美国政府之间。纵观战后时期，两国政府巧妙地运用胡萝卜加大棒的政策分化了冲绳社会与民众，无论在何种情况下都得以"免费使用基地"。①

这场轩然大波导致马赫被很快地从他的职位上调走，但是位于东京的助理国务卿库尔特·坎贝尔与位于冲绳的大使鲁斯的道歉，确实显得敷衍了事。然而，马赫没有被解雇，显然是以最高荣誉退休了。从3月11日地震爆发的那一刻起，对于华盛顿和东京双方来说，它们从马赫事件中撤回了注意力。事实上，他的退休被延迟了，他接受了一项任命，作为美国政府灾难救援行动（朋友行动）的协调员，与日本及其他政府和机构一同工作。这一任命明确表示华盛顿官方认为他的言语没有什么不妥。

根据马赫的同事，迈克尔·格林所说，"马赫是一位资深的日本问题专家，他比任何人都更了解冲绳的政策"。② 对马赫提出的最深刻的批评是认为他的评论显得"缺乏专业精神"，并且"空洞""刺耳"，尽管他"知识渊博"而且"能说一口流利的日语"。③ 一方缺少悔意，另一方鲜少愤怒，这表明在双方的首都有许多人都持有同他一样的不屑的观点。

直到几周之后事件才不断强化，马赫的辩护是全盘否认。他直接指责这些学生们撒谎，并且在一次（在日本，4月14日的《华尔街日报》）采访中，歪曲他们"关于反基地运动"的证据。④ 他还强调他自愿退休，但是当日本遭受了此次灾难时，他为了能够做些帮助日本的事，退休只能推

① "Mea shi kotetsu, Futenma tekkyo e no tenki da, tsuyo senu ame to muchi," *Ryukyu Shimpo*, March 11, 2011.

② Josh Rogan, "State Department Japan Hand Loses Post as Campbell Goes on Tokyo Apology Tour," *Foreign Policy*, March 9, 2011, http://thecable. foreign policy. com/posts/2011/03/09/state_ department_ japan_ hand_ loses_ post_ as_ campbell_ goes_ on_ tokyo_ apology_ tour.

③ Peter Ennis, "The Roots of the Kevin Maher – Okinawa Commotion," *Dispatch Japan*, March 11, 2011, http://www. dispatchjapan. com/blog/2011/03/the – roots – of – the – kevin – maher – okinawa – commotion. html.

④ Japan Real Time, "Exclusive Video: U. S.'s Ex – Japan Head," *Wall Street Journal*, April 14, 2011, http://blogs. wsj. com/japanrealtime/2011/04/14/exclusive – video – u – s – s – ex – japan – head.

迟了。他的解释是虚伪的，因为并没有提到他从主管日本事务的职位上被调走了。对于那些为他的反冲绳诽谤觉得羞愧或者愤怒的人们来说，把他任命为"朋友"一定感到很尴尬，而对于冲绳人来说，这是一巴掌打在了脸上。

尽管美国政府，尤其是五角大楼，表示这些事件作为人道主义的示范是受到了两国亲密关系的启发，但是美国仅就自身的利益命令做出了应急响应。这次灾难，华盛顿很快意识到是切尔诺贝利（Chernobyl）规模的，不仅可能导致美国地区和全球军事能力的瘫痪，而且威胁着奥巴马政府作为一项关键经济政策的、在核能源推进方面的首要任务。然而，五角大楼也抓住了这次灾难所提供的机会：在公共关系领域，通过媒体关注他们英勇和慷慨的行为，软化了驻日美军的形象（特别是以冲绳为基地的海军陆战队）；开创了美国军队与本地政府当局直接沟通与协作的先例——包括港口、高速公路和机场，继最初的灾难之后，美国当局在数月内迅速发展这些方面的工作。① 几个月之后，"2 + 2"政府间安全磋商委员会专门制定一份特殊文件纪念"朋友合作"，作为联盟关系"批准多年的双边训练、演习和计划"的一种表达——几乎好像这就是基地存在的目的。② 四位部长赞成继续合作。这标志着日本兑现基地承诺的道德压力的逐步提高，以及在当地政府层面与驻日美军约定的不断深化，今后他们将参与"有本地当局指挥的救灾演习"。然而，最大的军事意义或许在于，这次灾难给华盛顿提供了一次在将来可能出现的核污染战场上的预演联合行动的机会。③

没有哪种演习能够符合危机与垮台所呈现出的情况。在危机的前几个小时里，"罗纳德·里根"号被命令撤退，因为至少17名船员受到了核辐射。从3月16日开始，一条80公里的隔离带投入使用。专家部队，如海军陆战队150人的化学生物事件快速反应部队（CBIRF），尽管他们从美国

① "Beigun to jichitai kyoryoku, kokkai mushi shita kanryo no sakibashiri," *Ryukyu Shimpo*, June 16, 2011.

② Japan – U. S. Security Consultative Committee (2 + 2), "Cooperation in Response to the Great East Japan Earthquake," June 21, 2011, http://www.mofa.go.jp/mofaj/area/usa/hosho/pdfs/joint1106_ 03. pdf.

③ Nathan Hodge, "US Military Finds Lessons in Japan's Crisis," *Wall Street Journal*, June 21, 2011.

基地总部赶到日本，但仅是在位于东京的横田空军基地对日本进行了为期三周的访问，甚至没有拜访过受灾地区。

尽管高调宣传美军的参与，但合作可能还是间歇性的并且这也不令华盛顿满意，媒体所发布的报道远不如事实那样乐观。当试图安排美国的专家在日本首相办公室监督救灾行动时，白宫显得漠不关心，并威胁称除非东京表现出更积极的合作态度，否则或许会下令从这个国家疏散所有美国国民。因此，美日关系远没有被深化，一位日本专家（前防卫省国会秘书，截至 2011 年的国会下议院成员）觉察到，存在一种能够导致"日美同盟瓦解"的风险。① 在灾难的多重压力下，尽管五角大楼对获得了日本补贴款项的五年延期感到巨大满足，但日本对于其从属地位及美国霸主特权假设的不满却接近沸腾。

然而，总的来说，华盛顿和东京都有理由对在两国媒体上表现出的默契合作感到满意，并且都希望这将帮助它们克服冲绳对其基地重组计划的阻力。防务大臣北泽和首相菅直人都特地夸赞"朋友行动"。北泽在 4 月 4 日拜访"罗纳德·里根"号时特别表达了他的谢意，视它为联盟"不断加深"的证明；而菅直人则在 4 月 15 日致信《华盛顿邮报》称，"美国人在这次行动中所表现出的态度已经深深触动了日本人的心灵和头脑"。②

要用冷静的、批判性的眼光看待这些事件，必须转向冲绳的媒体。3 月 18 日，《琉球新报》发表社论称，"灾难救援不是一个宣传噱头"，并补充说，不应该期待任何回报，而令人费解的是，美国的行动恰恰是以一个对日本尤其是冲绳表达出最异乎寻常的侮辱与诽谤的人（凯文·马赫）为首的。无论运用何种华丽辞藻修饰这次行动，它强调冲绳将不会缓和其对于承担普天间海军基地任何替代的拒绝。③ 数天之后，《冲绳周报》（*Taimusu*）补充认为，任何派遣海军陆战队承担救援任务的建议，可能被用于证实普天间海军基地替代设施的合理存在，这也会是对执行任务士兵的侮辱，近似于让他们卷入"在火灾现场的

① "US Frustrated over Japan's Lack of N－Info," *Yomiuri Shimbun*, April 11, 2011.

② Naoto Kan, "Japan's Road to Recovery and Rebirth," *Washington Post*, April 15, 2011.

③ "Beigun no saigai shien, sore de mo Futenma wa iranai," *Ryukyu Shimpo*, March 18, 2011.

抢劫"。①

位于东京的国家政府官员们希望通过对海军陆战队"朋友行动"的积极的回馈，冲绳对该县任何普天间替代设施的敌意会有所软化。然而，4月一份针对冲绳各市政当局和村庄 41 位负责人的调查发现，他们一致反对位于冲绳（即东京与华盛顿均坚持的边野古方案）的任何普天间替代。与那国岛的一位市长建议普天间基地迁移到东京。② 县知事仲井真继续强调，任何位于冲绳的新基地建设都将是极为艰难的。

至于马赫，就在他最终从政府退休（4 月 6 日）之时，他几乎立即转变了，用日语时髦地描述为"amakudari"——从公共部门乘丝质降落伞顺利而下，到了私营机构利润丰厚的职位——成为一家实力雄厚的国际财团的高级顾问和咨询师（日本专家），特别负责解决放射性废物的处理问题。③ 他所加入的公司是由理查德·劳利斯（一位高级官员，曾经在 20 世纪 90 年代指导普天间替代问题的谈判，其同盟观点早前曾被讨论）创建的。担任新工作一个月，他就有能力在首相官邸受到 90 分钟的接见，这对于任何一个美国政府已经就其行为发表了高层道歉的私营商人来说，都是一件不寻常的事。这无疑是前所未有的。④

由于美国和日本政府宽恕马赫对日本尤其是冲绳曾大肆表达的恶言，以及以这种方式提出的并为他们所接受的道歉，这揭示了华盛顿官方对日本的蔑视程度与东京官方相应的自我牺牲程度。"罗纳德·里根"号和其他美国军队刚刚从灾区撤回，来自美国方面的彻底解决冰封已久的普天间替代问题的压力马上恢复了。

2011 年 8 月，马赫（用日语）发表了一封辩解书，其中他给出了与美

---

① " 'Shinsai de Futenma PR' seiji riyo ni kenshiki o utagau," *Okinawa Taimusu*, March 22, 2011.

② "Futenma isetsu kenmin taikai 1 nen, zen shucho 'kengai kokugai' nozomu," *Ryukyu Shimpo*, April 24, 2011.

③ 以前国防部副部长理查德·劳利斯（Richard Lawless）为首的新麦哲伦风险投资合伙公司（New Magellan Venture Partners）、NMV 咨询公司（nmvconsulting.com）的董事会，最初包括其他已退休的高级军事与官僚人士，并提供"国防与航天、运输、能源、矿产资源、房地产开发及高科技方面的丰富的专业知识"。

④ "Mea shi, minkan de kaku nenryo mondai o tanto, sabetsuteki hatsugen de kotetsu," *Tokyo Shimbun*, May 12, 2011.

利坚大学学生交流的理由，重申了他的否认并且指责大使鲁斯未能支持他（从而让这个故事获得公信力）。① 然而，他没有采取法律行动来澄清他的名誉，而是用藐视的评论反驳道："永远不要跟猪打泥浆战。你们都会变得很脏，但是猪喜欢。"②

然而，几乎在辩解书发表的同一时间，维基解密发布了一份马赫2007年在那霸担任总领事时所写的秘密电文。③ 在这一年的6月，两艘美国的反水雷舰，"护卫者"号（USS Guardian）与"爱国者"号（USS Patriot）访问了日本最西端、坐落在距离中国台湾海岸大约100公里处的与那国岛祖纳（Sonai）港，这是自回归以来首次对一个冲绳民用港口进行此类的军事访问。马赫满意地汇报这次"行动意义重大的"事件开创了一个重要的"先例"，他强烈要求允许在不久的将来对石垣岛进行一次同样的访问。他注意到祖纳港足以同时容纳4艘"美国海军反水雷舰"，而且其距离商用机场很近，"如果在台湾海峡发生紧急事件"，能够用来支援直升机起降。五角大楼以"船员休息"访问港口为借口搜集情报，并推动一项旨在将日本与中国边境军事化并使日本卷入台湾海峡两岸对峙之中的美国规划。马赫满怀热情的报告，从严格意义上讲，是既虚伪又奸诈的。这些词语恰当地描述出，日本和美国政府在40年中给予冲绳民众的"待遇"。

韦伯－莱文－麦凯恩冲击

当菅直人政府在边野古和高江（基地复合体与直升机停机坪）问题上由于新一轮攻击而严阵以待时，华盛顿官方遭遇了迅速增长的财政赤字，两场（根据某些统计是三场甚至四场）失败的、陷入僵局的并耗资甚巨的战争，一个崛起的中国，并且在社会、经济危机及预算和社会规划方面的

---

① Kevin Maher, *Ketsudan dekinai Nippon* (*The Japan That Can't Decide*) (Tokyo: Bunshun shinsho, 2011).

② "Buta to tatakaeba ryoho to mo yogore, buta ga yorokobu, Mea shi kakugen mochii sosho hitei," *Ryukyu Shimpo*, August 19, 2011.

③ Maher, Cable 07NAHA89, "First USN Civilian Port Call in Okinawa a Success," June 27, 2007, *WikiLeaks*, http://www.wikileaks.ch/cable/2007/06/07NAHA89.html.

政治僵局蔓延。参谋长联席会议主席迈克·马伦在 2010 年 6 月 4 日表示，"我们国家的债务是我们最大的国家安全威胁"。① 一个无党派国会委员会在 2010 年 5 月建立，以确定国防开支的削减。它是以民主党人巴尼·弗兰克（Barney Frank）和共和党人罗恩·保罗（Ron Paul）为首的。弗兰克曾明确表示，"我们不需要位于冲绳的海军陆战队。他们是 65 年前结束的那场战争的残留物"。他和保罗赞成军费开支必须被大幅削减，而唯一能做到的方法是减少美国在海外的驻军。② 按照共和党人罗恩·保罗的说法，"是时候让日本承担它自己的全部责任了。如果中国想要纽约市的一座基地会怎么样？我们会勃然大怒"。③ 在这种情况下，一个高级别国会"利刃团"（NCFRR，或称美国国家财政责任和改革委员会）负责评估承诺并寻找可以控制支出的领域，包括削减位于欧洲和亚洲基地的三分之一的美国军队，并且停止采购原本打算部署在冲绳的 MV－22 鱼鹰飞机。美国国家财政责任和改革委员会的最终报告提出了一项毫不妥协的注释："绝无例外。我们必须结束多余的、浪费的和无效的联邦支出——包括国防。"④

2011 年 4 月，卡尔·莱文（军事委员会主席）和吉姆·韦伯（前海军秘书长，现任东亚与太平洋事务小组委员会主席）的参议院小组访问了东京和冲绳（及韩国）以研究情况。在东京，菅直人的政府向他们保证，该项目尽管推迟了，但将继续进行。然而，在冲绳，他们得到的消息是完全不同的。县知事——用一句几乎成为他标志性腔调的话语——告诉他们这将会"极其艰难"地进行，而冲绳的日报《琉球新报》向他们（并通过他们向美国参议院）发表了一封"公开信"，询问位于普天间的设备被"完全"从冲绳撤离的问题，并表达了关于"美国的民三（如何）应对这

① "Adm. Mike Mullen：'National Debt Is Our Biggest Security Threat'，" *Huffington Post*，June 24，2010，http：//www. huffingtonpost. com/2010/06/24/adm－mike－mullen－national_ n_ 624096. html.

② Yonamine Michiyo，"Economic Crisis Shakes US Forces Overseas：The Price of Base Expansion in Okinawa and Guam，" *Asia－Pacific Journal*：Japan Focus，February 28，2011，http：//www. japanfocus. org/－Yonamine－Michiyo/3494.

③ "2 Congressmen Call for Pullout of US Forces from Japan，" *Japan Today*，February 16，2011.

④ The National Commission on Fiscal Responsibility and Reform，"The Moment of Truth，" December 20，2010，http：//www. fiscalcommission. gov/sites/fiscalcommission. gov/files/documents/TheMomentofTruth12_ 1_ 2010. pdf.

次考验"的希望与焦虑。①

　　我们是否想要处于这样一种情况，每次美国打喷嚏，日本都追随；如果美国命令日本向右转，事情恰巧就会这么发生？或者我们是否想要处于这种境地，两党互相尊重彼此的观点并且不愿说出他们对很多问题的立场，到底会有多困难。哪种美日关系你更喜欢？

　　……在美国军政府统治时期，冲绳面临着很多考验与磨难，他们用刺刀控制了冲绳人民的土地，用推土机建造了军事基地。他们用无耻的行为公然侵犯当地民众的基本人权，并且对冲绳的自治设立限制。

　　……在1996年4月，日本和美国政府同意，美国将回到普天间空军基地所使用的这片土地上，它坐落在一片人口密集的地区，在此基础上，这些位于冲绳的设施将被搬到另外一个位于该县范围的替代地点。然而，当地的冲绳人一贯反对此类替代设施的建造。

　　冲绳县知事仲井真弘多与冲绳各种市政当局的所有负责人，都反对日本和美国政府所达成的协议，通过这项协议美国军方将把普天间航空站设施重新安置到名护市沿海地区。冲绳的县级议会通过一项决议要求普天间航空站搬出这个县，或者完全迁出日本，而在国家选举中，所有接受了在该县重新安置航空站这一选择的政客们都失去他们的席位。

　　……美国政府……应该为忽视了这一显然很危险的情况而感到内疚……冲绳的民众感到他们在冲绳战役期间以保卫日本本土的名义被牺牲掉了，而相同的事情在战后的《美日安保条约》中又发生了。

　　……我们认为为了重新建立美国与冲绳之间的睦邻友好关系，关闭并拆除普天间的设施是很有必要的，并且我们希望你们意识到并接受"冲绳精神"的诚意。

　　尊重冲绳民众的意愿，请向我们展示美国民主的真正价值。

　　参议员莱文和韦伯毫无疑问读到了这一请求。数周以后，当他们出具

---

① Editorial，"Open letter，to Mr. Carl Levin，Chairman of the Senate Armed Services Committee，" *Ryukyu Shimpo*，April 27，2011.

其报告时，它就像一枚重磅炸弹。参议员莱文和韦伯，参与了由前共和党总统候选人及军事委员会的资深共和党人主办的盛会，约翰·麦凯恩发表了一份联合声明，宣布重组计划"不现实、不可行并难以负担"。①

正如韦伯将他们的观点在一份篇幅更长的声明中所表述的那样：

> 一个大规模的、数十亿美元的承诺，需要大范围地填埋，毁坏和重新安置许多现有的设施，并且在最理想的情况下，也需要若干年的努力——某些人估计这个过程公甚至将长达 10 年。②

他们三人共同建议五角大楼应该着手修订关岛海军陆战队重组实施计划以成立根据部署支持的永久指定指挥部，轮换以其他地区为本部基地的作战部队以及考虑离岛训练地点。

考察位于冲绳普天间海军陆战队航空站的海军陆战队资产搬迁到冲绳嘉手纳空军基地的可行性，而不是在施瓦布基地建立一座昂贵的替代设施。同时，将现在位于嘉手纳的部分空军资产，分散到关岛的安德森空军基地，和/或位于日本的其他位置。③

他们强调，这些建议将"节省纳税人数十亿美元，保持美国在该地区的军事力量，大大减少围绕普天间海军陆战队航空站发生敏感政治问题的机会，并削减美国在冲绳存在"。

很自然的，这些华盛顿权力掮客（power brokers）头脑中更多的是美国财政危机的稳步加深。他们或许比大多数人更能够意识到（截至 2011年 7 月）14 兆美元债务的含义，各种战争和军事预算不断增加的费用，接

---

① Carl Levin, John McCain and Jim Webb, "Senators Levin, McCain, Webb Call for Re – examination of Military Basing Plans in East Asia," May 11, 2011, http：//webb. senate. gov/newsroom/pressreleases/05 – 11 – 2011 – 01. cfm.

② Senator Jim Webb, "Observations and Recommendations on US Military Basing in East Asia, May 2011," http：//webb. senate. gov/issuesandlegislation/foreignpolicy/Observations_ basing_ east_ asia. cfm. 请注意，"嘉手纳基地并购"这一想法似乎源于国民新党冲绳国会代表下地干郎（Shimoji Mikio）所提出的建议。下地，唯一一准备在这个县考虑普天间替代设施的冲绳国会成员，在那些愿意相信他代表了一种"现实主义者"应变思维的日本和美国官员当中发挥着相当大的影响力。"Futenma isetsu Bei ni 'san nen kigen' teigen Shimoji shi, Nihon e no dentatsu yobo," *Ryukyu Shimpo*, May 7, 2011.

③ Levin, McCain, Webb, "Senators."

近整个世界军事开支的一半，还有维护全球大约 1000 个军事基地的费用。他们也会反复思考这个发人深省的报告，从美国总审计署发现的计划中，迁移海军陆战队到关岛将耗费美国的不是 42 亿美元，正如 2006 年与日本签订的"路线图"协议所估计的，是 113 亿美元。①

这些观点大体上为其他高层华盛顿内部人士们所支持，最知名的是海军陆战队将军詹姆斯·琼斯（James Jones），他直到 2010 年 10 月仍在担任奥巴马总论的国家安全顾问。在某些方面，琼斯甚至更进一步，提到"海军陆战队在哪，这真的不重要"，② 进而完全否定了被广泛重申的观点，即冲绳在地区及全球威慑框架中至关重要的功能。

菅直人政府深感震惊，认为这些观点应该会为某些华盛顿高层权力人士所接受。菅直人与内阁官房长官枝野幸男相当绝望地强调，如果莱文及其同事们不能算美国政府的话，那么这算什么政府对政府的协议。然而，事实是莱文的团队聚拢了庞大的权力，而其建议也令人难以抗拒。

事实上，在 2011 年的 12 月，支持韦伯－莱文－麦凯恩立场的政治力量就变得清晰了，当时国会两院的军事委员会置日本政府的请求于不顾，在 2012 年的预算中大幅削减了整整 1.5 亿美元本用作关岛迁移费用的专款。③ 这笔空洞而不平等的交易是 2009 年年初在即将上任的奥巴马政府与即将崩溃的自民党政府之间达成的，旨在捆绑住任何民主选举的继任日本政府的手脚，但其现在时常反过来困扰日本政府。日本政府被它自己的官僚所操纵，在与其美国伙伴的合作中，将《关岛国际协议》采纳为一项具有约束力的条约；但是对于华盛顿来说，它仅仅是一个协议，而且到了 2011 年年末，参议员韦伯、莱文和麦凯恩所提出的考虑成为极其重要的反思之举。在不断深化的财政危机中，美国政府将遵从它自己的逻辑。2012 年关岛项目经费的缩减似乎仅是不可避免的第一个切口，因为国会拒绝在总统设置的 2011 年 11 月这个最后期限以前自愿削减。④ 然而，更多的切

---

① US Government Accountability Office，"Defense Management – Comprehensive Cost Information and Analysis of Alternatives Needed to Assess Military Posture in Asia," p. 25.

② "Zen Bei daitoryo hosakan ga Henoko isetsu o konnanshi," *Okinawa taimusu*, May 8, 2011.

③ "U. S. Congress to Nix Funding for Relocating Okinawa Marines to Guam," *Kyodo News*, December 13, 2011.

④ Sato Manabu, "Gaiko, anpo tadaseru no wa Okinawa," *Ryukyu Shimpo*, December 14, 2011.

口（10 年以上至少 2.4 兆美元）将出现，其中某些海外军事基地显然会成为候选。海军在冲绳的存在开始被描绘为一种使日本政策"不稳定"的因素，[1] 而海军部队撤退到美国本土的可能性也开始被公开讨论。[2]

40 多年中一次又一次拿出的、确保海军陆战队不离开冲绳的王牌——巨额的金钱——对于日本来说，变得更加难以发挥，其自身经济不景气，在经济合作与发展组织（OECD）的所有国家中屈身于最沉重的债务之下，并且面临着用于东北部受灾地区的大笔重建费用。可以肯定地说，日本的官僚们，将沿着他们过去的记录，全力以赴试图拼出一个有足够吸引力的包裹，以诱使美国国会的领袖们回到边野古和关岛建议中。

---

[1] Barney Frank, quoted in "We Could Remove the Marines from Okinawa, Suggests US Congressman Frank," *Ryukyu Shimpo* (English web page), December 6, 2011, http：//english. ryukyushimpo. jp/2011/12/15/4216/.

[2] Mike Mochizuki and Michael O'Hanlon, "Rethink US Military Base Plans for Japan," special to CNN, November 4, 2011.

第十一章

钓鱼岛：中国东海上的风暴

东亚在 2013 年仍然饱受岛屿主权归属问题的困扰，有三方宣称对这群极小的、无人居住的岛屿拥有主权，日本称之为尖阁列岛，中国大陆称之为钓鱼岛，而中国台湾称其为钓鱼台。虽然这些岛屿仅仅是贫瘠的岩石，但是他们满怀着激情和不妥协，并且认为今天一些影响主权归属的重要因素仍然和一个世纪前的中国东北部（"满洲"）的广阔领土有联系。

如今东亚四周密布着不详的阴云，但是争议所在地也偶尔出现乐观的预期。2008 年 2 月，时任日本首相福田康夫（Fukuda Yasuo）与时任中国国家主席胡锦涛达成一致共识，中国东海应该被打造成一个"和平，利于合作，充满友谊的地方"。① 一年半以后，在 2009 年 9 月召开的中日双边峰会上，鸠山由纪夫提议将它转变为一片"友爱之海"（Yuai no umi，友愛の海）②，据说胡锦涛对此给予了积极回应。随后 2012 年，台湾地区领导人马英九（Ma Ying‑jeou）发起了"东海和平倡议"。可以预期，未来这片区域的和平与合作是可以实现的，但是主权问题必须首先得到解决，并且就资源的合作开发达成协议。如今围绕着岛屿争端的波涛汹涌的局势，将会在其成为现实之前有所缓和。

---

① "China, Japan sign joint statement on promoting strategic, mutually beneficial ties," *China View*, May 8, 2008, http：//news. xinhuanet. com/english/2008 – 05/08/content＿ 8124331. htm.

② Sachiko Sakamaki, "China's Hu, Japan's Hatoyama agree to extend thaw in relations," *Bloomberg*, September 22, 2009, http：//www. bloomberg. com/apps/news? pid = newsarchive&sid = amN＿cwK8u4NU/.

钓鱼岛/尖阁列岛由五个无人居住的岛屿组成，更准确地说是小岛（还有几块甚至是更小的外露岩石），分别被冠以中国和日本的名字，称为钓鱼岛/鱼钓岛（Uotsuri，魚釣島）、北小岛/北小岛（Kita Kojima）、南小岛/南小岛（Minami Kojima）、黄尾屿/久场岛（Kuba）和赤尾屿/大正岛（Taisho）。最大的岛（钓鱼岛，Uotsuri 字面意思在日语中是"鱼－钓"，在中文里是"钓－鱼"）有 4.3 平方公里，全部五个岛屿的总面积仅有 6.3 平方公里。尽管这些岛屿遍布在一片广阔的海域里，它们当中最远的岛屿（赤尾屿/大正岛）距离由三个岛屿组成的核心岛群超过 100 公里，它们坐落在中国大陆架边缘相对狭窄的水域中，由一条被称作"中国－琉球海槽"（日本称为"冲绳海槽"）的很深的（最深处 2940 米）① 海沟将其与冲绳岛分开。钓鱼岛主要的岛群位于中国大陆沿海以东 330 公里，中国台湾东北方向 170 公里，以及位于冲绳群岛的与那国岛（或石垣岛）以北 170 公里。

从 14 世纪开始，中国的史料就记载并命名了这些岛屿，其作为中国沿海（福州）与琉球王国首都首里之间海上航线的重要航海标志，满足了明清两朝往来于琉球的朝贡使团的需要。然而，这些岛屿的所有权，没有完全归属于任何国家，似乎也没有人在那里定居。如今，这一海岛区域是日本边界中唯一一个既存在争议、目前又处于日本实际控制之下的地区，与俄罗斯控制的南千岛群岛/北方四岛（Northern Territories）及韩国控制的独岛（Tokdo）/竹岛（Takeshima）不同。

在现代的日中关系里，对于钓鱼岛/尖阁列岛的处理已经与琉球群岛的处置紧密地联系起来，尽管这两个群岛在地质学上并不相同。1879 年，近现代的日本国单方面废除琉球王国并且切断了琉球王国和以北京为中心的"朝贡体系"的联系，当时的清政府对此提出抗议，而美国总统格兰特进行斡旋试图解决这些分歧。日本寻求全面修订 1871 年签署的开启两国关系的《中日修好条规》，它想要在中国大陆享有与其他帝国主义列强同等的不平等条约权利（"最惠国"待遇）。作为回报，它提出分裂琉球：割让

---

① Guo Rongxing, "Territorial disputes and seabed petroleum exploration," The Brookings Institution, Center for Northeast Asian Policy Studies, September 2010, p. 23.

宫古岛和八重山岛的西南部岛屿给中国。而清政府提出了一种三分琉球的方案与之抗衡：北部的岛屿（包括奄美岛）归日本，恢复琉球王国，冲绳主岛在琉球/冲绳国王治下变为独立，而西南诸岛割让给中国。① 两种方案一致认同宫古和八重山群岛，也就是说冲绳岛与钓鱼岛/尖阁列岛最为接近，应该是中国的。符合中国提议的一个条约曾在1881年年初拟订，但是由于清政府高层的反对没有被实际采纳。② 据说当时清政府实权人物李鸿章表示反对，他认为，"琉球既不是中国的也不是日本的领土，而是一个主权国家"。③ 在132年之后，中国抗议在两国间从未就冲绳的地位达成协议，其地位因此"未定"，这正说明了一个简单的历史事实。④

自1879年"琉球惩罚"（琉球处分）的16年后，日本内阁于1895年1月单方面吞并钓鱼岛/鱼钓岛与黄尾屿/久场岛，声称发现这些岛屿并认定其为"无主地"（terra nullius，没有被任何国家占领或认领的疆域）。1896年，日本将包括这两个岛屿在内的四个岛屿租给日本企业家先驱古贺辰四郎（Koga Tatsushiro），此时又增加了另外两个岛屿。而第五座岛屿（赤尾屿/大正岛）从来没有包含在租赁岛屿领土的范围内，仅仅在1921年，日本政府就直接宣称了对其拥有主权。1926年，日本政府将这四座岛屿的租赁权转变为授予古贺家族的不动产所有权。⑤ 古贺及其家族一直留在这些岛屿上直到1940年左右，随着日本帝国主义的逐渐瓦解而撤离。1945年，美国控制了冲绳及其周围的岛屿和海域，1951年在旧金山和会上确认了对这些岛屿的控制权，并在1953年谨慎地界定了包括钓鱼岛/尖阁

① Hane Jiro, "Senkaku mondai ni naizai suru horiteki mujun," *Sekai*, November 2012, pp. 112 – 119, at pp. 116 – 118.

② Uemura, op. cit., p. 89. See also Gavan McCormack and Satoko Oka Norimatsu, *Resistant Islands: Okinawa Confronts Japan and the United States* (Rowman and Littlefield, 2012), p. 5

③ Quoted in Utsumi Shozo, "Okinawa mushi, gyogyo kyotei de mo," *Okinawa taimusu*, May 17, 2013.

④ See the series on Senkaku/Diaoyu published in *Renmin rihbao*, 8 – 10 May 2013, especially part 3, "*Ma - guan* joyaku to *Diaoyudao* mondai o ronjiru," *Renmin rihbao* (Japanese edition), May 10, 2013, http://j.people.com.cn/94474/204188/8237309.html/.

⑤ See Ivy Lee and Fang Ming, "Deconstructing Japan's claim of sovereignty over the Diaoyu/Senkaku islands," *The Asia-Pacific Journal – Japan Focus*, December 31, 2012, p. 7, http://japanfocus.org/ – fang – ming/3877/.

列岛在内的"琉球群岛"的边界。[1]

1968 年以前,没有人关注这些岛屿,直到 1968 年联合国亚洲及远东经济委员会(Economic Commission for Asia and the Far East,ECAFE)认定,这一地区可能是"仅存着的、最丰富的、迄今尚未开发的石油和天然气贮藏地"。[2] 当进行冲绳回归日本的谈判(1969~1972 年)时,美国在其占领区的不同部分间画了一条线,将琉球的主权移交给日本,但是对于钓鱼岛只进行行政控制,借此从琉球分离出钓鱼岛,这一举动暗中承认了这些岛屿或许存在领土主张争议。近期的研究将美国的这一做法归结为明确的、马基雅维利式(Machiavellian)的设计。根据原贵美惠(Hara Kimie)所说,美国明白这些岛屿将起到"遏制(中国)的楔子"的作用,并且"日中之间存在一个领土争端,尤其是在冲绳附近的岛屿上有争端,将使日本更容易接受美国在冲绳的军事存在"。[3] 而根据丰下楢彦(Narahiko Toyoshita)提出的,美国对于领土边界持一种刻意的"模糊的"(aimai,曖昧)态度[4],种下了中国与日本之间领土冲突的种子或火花(hidane,火種),从而确保日本对美国的长期依赖并且证明美国军事基地存在的意义。[5] 出于这两个原因,其含义很明确:今天的钓鱼岛/尖阁列岛问题是美国政策决策的结果。他们的研究为美国位置的转换提出了一个貌似合理的解释,尽管这一做法的意图肯定难以证明。钓鱼岛/尖阁列岛模糊的、尚未解决的所有权的"楔子/火花"模式,通过确保日中关系中持续的摩擦,

---

[1] "Geographical Boundaries of the Ryukyu Islands," US Civil Administration of the Ryukyu Islands, Civil Administration Proclamation No. 27, December 25, 1953 (Okinawan Prefectural Archives, Ginowan City). According to China, that unilateral act of 1953 unilaterally and illegally extended the bounds of the Ryukyus (*Renmin rihbao*, May 10, 2013).

[2] James C. Hsiung, "Sea Power, Law of the Sea, and a Sino – Japanese East China Sea 'Resource War'," in James C. Hsiung ed., *China and Japan at Odds: Deciphering the Perpetual Conflict*, Palgrave Macmillan, 2007, pp. 133 – 154, at p. 135.

[3] Kimie Hara, "The post – war Japanese peace treaties and China's ocean frontier problems," *American Journal of Chinese Studies*, Vol. 11, No. 1, April 2004, pp. 1 – 24, at p. 23. And see Kimie Hara, *Cold War Frontiers in the Asia – Pacific: Divided Territories in the San Francisco System* (Abingdon: Taylor and Francis, 2006), especially Chapter 7, "The Ryukyus: Okinawa and the Senkaku/Diaoyu disputes."

[4] Toyoshita, *Senkaku mondai to wa nani ka*, p. 52.

[5] Toyoshita Narahiko, "Aete hidane nokosu Bei senryaku," *Okinawa taimusu*, August 12, 2012.

充当了美国将日本锁定成附庸国或者依赖于美国的国家的一系列关键手段之一。①

搁　置

现代日本和中国随后在 1972 年和 1978 年两度关注钓鱼岛/尖阁列岛。1972 年 9 月 27 日，在中国总理周恩来与日本首相田中角荣（Tanaka Kakuei）四次会见中第三次时，田中提出了钓鱼岛/尖阁列岛问题，对此周恩来回应，这一问题应该搁置起来，若开启此问题会使两国关系复杂并且拖延两国邦交正常化的进程②。6 年之后，在日本谈判《中日和平友好条约》时，邓小平重申了这一"搁置"方案，更倾向于将其留给"下一代"，以寻求足够的智慧来解决③。此后大致 30 年，中日双方一直采取了一种权宜之计（modus vivendi）：虽然偶尔有登陆事件（以中国香港为基地的中国保钓人士和日本右翼分子）发生，但是两国政府默契地配合来阻止他们，同时日本也放弃在岛上安置人员或者拓展其周边海域④。

87 岁的野中广务（Nonaka Hiromu，日本保守派政治的幕后重要人物，曾担任内阁官房长官）在 2013 年回忆，田中曾经确实告诉过他 41 年前的"搁置"协议⑤。然而，如今日本外务省却否认曾经存在任何此类协议⑥。虽然表面看起来很明显，因为不存在任何正式外交文件对其进行确认，但上述的交流并不是微不足道的（not trivial）。中日双方都表明了各自立场，

① See Gavan McCormack, *Client State: Japan in the American Embrace* (New York and London, Verso, 2007).

② "*Senkaku mondai o do omou ka*," or "What do you think about the Senkaku islands?" "The Japan – China Summit meeting between Prime Minister Kakuei Tanaka and Premier Zhou Enlai on September 27, 1972," reproduced in Lee and Ming, op. cit. p. 36. See discussion in Toyoshita Narahiko, "*Senkaku mondai*" *to wa nani ka*, Iwanami gendai bunko, 2012, pp. 48 – 50,

③ See the documents reproduced at Lee and Ming, op. cit and discussion in Tabata Mitsunaga, "Ryoyuken mondai o meguru rekishiteki jijitsu," *Sekai*, December 2012, pp. 104 – 113.

④ See Lee and Ming, p. 11.

⑤ Nozomu Hayashi, "Former LDP elder: Kakuei Tanaka said Senkaku shelved in 1972," *Asahi shimbun*, 6 May 2013.

⑥ Ministry of Foreign Affairs, "The Senkaku Islands," March 2013, http://www.mofa.go.jp/region/asia – paci/senkaku/pdfs/senkaku_ en. pdf.

但是出于对扰乱正常化进程的担心而选择避免正式的谈判①。对于日本外务省更改 1972 年《田中－周会议纪要》、"焚烧并毁坏"1978 年《园田－邓会议纪要》的行为，日本学者矢吹晋（Yabuki Susumu）谴责这些行为是"不可饶恕的和无耻的"，它们是唯恐任何一项证据损害到日本拥有无可争议的主权的官方论据（case）②。这是一项不寻常的控诉，因为在 2001 年《信息自由法》引入前夕，外务省毁弃了大量的资料，对此外务省是故意而为，因此野中广务的这一控诉是合情合理的。③ 尽管双方心照不宣地将争议遏制了将近 40 年，但在 2010 年情况变了。日本民主党政府在钓鱼岛/尖阁列岛水域逮捕了一艘中国捕鱼船的船长，坚称这些岛屿"毋庸置疑"是日本领土不可分割的一部分，认为这不是领土争端或者外交事件，这艘中国船只仅仅是违反了日本的法律（干扰官员履行其职责）。然而，面对中国激烈而愤怒的回应，日本很快就让步了，没有正式起诉便释放了这位船长④，但是日本也因此坚定了决心。

从中国的角度来看，很惊讶的是日本没有将其外交努力集中在解决有关国界的双边纠纷上，而是把它扩展成为一个涉及美国的安全问题，日本优先考虑的是得到美国政府的保证，即让美国承认这些岛屿在《美日安保条约》第 5 条规定的范围内，该条款授权美国可以在"日本在其管辖的领土内"受到军事攻击的情况下保护日本。美国国务卿希拉里·克林顿于 2010 年 10 月明确表示支持该立场⑤，而没过多久，在日本的强力敦促下，这一保证也成为 2013 财政年度《国防授权法》的一部分，并在 2012 年 11

---

① Tabata Mitsunaga, "Ryoyuken mondai o meguru rekishiteki jijitsu," *Sekai*, December 2012, pp. 104 – 113, at. pp. 107 – 108.

② Susumu Yabuki, "Interview: China – watcher Yabuki says Senkakus are a diplomatic mistake by Japan," *Asahi shimbun*, December 12, 2012; Yabuki makes his strongest accusations in his subsequent interview: Yabuki Susumu, interviewed by Mark Selden, "China – Japan territorial conflicts and the US – Japan – China relations in historical and contemporary perspective," *Asia – Pacific Journal: Japan Focus*, March 4, 2013, p. 3.

③ "Kimitsu bunsho, tokashite katamete toiretto pepa ni Gaimusho." *Asahi Shimbun*, July 11, 2009.

④ Details in McCormack and Norimatsu, pp. 211 – 214.

⑤ "Joint Press availability," Department of State, 27 October 2010, http://www.state.gov/secretary/rm/2010/10/150110.htm.

月 29 日获得参议院的批准①。也就是说，美国继续承认"日本对于钓鱼岛/尖阁列岛的管辖权"，但是在主权问题上不表明任何立场②。这意味着，美国对于哪个国家应该拥有这些岛屿乃至它们应该被怎样称呼并不持有观点。但是，美国为了保护日本对这些岛屿的主张而做好了参战的准备。这与 1971 年时美国所采取的立场相同，当时亨利·基辛格（Henry Kissinger）将其描述为"胡言乱语"（nonsense）③。

尽管事实上，这些岛屿直到 19 世纪末才为日本所周知，然而现今在日本的共识却是：它们是日本无可争议的或固有的（koyu）领土。"koyu"（固有）一词没有准确的英文翻译。它与英文短语"自古以来"有关联，但是这一概念在国际法中并不为人所知，在论及国家领土的时候，世界上很多国家，即使不是大多数国家的话，对于这一概念也很陌生④。似乎是在 1970 年前后，这一概念才在日本被创造出来，最初时为了强化日本对于"南千岛群岛"（the Southern Kurile Islands，从那时起它被称作"北方领土"）领土主张的语气⑤。随后，它传遍了东亚文化区，使得日本、中国和韩国的领土主张均被绝对主义所笼罩，对折中不予考虑。现代世界历史上的教训之一也因此湮没：这些边界（一些海洋例外）很少是绝对的、不可侵犯的，正如德国的例子，1945 年德国牺牲了其大部分普鲁士（Prussian）的心脏地带，但是结果是形成并加强了其欧洲中心地位⑥。

2012 年 4 月，东京都知事石原慎太郎（Ishihara Shintaro）向华盛顿特区的一位保守党美国听众宣布，他的城市正在磋商购买三个私人所有的小岛，尖阁列岛/钓鱼岛、北小岛、南小岛。他强调这是为了消除中国大陆

① Ben Dolven, Shirley A. Kan and Mark E. Manyin, "Maritime Territorial Disputes in East Asia: Issues for Congress," *Congressional Research Service*, January 23, 2013, p. 16, http://www.fas.org/sgp/crs/row/R42930.pdf/.

② "China condemns Senkaku amendment to US – Japan security treaty," *Japan Times*, December 4, 2012.

③ Lee and Ming, p. 2.

④ For discussion of this point, Toyoshita Narahiko, "'Senkaku konyu' mondai no kansei," *Sekai*, August 2012, pp. 41 – 49 (later resumed in his book, *Senkaku mondai to wa nani ka*, Iwanami gendai bunko, 2012.)

⑤ Wada Haruki, *Ryodo mondai o do kaiketsu suru ka*, Heibonsha shinsho, 2012, pp. 23 – 33.

⑥ For a lucid presentation of this argument, Magosaki Ukeru, *Nihon no ryodo mondai – Senkaku*, *Takeshima to hoppo ryodo* (Tokyo, Chikuma shobo, 2011), pp. 50 – 55K.

或者中国台湾对其主权挑战的任何可能①。虽然几乎所有公众都在提及他的计划，都认为这一计划是将这些岛屿作为整体寻求解决方案，但是事实上，这一计划忽视了已经国有的赤尾屿/大正岛，以及私有的但是无人出价的黄尾屿/久场岛，"外围"岛屿知道，甚至日本海岸警卫队也知道，它们的中文名字——黄尾屿和赤尾屿。这两个岛屿仍然置于美国无可争议的控制之下——作为一个轰炸练习场——远远超过半个世纪的时间，无论是日本国家还是日本的大都市政府都从未抱怨或者寻求它们的回归。在2010年代表日本政府回应国会关于为什么没有就收复这些岛屿付出努力时，一位发言人说，美国方面"没有表明归还它们的意向"②。

换句话说，日本将不会考虑寻求其归还，除非美国首先表明将会准许此事这样做。因此，日本对于其"固有"（koyu）岛屿的愤怒只涉及其中的三座，而不是五座，无论"固有"意味着什么，它都与另一个国家的占领并不矛盾，即使其他国家会选择把它们炸成碎片，只要"其他国家"指的是美国。无论在应对中国时如何直言不讳和大胆、在主张日本"固有"所有权时如何坚决，当面对美国时，日本领导人们就丧失了勇气。

石原的言论大意是：中国（或"支那"，他选择使用战时的侮辱性名称）是"处于宣战的半路上"③；是一名"强盗"，"正在太平洋地区寻求霸权，钓鱼岛/尖阁列岛问题仅仅是其野心的第一步"④。他的言论帮助形成了一种围绕特定立场的国家共识：日本对于这些岛屿的拥有权"不容置疑"且毫无争议，而中国正在"威胁"日本的主权领土，并且中国的这一挑战要求重新确认美日同盟的重要性。所有的日本媒体在提到这些岛屿时，都会连带使用以下句子或者其变形，"无论从历史和国际法的角度都是日本不可分割的一部分"或者"从历史和法律上而言……是日本领土不

① Ishihara Shintaro, "The US – Japan alliance and the debate over Japan's role in Asia," lecture to Heritage Foundation, Washington, D. C, April 16, 2012, http: //www. heritage. org/events/ 2012/04/shintaro – ishihara/.

② Toyoshita, "Senkaku konyu," p. 42.

③ Jun Hongo, "Tokyo's intentions for Senkaku islets," *Japan Times*, April 19, 2012.

④ Ishihara, lecture to Foreign Correspondents' Club of Japan, Tokyo, May 29, 2012; Hiroshi Matsubara, "Tokyo Governor calls out his enemies at FCCJ," *Asahi shimbun*, May 29, 2012.

可分割的组成部分"①。

紧随着石原的挑战，中国东海 2012 年的夏季很炙热。悬挂不同国籍旗帜航行的对立团体，在钓鱼岛登陆或者试图登陆。7 月 7 日，在日本对中国发动全面战争 75 周年之际，首相野田接纳了石原的理由并声称日本政府将购买并将这（三座）岛屿"国有化"。当月的晚些时候，他宣布准备部署自卫队来保卫它们。在 9 月，他（以 205 亿日元，或 2600 万加元）正式购买并将这些岛屿"国有化"，在联合国大会上声明它们是日本"固有的（intrinsic）领土"，对此不存在争议、没有什么可协商的②，而该群岛的"其他"两座岛屿并没有提及。

抗议示威活动随后在中国香港及内地的城市展开——日本汽车被掀翻、日本餐馆的窗户被砸碎、日本商品被丢弃，并且暂停旅行团、学生和商界之间的交流。当年晚些时候，安倍晋三以"夺回日本"的整体口号参与众议院竞选，承诺对日本"固有"领土"尖阁列岛"绝不让步③，并认为这是一个不存在争议、没有讨论或谈判余地的问题。他写道：

> 尖阁列岛附近地区所需要的不是谈判，而是不能被误解的强力（physical force）。④

当前首相鸠山由纪夫（在访问北京的同时）质疑日本政府时，说道：

> 但是如果你审视历史，这是存在争议的……如果你继续说，"不存在领土争议"，你将永远得不到答案。⑤

因为上述言论，安倍晋三的防卫大臣小野寺五典（Onodera Itsunori）

---

① The former from "Senkaku purchase must be settled calmly in Japan," editorial, *Mainichi shimbun*, July 11, 2012, and the latter from "Stop infighting over the Senkakus," editorial, *Japan Times*, July 18, 2012.

② Lee and Ming, pp. 4 – 5.

③ Meeting Deputy Secretary of State William Burns on October 15, 2012, quoted in Tabata, p. 113,

④ 「この問題に外交交渉の余地などありません。尖閣海域で求められているのは、交渉ではなく、誤解を恐れずにいえば物理的な力です」。Abe Shinzo, "Atarashii kunie," *Bungei shunju*, January 2013, pp. 124 – 133, at p. 130.

⑤ Kyodo, "From Beijing, Hatoyama tells Tokyo to admit row," *Japan Times*, January 18, 2012.

给鸠山贴上了"叛徒"（kokuzoku）的标签①。

2013 年日本政府的强硬语气让人联想起 1937 年，当时的日本领导人近卫文麿（Konoe Fumimaro）在具有决定性意义的几个月里取消了与蒋介石的会谈，导致了与中国的全面战争，而当时的日本国家媒体同样自以为是，并对中国的"无理"与"挑衅"不屑一顾②。对于中国而言，日本的挑战似乎很直白（plain）。2013 年 4 月，钓鱼岛第一次被称作"核心利益"，而《人民日报》在 5 月补充认为，冲绳自身的地位必须再议。几个月之后，中国对安倍的"武力"威胁做出还击。罗援少将声明，中国将依靠"综合国力的提升"来解决钓鱼岛问题，为了达到这一目的，将继续调集兵力进入钓鱼岛水域，以便"在必要的时候我们就可以三大舰队形成一个拳头，（向日本）拔刀亮剑"③。

在 2012 年年末，日本选举了一个信奉"神道教"的政府，他们尊崇以天皇为中心的独一无二的日本，他们还否认南京大屠杀和"慰安妇"，并且支持建立更加强大的日本，修订一部新宪法以确保建设更大规模的军事力量，这些举动很难不给中国和其他亚洲地区敲响警钟④。这当然也引起了华盛顿的注意，在华盛顿（和整个美国媒体界）都蔓延着这样一种言论，即安倍的新民族主义和历史修正主义（否认"日本帝国侵略及其他亚洲受害者的叙述"）的议程或许是"引起不和的"并"可能损害美国的利益"⑤。

2013 年 1 月在华盛顿会晤时，美国国务卿希拉里·克林顿告知日本外

① AFP – Jiji, "China hype: Hatoyama war regrets," *Japan Times*, January 19, 2013.

② Abe, meeting on 15 October with Deputy Secretary of State William Burns, quoted in Tabata Mitsunaga, "Ryoyuken mondai o meguru rekishiteki jijitsu," *Sekai*, December 2012, p. 113.

③ "Viewpoint: National strength still to be raised to solve Diaoyu Islands issue," *China Military Online*, May 17, 2013, http://english.peopledaily.com.cn/90786/8247941/.

④ See Gavan McCormack, "Abe Days are Here Again – Japan in the World," *Asia – Pacific Journal: Japan Focus*, December 24, 2012, http://japanfocus.org/ – Gavan – McCormack/3873/.

⑤ For US national and media thinking on the evolution of the "Japan question" under the Abe government, see Emma Chanlett – Avery, Mark E. Manyin, William H. Cooper, Ian E. Rinehart, "Japan – U. S. Relations: Issues for Congress," *Congressional Research Service*, May 1, 2013. (www.crs.gov/7 – 5700). And see Takeuchi Yoichi, "Shusho rekishi ninshiki Bei ga kenen 'Higashi Ajia konran' 'Beikoku kokueki gaisuru'," *Tokyo shimbun*, May 9, 2013.

务大臣岸田文雄（Kishida Fumio）这些岛屿的归属确实存在争议，日本应该坐下来与中国谈判这个问题①，这实际上是一种谴责（rebuke）。安倍随后收敛了他的言论和政策，但是当他在 2013 年 2 月末访问华盛顿时，美国政府既没有给他安排晚宴，甚至也没有召开联合新闻发布会，而且在联合公报中也没有提及他最想寻求的：美国支持日本对于尖阁列岛/钓鱼岛的主权主张②。相反，美国完全专注于一个问题，跨太平洋伙伴关系，或称TPP，这是眼下华盛顿的主要议程。悲哀的是，安倍只能独自站在新闻发布会上宣布加强美日同盟。

日本的尖阁列岛

日本的尖阁列岛主张依赖于三项基本依据：日本在 1895 年中国战败后就获得了这些岛屿，其早于《马关条约》明确将台湾岛及其附属岛屿割让给日本之前三个月，这并不是"战利品"（或者 1943 年《开罗宣言》所说的"窃取领土"），而是占领的无主地（terra nullius），即未被任何国家拥有和声称拥有的领土；从 1895 年的吞并举动至 1968 年亚洲及远东经济委员会报告（ECAFE）公布期间，最少有 70 年时间，日本对钓鱼岛的占领并未受到过质疑；就某种几乎形而上学的意义而言，这些岛屿是日本固有的、不可分割的领土，是其固有领土（koyu no ryodo）。

这种无主地（terra nullius）主张确实是值得怀疑，如果只是出于这个原因，会让人回忆起帝国主义国家按照其意愿瓜分世界的时代，其在某些情况下（尤其是澳大利亚）会被最高法院依法驳回③。这种轻信（credulity）延续至今，日本仍然声称，其 1895 年的吞并（经过十多年酝酿）与其

---

① "Remarks With Japanese Foreign Minister Fumio Kishida After Their Meeting," Hillary Rodham Clinton, Secretary of State, Washington, D. C., January 18, 2013, http：//www. state. gov/secretary/rm/2013/01/203050. htm/. For Satoko Oka Norimatsu's analysis of the media reporting of this meeting, see "Kurinton Kishioda kaiken hodo：masumedia no aorini damasarenai yo ni," Peace Philosophy Centre, January 20, 2013, http：//peacephilosophy. blogspot. ca/2013/01/blog－post_20. html.

② "Joint Statement by the United States and Japan," Washington, D. C., February 22, 2013, http：//www. mofa. go. jp/mofaj/kaidan/s_ abe2/vti_ 1302/pdfs/1302_ us_ 02. pdf.

③ "Eddie Mabo vs Queensland," 1988 and 1992 in the High Court of Australia.

在战争中战胜中国并无关系。该吞并作为外交机密保持了 57 年（仅在 1952 年发布的日本外交记录的战后汇编中公布）。至于 1895 年日本内阁决议所授权的"标志"，实际上直到 1969 年 5 月才设立在岛屿上①。

从中国的角度来看，从琉球群岛（1879 年）、尖阁列岛（1895 年）、台湾岛及其附属岛屿（1895 年），到东北或者"满洲"（1931 年）或许要画一条线。《人民日报》在 2013 年 5 月就画出了这样一条线。

现在日本在任何涉及"尖阁列岛"的叙述中几乎都不可避免地在前面加上"固有领土"（koyu no ryodo），至少暗示着它们长期（或"自古以来"）就是琉球群岛的"一部分"，而这种运用也是可疑的。它们在近现代以前不是琉球"36 个岛屿"的一部分，1879 年这个行政地区设立时也不是，直到在此基础上增加 16 年之后才是。直到 19 世纪末，具有讽刺意味的是这些岛屿在日本仍不被人知晓，当时这些岛屿在英国海军文献中被确认，而不是日本所说的 1895 年声明、在 1900 年进行命名。直到 1952 年，日本才对这些岛屿进行命名、发表领土主张，而有时候包含两座岛屿，有时候是三座，有时候是五座。

对于日本的定位，直到 1970 年中国都对日本占领这些岛屿保持沉默，这可能被视为"承认"日本长期秘密持有的这一主张，并将中国排除在平解决方案的旧金山谈判之外。这种情况使得国际法无法为被侵略的殖民或半殖民国家提供可以上诉的制度。一旦美国从冲绳撤军，关于界定"冲绳"包括哪些岛屿、不包括哪些岛屿，以及应该向谁"归还"的问题就十分紧迫，并且受到了广泛的关注，中国大陆和台湾都明确地提出了他们的主张。

中国的钓鱼岛

中国对钓鱼岛的主张依赖于历史（明清两代的记录）与地理（从琉球岛链中分离出钓鱼岛的大陆架和深海湾）。基于这两者，这些岛屿是台湾地区领土不可或缺的部分，它们在中日战争中（作为"战利品"）为日本

---

① Lee and Ming, p. 7.

非法占有，因此根据《波茨坦协议》应归还中国。

有种观点认为，中国在东海和南海提出了"极端的扩张主义要求"。但是，当全球聚焦于中国，认为其正在攫取海洋领土和资源的时候，发达国家俱乐部（大多是原帝国主义和殖民强国）却逃离了人们的目光，这些国家根据 1982 年的《联合国海洋法公约》（UNCLOS）所提出的海洋主张有过之而无不及。最大的受益者是作为海上强国的美国、英国、法国，连同澳大利亚、新西兰和俄罗斯，紧随其后的是日本①，无论有没有钓鱼岛/尖阁列岛，它们在其中确实捞到了好处。中国没有参与"19 和 20 世纪瓜分太平洋陆地领土的进程中，而现在分割其海洋时也没有参与进来"②。中国在全球海上强国的排名是第 31 位，介于马尔代夫（Maldives）和索马里（Somalia）之间③，而日本控制着比中国大 5 倍的一片海洋，居专属经济区（Exclusive Economic Zone，或 area of EEZ）面积排名的第 6 位。而据日本最近估计，考虑到实际水量，如海洋深度，其排名将上升至第 4 位④。在其各个海洋领域里（除钓鱼岛/尖阁列岛以外，还包括其他有主张但存在争议的海域），甲烷水合物（可燃冰）、稀土、贵金属和工业金属的大量发现使它成为一个潜在的海洋超级大国⑤。然而，事实是，在全球范围内，中国的领土主张在全球海域中充当着次要角色，想必这加强了中国绝不在空间问题上屈服的决心，例如钓鱼岛，中国确实应有领土要求。

在亚洲及远东经济委员会（ECAFE）提出石油和天然气富矿带前景的45 年之后，日方消息认为这一区域约有 1000 亿桶石油及天然气储量，大

---

① See Peter Nolan, "Imperial Archipelagos: China, Western Colonialism and the Law of the Sea," *New Left Review*, No. 80, March/April 2013, pp. 77 – 95, and with specific reference to Japan, my "Troubled seas: Japan's Pacific and East China Sea Domains (and claims)," *Asia – Pacific Journal: Japan Focus*, September 3, 2012, http://japanfocus.org/ – Gavan – McCormack/3821/.

② Nolan, ibid..

③ McCormack, "Troubled seas."

④ "Nihon wa sekai yon – i no kaiyo taikoku, Yamada Yoshihiko," *Nihon keizai shimbun*, November 17, 2011.

⑤ See inter alia, "Deep – sea mud proves rich in rare earths, but remote deposits hard to extract," *Yomiuri shimbun*, March 22, 2013, and "Dai kibo kaitei kotoko 'shigen rikken' mo yum de wa nai," editorial, *Ryukyu shimpo*, April 2, 2013.

致相当于伊拉克的储量①。附近水域可能存在也可能不存在丰富的碳氢化合物，但是即使它们存在，一方似乎也无法成功地忽视另一方的敌意，进而顺利地开发这些资源。举个例子，如果日本想要成功地提取某些资源，随后尝试将其运回本国市场，日本更愿意横跨琉球海沟将它运回，而不是跨越喜马拉雅山把中东的石油运送回日本，而从大陆架边缘将资源运送到中国东部的市场出现问题也会比较小②。撇开政治上的考虑，仅是巨大的技术难度以及所包含的风险，就使得多国政府与金融集团的合作成为开发资源的一个必要条件（sine qua non）。

人们通常会提到以下五点：

第一，正如京都大学的井上清（Inoue Kiyoshi）40 年前提出的观点，"即使（尖阁）列岛不是因为条约而从中国手上夺走，他们也是暗地里把它夺走的，没有通过条约或者谈判，而是利用了战争的胜利"。③ 2012 年《经济学家》杂志从意识形态范畴的另一端肯定了这一评价，它写道："无论日本对这些岛屿的主张的合法性是什么，其根源在于其野蛮的领土扩张。"④

第二，在主要当事方缺席的情况下，1951 年在旧金山采纳的这个模棱两可的方案引起了激烈争论。很难想象，围绕这些岛屿而出现的越来越多的军事化对峙情况的进一步发展，除非日本承认这些岛屿存在争议。日本抗拒的时间越长，其颜面的损失就越大，最终很有可能在美国的压力下，日本发现自己不得不这么做。

第三，这个问题不仅是领土上的，而且还深植于历史当中。日本人往往容易忘记，中国人却无法遗忘。当前的钓鱼岛事件，也夹带着中国从未减轻的质疑的"反作用力"，如日本长期无视或并没有很好地承担它的战争责任、政府高层否认南京大屠杀、右翼势力周期性粉饰历史教科书，拒绝对亚洲范围内"慰安妇"问题承担其正式的法律责任，其首相（尤其是小泉纯一郎，

---

① "Nihon wa sekai yon-i no kaiyo taikoku, Yamada Yoshihiko," *Nihon keizai shimbun*, November 17, 2011.

② Guo Rongxing, pp. 9, 25–26.

③ Inoue, p. 123.

④ "China and Japan: Could Asia really go to war over these?" *The Economist*, September 22, 2012.

2001～2006 年）及内阁成员定期参拜靖国神社①，等等。就在 2013 年 4 月，副首相麻生太郎及 168 位众议院成员还参加了靖国神社的春祭仪式。

第四，日本精英与大众媒体似乎都失去了欣赏中国立场的能力，或者说不拥有自我批评的意识。在影射出一幅将中国作为威胁和"他者"的画面的同时，他们极少关注中国提出对这些岛屿拥有主权的背景，也毫不在意日本受到普遍质疑的原因。他们理所当然地认为，日本"拥有"这些岛屿的主张或是质疑日本的主要缘由。他们理所应当地认为日本拥有这些岛屿，并将就其发生的危机归咎于政府，而他们对于（在很大程度上，他们一味否认存在）1972 年和 1978 年"搁置"协议的破坏没有任何责任感②。日本对于妥协或谈判的主张是夸张的、模糊的、带有操纵性的、怀有敌意的，然而几乎无人怀疑"日本的立场，从根本上讲，是很坚定的，并且依据现有的国际法，也是非常合理的"一类的说辞。③

第五，对于日本来说，尖阁列岛/钓鱼岛变成了定义其在地区和世界范围发挥作用的一个关键因素：一个地区国家专注于创建一种合作的秩序，或者打造一个美国的附庸国共同合作以遏制中国，尽管很担心美国有一天会改变其亚洲核心利益，转而与中国合作——尼克松冲击（越顶外交）所造成的创伤仍然残存在日本意识的深处。为了能够搁置（set aside）对"固有"领土和不存在争议的欺骗与诡辩，人们对日本吞噬理性讨论的行为容忍了太长时间，现在最需要的是一次"精神革命"④。然而，钓鱼岛问题紧迫性逐步增加。中国在 2013 年年中迅速重启"框架"协议或许能为各方冷却怒火提供一条途径，并且为讨论某种形式的和解协议做好准备⑤。

---

① Zhang Ning, "'Diaoyudao' no haigo no Chugoku no shisoteki bunki," *Gendai shiso*, December 2012, pp. 104 – 112, at p. 106.

② For the Congressional Research Service discussion, *Maritime Territorial Disputes in East Asia: Issues for Congress*, p. 16（fn. 24）

③ Togo Kazuhiko, "Japan's territorial problem: the Northern Territories, Takeshima, and the Senkaku islands," The National Bureau of Asian Research, Commentary, May 8, 2012. And see Togo and Kosaka, op. cit. .

④ Wada, *Ryodo mondai o do kaiketsu suru ka*, p. 19.

⑤ Deputy Chief of General Staff of the PLA, speaking at Shangri La Conference, Singapore, June 2, 2013, "Senkaku tanaage, daiwa no shiganaru minogasu na," *Ryukyu shimpo*, June 4, 2013.

然而，无论表面上多么棘手，这类地区性的问题，如中国东海仍在向好的方向发展。这暗示着对于早前的福田康夫、胡锦涛、鸠山由纪夫及其他人而言，至少原则上不需要如此执拗，而且确实可以相当直接。由于就主权问题达成决议的前景微乎甚微，因此，中日双方最好将其放在一边，有效地恢复到1972~2010年的"搁置"协议，而不是对岛屿周围以及有可能的岛屿的积极合作进行整合。有关共享资源和保护环境的责任的协议（有可能获得联合国世界遗产地位），以及共同对这些岛屿及其海域进行监控和管理的各项协议也可以谈判。在2010年爆发的冻结其大部分机制（mechanism）的危机之前，用于渔业和资源提炼的合作安排已经在这片海域的部分地区实施，并且可以恢复和扩展。

注意到三个行为体之间相互矛盾的主张，冲绳目前处于一种格外微妙和脆弱的位置。冲绳人在内心深处意识到，在其水域的主权竞争正威胁着他们。捍卫钓鱼岛/尖阁列岛的战争将会是"第二次世界大战争斗的重演，而我们，冲绳人，是受害者"，琉球大学的比屋根义直（Yoshinao Hiyane）如是说。[1]

冲绳人钓鱼岛/尖阁列岛的思考方式，因此与众不同。冲绳的市民社会主动呼吁一种包容性的地区合作，而不是专属的解决方案。冲绳人坚决反对军国主义化，确信与中国充满敌意的对抗不会带来安全，（与其他的日本记忆相比）他们也往往回顾与中国保持长期友好关系的历史记忆。为了取代"固有领土"这种语言论调，他们谈论的不是一个以冲绳为中心的"生活空间"，而是"一种日本、中国大陆、中国台湾共存、共生的空间，是一种善意的象征"。[2] 他们寻求的是将冲绳自身转变为"亚洲的和平枢纽"。他们将扩展冲绳公民民主的原则，这一原则几十年来一直阻挠着日本和美国将该地区进一步军事化，以便

---

[1] Hiyame Teruo, emeritus professor of the University of the Ryukyus, quoted in "Senkaku kaiketsu e kennai kenkyusha ra shido," *Ryukyu shimpo*, January 13, 2013.

[2] For the "Urgent Appeal: To Transform Senkaku islands (called Diaoyu Islands in China and Diaoyutai Islands in Taiwan) into a Shared Livelihood Zone for Japan, China, and Taiwan," by the Okinawa-based "Committee of One Hundred," January 10, 2013, http://peacephilosophy. blogspot. ca/2013/02/an-urgent-appeal-from-Okinawa-to-turn. html/.

在中国东海（以及诸如钓鱼岛/尖阁列岛等岛屿）磋商一种全新的未来。这样一种展望，相对于民族国家以及建立围绕和跨越国界的合作框架的观点，当然是最激进的。它或许也给解决钓鱼岛/尖阁列岛问题提供了最佳前景，其也可能标志了"亚洲治下的和平（Pax Asia）的诞生"。

第十二章

扭转历史：历史作为生活体验

冲绳的声音

是谁，一直在针对我们时代两个最大的强国，进行极其不平等与长期的抗议？

基于相信私人是政治的并反之亦然的理念，我们邀请了冲绳运动团体中的一小部分（sample）人，分享他们（作为当事人）对于抗争的性质、他们的参与以及他们对此所抱的希望的思考。当然，我们在此涉及的只是一个极小的样本，既包括在冲绳出生的，也包括在日本本土出生的人们，有女性，也有男性，跨越几代人。我们要求他们思考下列问题：

＊什么时间，在何种情况下，你开始参与"冲绳运动"？它对你的个人和/或职业生活产生了何种影响？这项运动的目标是什么？

＊这个问题现在是否比你第一次参与抗争的时候更接近于解决？

＊你更倾向于将自己看作哪种身份的人？冲绳人、日本人，或是其他人？在你参与的运动中，身份发挥什么作用？

＊你怎么看待东京对冲绳情况的处理？

＊你认为冲绳向日本本土表达了什么问题或者核心信息？对于美国呢？

＊你能否描述一下，冲绳战役的经历或者记忆（知识）怎样影

响了你的行动吗？

　　＊ 你对日本宪法持什么观点？对于宪法第 1～8 条（天皇）或者第 9 条（放弃战争），是否存在一种普遍的"冲绳"认识？

　　＊ 是否存在超越其他一切、为你所坚持的任何文件或者文本，能够作为冲绳问题的一种公正和妥善的解决方法？有没有某一篇文章或者文本给你提供持续的启发？为什么？

　　＊ 对你来说，在琉球／冲绳历史中，有没有最能够体现冲绳道德精髓的特殊个体？

与那岭路代（Yonamine Michiyo）

1976 年出生于冲绳那霸市，《琉球新报》记者。

对于作为冲绳一名报纸记者的我来说，美国军事基地问题无疑是最严重的问题。我是在美国海军直升机于 2004 年 8 月在毗邻普天间海军基地的冲绳国际大学校园里坠毁时开始跟踪基地问题的。那时，我被派到宜野湾市的办事处，那里是普天间基地的所在地，所以在事件发生时，我径直去了坠机地点，并且目击了那个可怕的景象。美国军事人员在公共道路上设置关卡，拒绝（excluding）当地警察、媒体和居民们接触的方式，让我意识到他们仍然保留着"占领者心态"的现实。此后，我继续在东京办事处随后的任务中报道普天间问题，在政治层面则是作为驻华盛顿特区的一名特派记者。

但是我认为我与军事基地问题的瓜葛（involvement）应该追溯到我的小学时代。我一年级的老师是姬百合学生队（The Himeyuri Student Corps）的一名幸存者，尤其是她胳膊上枪击伤口告诉我战争的可怕与和平的珍贵。她给我们讲关于她自己的故事的课堂记忆，现在仍然伴随着我。我出生在冲绳，一种战争离我很近的感觉伴随着我的成长，这样的事实塑造了我的意识，而我作为一名记者报道军事基地问题的事实，也为我现在所持的立场奠定了基础。

我的目标是将军事基地清除出冲绳。对此，我不仅指的是物理上的基地拆除。从根本上讲，我想要看到日本消除对冲绳结构性的歧视。我想要

图 12 - 1　与那岭路代和她的儿子

纠正普遍的误解，"冲绳在地理上的重要性使得美国军事基地的集中无法避免"，而最终，我想看到冲绳自力更生、摆脱军事基地的影响。

这种情况没有改变。当我阅读十年前的报纸时，我震惊地看到当时被美军暴力、冲绳抵抗和日本政府表现冷漠的消息所占据的版面。现在，这种情况仍没有改观，但是我拒绝放弃。我相信，这种情况会改变，而我下决心去做出这种改变。

我对于冲绳人或者日本人都没有任何特殊的认同感。我应付（tackle）军事基地问题的原因不是由于我作为一位冲绳居民的个人背景，而是因为从全球的、普遍的标准来看，冲绳的地位是不平等的。作为一名报纸记者，我把站在弱势的一方、纠正不公视为我的责任。

冲绳军事基地问题没有得到解决的原因，显然是由于日本政府的忽视。决心彻底改变外交和安全政策的意见是没有人会投票响应的，相反，任何这方面的努力都被视为政治冒险。这就是没有哪个政治家胆敢碰触这一问题的原因。中央政府经常把呼吁摆脱基地（a base-free Okinawa）的冲绳人称为"理想主义者"，并要求冲绳容纳更多的基地，说我们需要现实主义者。但是，在边野古建造替代基地的协议达成15年之后，他们根本无法解决普天间重新安置的问题。日本政府和政客们的思想被冻结了，而且他们不想从边野古"理想"中苏醒。

宫城康博（Miyagi Yasuhiro）

1959年出生于冲绳名护市，自1997年开始在名护市公民投票促进会（The Nago City Plebiscite Promotion Council，稍后在反对直升机基地的委员会）中发挥了核心作用，1998～2006年担任名护市议员。

早在20世纪80年代，我是东京某剧团的一名成员。但是，当柏林墙倒塌那一刻，我想冲绳——一座冷战的孤岛，也会有变化，于是便回到冲绳名护市这个我出生和长大的地方。我参与运动的经历始于1997年，作为市民代表参加一次关于是否在名护市建造一座新基地的公决。这次抗议在公民投票中赢得了大多数人的支持，但是它没有法律约束力，而名护市市长宣布他将接受该基地，随后我就辞职了。为了能让公民投票的结果反映在市政府的活动中，我作为一名市议会选举产生的成员和市长候选人开始着手政治活动。这项活动持续了将近10年，直到我在选举中失败，但是这项活动决定性地改变了我的生活。现在，我不参与任何有组织的社会活动，但是基于十多年的经验，我继续从一位公民的角度观察新基地建设问题，并发布各种各样的事情，包括维护一个博客。我的目标是既阻止任何新的基地的建设，又推动冲绳的自治，即便是一种非常小的途径。

公民投票10年之后，县级民意调查中的大多数人反对基地建设，但是其中存在（applied in）一种反常情况，那些准备与政府合作的人构成了本地政府负责人和议会成员的多数。冲绳人希望从自民党到民主党的政府更替会解决该问题，但是这一希望遭到了背叛。事实上，现在的知事和所有当地的市长们都反对任何基地迁移至冲绳，这可以被描述为政府更迭运动的后期影响。从现在开始，民主党政府将很有可能受到各种各样的压力，其结果仍然无法预计。

我是地地道道的冲绳人。我的想法和我的存在受到冲绳环境的影响和

图 12 – 2　宫城康博

限制。在参与运动的阶段，我见到许多经历了冲绳战役的长者。对于此方面经验可能消失的危机感，强化了我阻止基地建设的决心。

　　冲绳并不是在要求所有美军基地的立即归还。此外，当他们提供的唯一信息是告诉我们，以回归的名义，我们不得不接受一个新基地的建设并永远与其生活在一起的时候，以及当他们持续使用经济和其他妥协计划来迷惑我们的时候，日本和美国的政府都错误地估计了冲绳民众对于基地迁出冲绳这一意愿的力量。即使是冲绳的保守派政客们，一旦他们理解了这种意愿的力量也要求将基地迁移出冲绳。

　　我想要结束人们对冲绳人的歧视，这侵蚀了宪法的根基，并扭曲了不仅是冲绳还有日本国家的本质（essence）。美国提出他们不会在不受欢迎的地方设置基地，却从二战起一直继续着它对冲绳的军事占领，并由日本政府从中斡旋而成。美国的民众或许不了解冲绳正在发生什么。但当美国在 1945 年来到冲绳时，这些岛屿上的人们已经被日本洗脑，那时的日本是一个狂热的国家，我们被迫要说"天皇万岁！"恰恰是由于这个缘故，我们面临死亡或者被杀害。美国作为这种狂热的对立面，就在那个时候到来了，但是从那时起擅自占领这里至今。美国人远远超出了他们最初的任务，超越了任何可接受的限度。我想要美国彻底地结束战争，终结战争并离开。

日本的宪法是一部理想主义的宪法，但是当它设立时，冲绳并不是该过程的一部分。甚至1972年冲绳的施政权归还之后，冲绳似乎也被排除在宪法的实施之外，因为违背冲绳民众意愿的基地得以保留。

我不了解宪法关于天皇（第1~8条）与第9条（放弃战争）等条款之间关系的整体观点是什么，但是我认为天皇制度以"国家和人民团结的象征"的形式保留，意味着对战争的反思过程不完整。鉴于这一原因，到了今天，在日本的极右翼民族主义者也能发起围绕诸如怎样理解冲绳战役等问题的修宪运动。在目前的情况下，我抱有一种复杂的观点，唯一可能的是结合《美日安保条约》来考虑宪法的第9条，而对于我这个冲绳人来说，第9条所散发的光亮被拖入了《美日安保条约》的黑暗中。

正确的前进道路，不在堆满书的架子上，而在冲绳民众的历史、生活和抗争中。解决目前问题唯一恰当的方式是，日本和美国政府放弃为寻求替代普天间基地的努力，这块在战争中被错误没收的冲绳人的土地，应把它归还给冲绳民众。

我的父母，一路从穷困的山原村来到了名护市，在这里，尽管很贫穷，但是他们抚养了我和我四位年长的哥哥和姐姐（这体现了冲绳精神的精髓）。

安次岭雪音（Ashimine Yukine）

1971年出生于松江市岛根县，母亲是山瓶（Yamagame）咖啡馆的所有者，一位反对在山原（Yanbaru）森林的冈萨雷斯基地增建直升机停机坪计划的当地居民。

早在1994年，我在八重山群岛骑车旅行，在这段时间我遇见了我的丈夫。两年以后，我再次到冲绳露营，顺便到他生活的嘉手纳镇拜访，并结束了在冲绳的生活，直到今天。当我们住在嘉手纳时，噪声并没有像困扰冲绳市和北谷町的人们那样困扰着我们，后者那里的喷气飞机的声音甚至让日常的交谈都很困难。

我们总是想要在一种富饶的自然环境中生活并抚养孩子。2002 年伊始，我们发现了一个我们都喜欢的地方，当我们在那里露营时，土地的主人走过来，然后事情一件接着一件，我们决定把那里买下来，建一座房子。我的丈夫是一位木匠，所以我们建造了自己的房子和咖啡馆。起初我们想要建一座公共澡堂，但还是以咖啡馆开了头。当我们搬到山原（Yanbaru）时，我们是一个有五口人的家庭，而现在增加到了八个人。

当我第一次看到美军直升机在茂密森林上方的天空中来回飞行时，我感到很惊讶，然后想，"无论你身在冲绳何处，似乎都有美军基地"。我很吃惊，我们居住的山原实际上比嘉手纳更嘈杂。然而，我的家人们都为能够过上一种理想的生活而感到开心，由于在富饶的自然环境中玩耍，孩子们都长得很强壮。

然而，2007 年 2 月，我在报纸上读到，日本和美国已经同意建造 6 个新的直升机起飞与着陆带、直升机停机坪，就在高江区域，我们所生活的东村里。紧接着，冲绳防卫局在当地的礼堂安排了所谓的"说明会"。直到那时，我都与基地问题毫无关系，所以我对他们在传单或者解释中所使用的那些技术词汇感到晕头转向。

但是，因为我非常强烈地感觉到"我完全反对增加任何直升机停机坪"而且"将捍卫我们安安稳稳的生活方式"，我开始运作研究会议，并邀请基地问题的专家。当时我第一次了解到北部区域训练场（the Northern Districts Training Area）的演习以及部署鱼鹰飞机（MV - 22）的意图。因此，决心与其他有相同感受的人一起阻止这项计划，我建立了"居民抗议直升机停机坪协会"（Association of Residents Against Helipads）。

就这样，我们的生活被完全改变了。一直到那时之前，我们曾过着完全普通、美满的生活，但是，从那时开始，无论何时会面我们都会讨论直升机停机坪，随时随地都无法逃脱它。我们仅仅想要做一件事情，就是让那些基地搬出冲绳，而对于冲绳民众来说，就是让他们能够过上正常的、理所应当的生活。

图 12 – 3　安次岭雪音和她四岁的儿子

　　一点一点地，我们的运动在日本乃至世界上传播开来。我不知道普天间和边野古问题的解决接近了与否，但是我一直在争取，相信事情会变得更好。

　　我是日本人，但是这不意味着我充满了爱国主义精神。很难说是什么构成了作为日本人的身份，但是，不管怎样，我强烈地渴望我们坚定地站稳自己的立场，而不仅是做美国人让我们做的事情。我认为最重要的是提高我们的粮食自给水平。即使是在这样的抗议运动中，我们也应该生产更多食物来解决基地问题，这是很重要的。一点点的，我们一直是这样做的。

　　我曾经以为日本政府代表着日本民众的利益，但是通过参与基地问题，我开始明白事情并不是那样的。在反对直升机停机坪建造的同时，因为我们静坐抗议要求政府提出恰当的解释并与防卫局会面，我们受到"阻碍交通的临时裁决"（provisional ruling）的法院诉讼的约束。

上苍啊！这简直难以置信，国家，它本应该保护我们，却对 15 名市民采取了行动，而这仅仅因为我们想要保卫自己的生活。在我们当中，有一些人与静坐没有任何联系，最令人震惊的是其中包括甚至从未到访过这一地点的一位 8 岁女孩。因此，由于"国家没有保卫我们的生活"，我们充满了对国家的不信任。诉讼的结果是，15 人中的 2 人受到临时裁决，而针对这 2 人的诉讼仍在继续。然而，国家实际上没有任何形式的证据。我们愤怒不仅仅是因为这个毫无意义的审讯消耗了我们如此多的时间和费用，还因为纳税人的金钱也被浪费在这上面。令人难以忍受的是，国家继续坚持在冲绳建设如此多的美国基地。我认为国家没有试图理解冲绳人的需要与感情。

由于美国的基地，冲绳人不得不忍受各种事情，包括由美国士兵所引起的事件和事故、直升机和战斗机所造成的意外与噪声危害。在冲绳的报纸上，没有一天不会出现与美国军方相关的报道，每天都有事情发生。也正是如此，几乎全部用来维护基地的费用都是由日本税收支付的。我想要冲绳重新成为一个和平、安全和可靠的岛屿。这就是冲绳人想要的。对于我个人来说也是如此，我希望美国能以和平的世界、没有战争为目标。

吉田健正（Yoshida Kensei）

1941 年出生于冲绳丝满市（Itoman），记者兼作家。

我认为自己与其说是一个活动家，倒不如说是一个对"冲绳问题"感兴趣的、在冲绳出生的记者。当我在初中和高中就读时，关于当时的军政府（占领）问题、军方强制征地、行政辖权归还日本以及土地等问题在冲绳讨论得比较多。在 20 世纪 60 年代末从密苏里大学新闻系毕业后，我回到冲绳，作为一名关注处于美军占领下的冲绳境况的记者开始工作。这本我担任总编的《冲绳时代周刊》（Weekly Okinawa Times）的主要作用，是用英语报道并分析冲绳形势。在第二次到密苏里进行研究的时候，我在硕士论文中分析了冲绳报纸关于归还问题的社论。

图 12 - 4　吉田健正

图片来源：乘松聪子。

　　我行动的主要成果是，由西华盛顿大学东亚研究中心于 2001 年出版的《被出卖的民主：在美国占领下的冲绳》（*Democracy Betrayed：Okinawa under US Occupation*）。这本书批评美国在冲绳的行为与它在国际场合就基本人权问题方面所公开宣扬的内容完全违背。

　　在那之后，我以采访生活在美国各地的前士兵为基础，写了一卷关于 50 年前他们在冲绳战役中的经历的书。我还翻译了《战争是一场骗局》（*War Is a Racket*），作者是斯梅德利·D. 巴特勒（Smedley D. Butler），一位海军陆战队的英雄，他的名字现在跟位于冲绳的海军陆战队司令部（HQ）联系在一起。我把司令部列入了一本关于美军"好邻居"计划宣传活动的书中，该计划旨在将行政管辖权归还日本之后，把美军继续存在的基础合法化，掩饰其不友善的行为，而让政府、官僚和冲绳民众忽视这种不公平并接受基地。

　　我曾希望冲绳管辖权归还日本，将标志着朝冲绳问题的解决迈了一大步。伴随着这一归还，在军用土地的取得/补偿问题、基地的管理（包括有毒气体、人权、经济、教育、文化等问题）方面，尽管与美国管理时期相比有了明显改善。然而，作为《美日安保条约》和《驻日美军地位协议》（SOFA）被集中应用于冲绳的结果，军事行动与涉及美军、平民雇员（civilian employees）和许多家庭的事件和意外，从根本上超越了日本法律的管辖范围，这些就像归还之前一样。在这些方面几乎没有得到改善。日本政府并没有发挥其作为一个主权国家的作用。在一定程度上，它将《美日安保条约》和《驻日美军地位协议》强加给冲绳，违背了它自己的宪法，使冲绳保持着日本和美国共同军事殖民地的地位，目前这种情况没有改善的前景。我认为美国应该迁走在日本的并不受欢迎的基地，回到无论是美国本土或者它所拥有的领土，而在那里他们可能将受到欢迎。

正如那些在美国传媒集团（美联社、《纽约时报》、《新闻周刊》）的东京办事处以及位于东京的加拿大使馆工作人员一样，他们在东京的大学里研究并解读了加拿大的政策、外交和历史，并访问过美国和加拿大很多次，在两个国家都有许多朋友，（和他们一样）我也没有特别依赖任何民族国家认同的概念。然而，我受到一种强烈的家乡影响，在那里我出生、成长，并且对美国和日本在冲绳进行的军事殖民待遇感到愤怒。

我很清楚日本本土民主的空虚和区域邻避主义（NIMBY-ism，"Not In My Back Yard"，"不要在我的后院里"）的蔓延。日本政府继续忽视冲绳人对基地的呼声，在日本本土的各个城市和县支持美日联盟的同时，他们反对给自己加上任何来自于基地方面的负担。在那些在传播上有巨大权重、观众人数和广告收入都很多的主流大众媒体中，在拥有很少冲绳成员的国会里，几乎没有人替冲绳说话。如果因为它是一个小小的岛屿县、只拥有不到全国1%的人口，冲绳居民的愿望就能够继续被忽视并把风险和负担强加给冲绳的话，这就意味着邻避主义与对民主的否定。政府没有履行其按照宪法保护冲绳民众（作为日本公民）的和平与生命的职责。

这相当于一种双重标准，美国将"民主"作为国家原则，但是没有将其应用于冲绳，而且如此强调军事形势（保留海外军事基地、开展战争）与它"追求国际和平"的国家原则是相矛盾的。如果美国确实相信和平、民主和人道主义，它将会关闭这些冲绳民众一直表示反对的基地，并撤走它的军队，秉承曾经由前国防部长拉姆斯菲尔德提出的这一原则："美国不会在他们不受欢迎的地方建立基地。"

美国的面积比冲绳大无数倍，并且在许多地区，出于经济原因，人们反对基地重组并关闭。如果基地在冲绳拆除后被转移到这些地区，不仅会促成海外军事支出下降，而且将有益于美国的安全。考虑到民族心理，或许没有哪个当地政府或者居民，会在战争结束65年之后，欢迎美军基地的驻扎，美国将会考虑让《美日安保条约》和基地维持不变。如果不是这样，美日关系甚至很可能会瓦解。美国人民绝不会容许一个协议赋予军队治外法权（extraterritorial status of forces rights），因为在那里它的宪法和法律无法适用，或者对驻扎在其领土上的外国军队由于"同情"而支付类似于外援的资金。

日本政府与美国政府关于将普天间军事基地转移到边野古的协议（会破坏沿海渔业、给当地居民造成危险和噪声、影响生活在沿岸水域里濒临灭绝的珍稀哺乳动物儒艮，并且以其他方式污染自然环境）也应该被废除。日本政府在与美国政府的磋商中应该听取当地居民的意见，而美国民众也应该更加关注他们的政府在国界之外的所作所为，应该让他们的政府停止双重标准。

冲绳战役的发生是由于日本把冲绳变成了一个基地，在那里驻扎军事部队，并牺牲它以保护"帝国的土地"（日本本土）。当日本输掉了冲绳战役并伴有大量平民伤亡时，冲绳被转变成美国保持不变的前线基地。当日本在1972年重新得到冲绳时，它带来了自卫队，并稳步地强化他们。我所担心的冲绳将再一次被当作前线基地以保护帝国土地（日本本土）的悲惨境地，影响了我作为一名记者的思考和行动。当然，对于过去日本在朝鲜半岛和中国以及东南亚的杀戮行为，我的内心也很痛苦，而从那时起，在太平洋、朝鲜和越南战争中，以及中东和亚洲内陆，这种战斗和伤害延续至今。

我认为日本天皇制度即使现在是一种"象征"，但它作为一种吸引民众支持的方式或者在战前和战时对于政治的操纵，也都是极其危险的。特别是，我认为宪法的第6条和第7条清楚地说明了，天皇在国家事务中的作用包含着由天皇在"危机"时刻为政治行动辩护的可能性。从战争结束到现在已经有 60 多年了，但许多日本公民或者冲绳人显然没有认识到这一点。很多人忘记了在战争之前和战争过程中，天皇或者以他的名义所发挥的作用，并且存在一种支持天皇制度的倾向。而且，甚至在那些反对美国或者自卫队基地的人群当中，许多人认为在序言与宪法第 9 条之间没有任何联系。我们需要反思这部宪法、安全条约、驻日美军地位协议以及冷战结束以来的美国战争。日本政府将安全条约（与驻日美军地位协议）置于宪法之上，违反了作为国家最高准则的宪法。日本内阁和最高法院也是一样。媒体忽视宪法对国家的管辖范围，而许多本土民众同样对此视而不见。如果日本的民众捍卫宪法，如果他们从《美日安保条约》中解脱出来，我会认为日本将被外国（包括邻国）所尊重，也将成为一个友好、稳定、民主的国家，而冲绳基地问题也就有可能解决。自卫权与集体安全是受到国际法认可的。如果日本要与它的各个邻国建立一种安全合作的专守防卫体系，不扩充其已经跻身全球最大规模之列的军力，那就没有必要修改宪法。

我对此并没有任何基本的了解，但是我发现宪法的序言部分、第二章（放弃战争）和第三章（公民的权利与责任），出色地为和平主义、国际合作以及人民反对国家的权利提供了保证。

第 99 条提出，"天皇或者摄政与国务大臣一样，是内阁成员，法官与其他所有公职人员有义务尊重并维护这部宪法"。如果大家都严格地坚守宪法的内容，冲绳问题就应该迎刃而解。

大田昌秀在琉球 - 冲绳历史的流动中，不仅仅是一位研究者和政治家，也是一个能够详细了解冲绳战役、美国在二战后控制冲绳和日本政策的人。而作为冲绳战役的一名幸存者，他也不断地呼吁冲绳当前形势的转型。

知念ウシ（Chinin Usii）

1966 年出生于冲绳岛那霸市首里，作家。

我对于自己何时第一次在冲绳运动中变得活跃并没有清晰的印象。因为我是一个在冲绳出生并长大的孩子，我参与而且已经深陷这场冲绳运动之中了。在我离开冲绳前往位于东京的大学时，我开始问我自己，冲绳是什么，而我是谁？

我行动的目标是所有的军事基地离开冲绳，进而琉球人实现非殖民化。但是，如果把我被称为"活动家"，我觉得不自在。我正在做的所有事情只是在冲绳的日常生活中尝试忠实地对待自己。

自 2002 年前后，我就与"反对普天间基地向县内的边野古地区转移集会"（Kamaduu gwa tachi no tsudoi，该团体由冲绳妇女组成，反对普天间基地向县内的边野古地区转移，因发起若干活动而出名）一起采取行动。"反对普天间基地向县内的边野古地区转移集会"是 1997 年由一群在普天间美国海军陆战队航空站（MCAS）附近居住和工作的女性所发起的。当它广为人知时，普天间基地将要被搬到边野古去了，但作为宜野湾（普天间）的居民，他们不能仅仅是眼睁睁地看着。当名护市举行公民投票时，他们与名护的妇女们一起，开始挨家挨户地在名护市拜访，向居民们呼吁："把这个基地转移到冲绳的其他地方，并没有使冲绳摆脱它。你不需要因为宜野湾的缘故而接受基地。让我们联合起来，反对它。"从那时起，他们一直持续着运动，让冲绳在地方层面摆脱基地。对于"反对普天间基地向县内的边野古地区转移集会"来说，导致基地继续在冲绳存在的原因是日本本土的公众舆论。大多数人支持美国驻日本的基地，但是不希望基地在他们附近。少数人反对基地，并告诉冲绳，"等待，直到我们把所有的基地驱逐出日本"，但这些人却没有能力这么做。他们共同构成了一种力量，举个例子，让普天间基地远离日本本土而坐落在冲绳。考虑到冲绳-日本关系的整个历史，并希望从日本人那里引发一些回应，他们敢于采取这样的立场，"kengai isetsu"（字面意思是"在这个县范围以外"，但是在冲绳人眼中意味着"日本本土"或者"撤回强加到冲绳的基地，你们自己摆脱他们吧"）。这种姿态引导着一种理念（当然是一种误解），即他们并不是真的反对基地，或者因此反对《美日安保条约》，而只是减少了对他们一轮轮的批评，但是这并没有导致他们放弃自身立场。这种力量——"无论你喜欢称呼我们什么，我们仍旧是我们"——在冲绳女性的解放运动中寻找到了它的根源。冲绳的传统名称"Kamaduuカマドゥー"最近被发现起源于梵文，意思是"心爱之人"。然而，在现代，在大约一个世纪的"教化和日本化"之下，它已经沦为象征着"粗野、劣等、无知的冲绳女性"。在充分认识到这一点之后，他们选择了这个名字，这样做是想要把冲绳的语言和传统文化引入反基地的运动中，从而不仅把它转化为实现基地占用土地回归的一次运动，而且成为一次回归并复原冲绳/琉球自身的运动。

图 12－5　知念ウシ

图片来源：《冲绳时报》。

如今，在冲绳，越来越多的人意识到了他们的身份及地位，正变得越来越能够以一种平等的姿态向美国和日本——尤其是向我们的"亲密敌人"日本——提出要求，并且说不（停止依靠我们！）。

这方面的一个标志是他们强迫县知事改变他对于普天间基地的立场，要把它搬到日本本土。

对于冲绳人/琉球人来说，在充分意识到他必需什么而采取这一立场的时候，意味着与我们的"亲密敌人"——日本人，经历了许多复杂的内部困难，因此可以说，它是对于"非殖民化意识"的一项具体行动。我相信，这是一次极其重要的改变，是向前迈进的一步。

当我听说这本书暂定的标题是"冲绳,日本列岛说'不'",我无法理解其中的含义。我首先想到这在英语中是一个错误,它意味着"日本的（主要）岛屿对冲绳说'不'"。那是因为它是日本本土——政府、官僚、大众媒体和民众继续对冲绳说"不",这就需要把它搬到日本本土（kengai isetsu）。

在思考了一段时间之后,我认识到"日本列岛说'不'"指的是冲绳。当时我对于被附加给我们岛屿前的形容词"日本的",感到很不舒服。"日本的"这个词,回响着"日本占领"和"日本殖民"冲绳的含义。

说实话,关于我个人身份的问题以及整个问卷调查,让我感到不安。从我在东京读大学的时候开始,我总是一遍又一遍地被问到这种问题。我想知道,为什么我经常处于被问及像这样一个定性问题的境地？这种质问在人与人之间相互了解并建立的信赖关系中是不是需要的呢？质问者是不是应该在问别人之前先问问自己同样的问题呢？这就是我的想法。

至于把冲绳固定在一种被单方面问询位置上的这种凝视,令我想起了1903年的人类馆（Jinruikan, Pavilion of Mankind）事件。当时,随着帝国统治不断拓展,日本效仿西方列强,把它已经殖民的各个领地的人们带来,将他们作为学术展览进行展示。除了琉球人（冲绳人）之外,阿伊努人（Ainu）、台湾高山族人、朝鲜人、爪哇人和印度人都进行了展示。在这里,我们从列强的角度看到了殖民地,好奇地注视着被殖民者,而减少了"展览"的意味。

这种固定在我们身上的关注不仅仅是过去的一个问题,当然能够在"冲绳热"的旅游中发现,但是同样不幸的是,我们也能够在和平运动和学术研究中察觉到。

在人类馆（Jinruikan）事件中,另一个问题是琉球人将这种关注和要求内化了,"别把我们跟其他那些人归为一类"。

为了不再这么做,我决定直面这个问题,写下这些句子。它将与全世界被迫面对同样问题的人们站在一起,与那些意识到对他们的关注并试图从中解脱的人们在一起。

现在,我将回答关于我身份的问题。我被登记为日本国民,但我是一名冲绳人,一位琉球女性。

那么，轮到我了。我要问问给了我这些问题的你，以及正在这阅读我的答案的人，"你是谁？"

我从我的冲绳朋友们那里学到了很多，特别是"反对普天间基地向县内的边野古地区转移集会"和野村浩也（Nomura Koya），后者是《无意识的殖民主义：日本人民的美国基地和冲绳人》（*Muishiki no shokuminchi shugi – nihonjin no beigun kichi to okinawajin*）的作者。我还受到了甘地（Gandhi）、弗朗茨·法农（Frantz Fanon）、鲁迅、马尔科姆·艾克斯（马尔克姆·X）、塔拉斯克（Haunani-Kay Trask）和贝尔·胡克斯（Bell Hooks）作品的影响。

对于我来说，最能体现冲绳道德实质的人，是我的祖母。

金城实（Kinjo Minoru）

1939 年出生于冲绳浜比嘉（Hamahiga）岛，雕塑家。

群众集会近些年在冲绳变得很普遍，而它们举行时，你必定会注意到巨大的条幅上写着"琉球独立"。

原则上，对琉球独立的谈论已经存在很长时间了。在冲绳战役的最后阶段，两股观点在战俘集中营里产生了，一种是"回归祖国"，而另一种则是独立。从那时起，这对双胞胎在历史进程中肩并肩一起被席卷。

我生活的大部分时间都在日本本土的大阪（Osaka）、大和（Yamato）度过。在那个时候，年轻人常常成群地被从冲绳带过来。为了在关西（Kansai）地区集体就业，他们的护照被雇主没收，使得他们甚至在盂兰盆节（O – Bon）或者新年都无法回家。在住宿和薪酬方面，对冲绳人也存在歧视。年轻人有时会在喝酒的地方卷入斗殴事件。①

这段时间，冲绳年轻人中间发生了多起伤人、死亡或者自杀事件，这成为一个社会问题。一个冲绳年轻人往他所供职的公司社长的家里泼汽油，导

---

① 金城实在 1957 年获得了去往本土的护照。他前往京都外国语大学，成为一名英语教师，并在关西地区的学校教学，直到 1994 年他返回冲绳专注于雕塑家的工作。在他名为 *Shitte imasuka Okinawa ichimon itto*（Osaka：Kaiho shuppan sha，2003）的书中，他谈到了日本本土对于冲绳人的歧视。

致社长的妻子丧生。最终，他在监狱里自杀了。这是在冲绳归还日本后的那一年（1973 年）发生的。冲绳独立的想法是作为反抗大和民族社会的结构性歧视观点而产生的。在冲绳当地和日本本土，这个词渐渐地传播开来。

图 12 – 6　金城实在他的画室

图片来源：乘松聪子。

冲绳的大学教授和知识分子中的一些人，藐视这种独立的想法，仅仅把它当作"居酒屋独立空谈"。但是，在上面提到的那个年轻人在狱中自杀之后，位于大阪的冲绳年轻人组织了一个榕树（Gajumaru）协会，将他们的抗议押在他们作为冲绳人的骄傲上，还在大阪大正区（Taisho ward）的千岛广场（Chishima Ground）表演了"冲绳舞"（冲绳本岛及其周围的一种舞蹈，用三弦和大鼓等进行伴奏的边唱边跳的一种舞蹈）①。然而，大

---

①　位于大阪的冲绳居民聚集在大正区，19 世纪末 20 世纪初，他们就在那里被雇用为建造港口和水道的劳工，并在大阪湾周围的伐木场工作（Kinjo, *Shitte imasuka*, pp. 48 – 53）。

部分来观看的冲绳（Uchina）民众把它说成是一种不光彩的展示，尴尬地与他们保持着距离。

与此相反，这些年轻人认为他们自己正在表演一支充满抗议性的舞蹈，借以挽救他们的骄傲。作为一名高中教师，我是那些支持他们的人中的一员。

在关西，冲绳舞是一种抗议、摆脱歧视的表达。当时，1/4 生活在大阪大正区的民众（可能超过 3 万人）是冲绳血统。

冲绳舞过去常常被认为交织着自卑感和羞耻，如今已经演变为能够骄傲地在甲子园（Koshien）全国高校棒球大会中表演甚至到了令组委会已经有所抱怨的程度。当这些发生时，著名的电视人筑紫哲也（Chikushi Tetsuya，已故）曾向组委会抗议。

当这股风暴席卷关西时，"居酒屋独立空谈"最终出现在冲绳当地。

1995 年 10 月 21 日，群众集会谴责美军士兵强奸冲绳女孩以及日本与美国的政府对该问题的处理。2008 年 9 月 29 日，群众集会再一次谴责驻日美军重组以及歪曲冲绳战役历史的教科书的采用，在"冲绳独立"的旗帜下，冲绳人发表并分发了以多种外语版本写成的《琉球独立宣言》。

宣言开篇写道："琉球独立！让我们走一条与日本不同的道路。让我们把自决权握在我们自己的手中。"琉球岛弧的冲绳社会，致力于和平、伟大的艺术与表演、文化与运动，选择与周边国家的朋友们团结的道路。构建琉球社会的智慧与专业知识，现在非常充足。让我们找回我们作为人类的尊严，摆脱军队对我们社会的压迫，摆脱依赖与奴役、贫穷与不平等。

当我们在群众集会上向他们分发以这些话作为结尾的小册子时，谁能知道民众会做何反应：

> 醒来吧，发出 Hiya（Hiyamikachiukiri，冲绳的拟声词）的呼喊！
> 大和的世界，回归的未来，是幻觉。
> 让我们这些琉球的先驱开拓新的时代。
> ——冲绳空手道文化中的琉球处分（Ryukyu Shobun）

在他以《冲绳传统空手道的变化》（*Okinawa dento karate no hen - yo,*

冲縄伝統空手の変容）为题目的书中，野原耕荣（Nohara Koei）在冲绳空手道文化相关内容的讨论中，使用了"冲绳空手道文化中的琉球处分（Ryukyu shobun）"这一短语。① 在日本本土的政治文化下，冲绳的空手道协会就空手道文化有独立的切入点。冲绳的空手道领域由两个组织构成："全冲绳空手联盟"与"全冲绳空手古武道联盟"。

以大和（日本本土）为基础的全日本空手联盟〔会长：笹川良一（Sasakawa Ryoichi）〕通过日本国家警察厅施加压力，强迫冲绳联合会加入。虽然本土所有日本联盟的大部分负责人是学生或者冲绳空手道界弟子，但是他们试图用恐吓的方式强迫冲绳加入全日本联盟，并提出除非它这么做了，否则将不会允许其参与国民运动会（the National Athletic Meet）。在1987年国民运动会的前夕，这种劝说失败了，双方的谈判破裂。

他们的言语以政治和财力为后盾，全国联赛因此唾弃了冲绳的空手道领域。野原将这种对于实力的依赖解析为一次琉球处分（Ryukyu shobun）。这种遭遇在今天仍在持续，冲绳的道场（Dojo，即训练场）保留着冲绳个性，骄傲地展示了冲绳空手道文化。2011年10月，世界冲绳（Uchina）集会作为全世界空手道大会的一部分，在冲绳举办。在针对驻日美军重组的风波（disturbance）中，秉承冲绳精神的抗议也在持续着。

冲绳舞和空手道赋予了冲绳文化的意识，能够战胜歧视和自卑感。2010年，甲南（Konan）高中在兵库县（Hyogo）② 甲子园球场举办的全国高等学校棒球锦标赛中取得了胜利，当时恰逢反对将普天间空军基地重新安置到冲绳的10万人群众集会。我参与了这次群众集会，并带来我比实际尺寸更大、数百米长作品中关于战争和人性的其中那段雕塑，它描绘了在战后早期，农民及其农场里的动物试图保护他们的土地，免于被美军没收的一种抵抗。在"刺刀与推土机"这部分雕塑中，描绘了四五十个人物和

---

① 野原撰写了三次"琉球处分"——第一次是1879年被迫并入日本，第二次是自1945年以来美国对冲绳进行的殖民化，第三次是1972年被归还日本。空手道起源于冲绳，并且有两个空手道团体，独立于日本国家团体。野原认为，本土空手道团体威胁冲绳团体加入其中是另一次琉球处分，以文化的形式。Kinjo Minoru，"Mirai e no isan – Ryukyu kyowa-koku dokuritsu e no bunkaronteki shian," *Tsubute*，Spring 2009.
② 全国高等学校棒球锦标赛每年春季和夏季在临近大阪的兵库县甲子园球场举行。2010年，冲绳的甲南高中成为春季与夏季双项赛事的全国冠军，这创造了冲绳高中棒球历史先例。

动物形象。

　　　　冲绳，不要为了歧视和压迫而哭泣——
　　　　抵抗的遗传因子必将进化！

浦岛悦子（Urashima Etsuko）

　　1948 年出生于日本鹿儿岛县，名护民间活动家、作家及反基地运动历史学家。

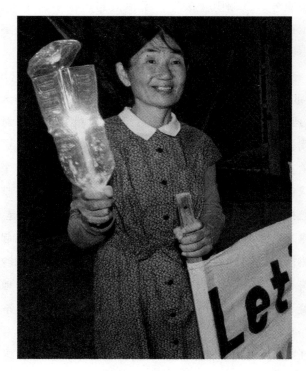

图 12 - 7　浦岛悦子

图片来源：丰里友行。

　　由于个人原因，我大约在 1990 年 5 月带着当时七个月大的儿子一起搬到了冲绳。起初，我住在冲绳市的基地町（base town），我在山间行走时，为山原的自然风光所吸引，那里与我此前一直生活的奄美（Amami）岛很像。在我的周围，由于为山原自然环境深深吸引，我亲眼看到这些自然界珍稀而美丽的生物是如何被慷慨的政府资助的公共建设工程所毁坏的，这些补贴被大量用于补偿美军基地。于是，我形成了一种强烈的印象，冲绳的基地问题和环境问题是同一枚硬币的两面，而在我所持有的从小养成的"和平与环境"的双重问题意识影响下，它变得更加清晰，深刻和强烈地在我心里扎下了根。

与那些为山原大自然的破坏感到悲伤、认为冲绳回归日本的 20 年也是环境破坏的 20 年的其他朋友们一起，我在 1992 年 5 月创立了"山原保护联络委员会"（The Yambaru Protection Liaison Committee），并担任了接下来四年的秘书长职务，试图阻止破坏，哪怕只起到很小的作用。不幸的是，在这个组织不得不结束的同时，仍然有许多事情要做。但是不管怎样，我的心牵系着山原森林，于是我决定搬去那里生活。

做出这一决定的那段时间，恰巧我开始在佐喜美术馆（Sakima Museum）工作，那里毗邻普天间海军基地。正是在这段时间，普天间回归问题与它转移到边野古沿岸地区的报道很多，我借此机会进行了对边野古的第一次访问。我将永远无法忘记第一次踏上平岛（Hirashima）这个无人居住的岛屿的感觉。在这个岛与施瓦布海军基地之间，横陈着一个半透明、发着微光、翠绿色的潟湖。这片海域的珊瑚、波浪和风，经过难以想象的漫长年月，已经把这片沙滩打造得如此洁白，似乎踏上它都像是一种犯罪。

用手掌捧起这些（我认为）完全没有杂质的白沙，我想起了边野古的居民们充满热情地说的"我们将保护它。"这些无比洁白的沙子在我的指间慢慢地流淌着，弥漫了我的内心深处。与此同时，我从当地民众那里听到的故事，关于这个岛在冲绳战役期间被用作执行自杀任务的船舶的基地，也蚀刻在我的脑海里。

1997 年 12 月，名护市民组织了一次公民投票，就是否建造"直升机机场"发表观点，尽管有来自日本和美国政府的权力和财力多方面的干涉、压力和诱惑，但是他们胜利了，他们向世界发出信息："拒绝基地。"我同宜野湾市（普天间军事基地的所在地）的妇女们一起，往返于名护，协助全民公投。我们把与名护东部沿海地区〔二见（Futami）北部的十个区〕的妇女们两人一组，参与运动，陈述普天间的危险，并力劝民众投票反对搬迁项目。

即使我们在全民投票中取得了胜利，名护市市长还是无视民众的意愿，宣布他将接受该基地，然后立即辞职了。不久之后，他的继任者就在一次全新的市长选举中被选定了，我能够搬到梦想中的山原的二见区生活，多亏了我在这次运动中进行的接触，而我也成为当地民间组织"反对直升机机场的二见北部十区"的一员。自从全民公投取得反响以来，成功仍在继续，尽管新当选的市长倾向于支持基地，他却持有一种非常谨慎的态度。我也在想，最终我将能够放轻松并且达成我的夙愿，写一部小说，同时在山原过一种平静的生活。

然而，事情并没有这么简单。日本和美国的国家力量全力以赴，向当地居民们发起攻击。这些居民既没有权力，也没有金钱，并且已经受到老龄化和人口减少的困扰。在随后充满了绝望的日日夜夜里，他们全力以赴扫除余烬。除了定期的运动行为，如静坐、签名活动、集会和街头游行示威（michijune），我们也采用创新的措施发起了进攻，如每天给似乎不愿意倾听市民声音或进行传统祈祷（ugan）的市长发送"爱的信笺"。结果，我们采纳了所有的有可能奏效的手段，包括乘独木舟围绕近海的勘测塔与冲绳防卫局的工作人员和雇员发生激烈冲突。

在搬到山原之后，我选择成为一名作家，尽管不会赚太多钱，但这成为我选择的生活方式。写作成为一种疯狂的需要，以向参与反对基地建设的居民们进行报道和表达。对于我来说，搜集资料并从第三方的角度进行写作很艰难。我只能用"我"作为主语进行写作，根据我作为一名参与者的切身了解的体验，报道每天的生活和痛苦的挣扎，甚至有时我不得不做政治评论时，我不能但是也只能从"我"的角度来写作。

我认为，写作对于我来说已经成为一种方式，它能清晰地表达出大自然是如何被当局蹂躏和掠夺的，并向那些被迫与它生活在一起的沉默的民众们发出声音，同时用最详尽的细节叙述它的美丽与光辉、悲伤与痛苦。以它们为主题，我克服了自己的困难和担忧。

在这15年之中，我一次又一次地感到"我再也不能参与了"，或者"我想要退出这项运动"。但是，当这种机会出现时我并没有放弃的原因是，因为这自然从远古时代就开始赋予人们生活，也构成了尚未出生的后代的基础，如果我们这一代破坏了不可替代的自然，我们永远不会被那些后人所原谅。我们运动的目标是向后代、我们的孩子们和孙辈们传递"和平与自然（环境）"，这是那些现在无论有什么困难都在努力争取的人们的责任。

我一开始也没有想到这个问题会拖延多久。虽然面对冲绳的县知事和名护市市长们顽固地坚持着准备接受一个又一个的基地，我们变得濒临绝望，但是我想现在的情况相当有利。这是第一次，一位公开持反基地立场的市长当选。而这位已经准备接受基地的县知事，被冲绳民意"把军事基地搬到冲绳以外的地方"这种立场驱赶走了。所有的冲绳人都在"拒绝新的边野古军事基地"这一点上团结起来，过去从来没有出现过如此果断的情况。

然而，虽然这可能很荒谬，甚至冲绳自己的命运也岌岌可危，但我们确实处于一种不能决定自己未来的境地。我不知道有多少次对这个事实感到痛苦和挫败，决定我们命运的东西遥不可及。如果冲绳自治这个问题现在已经解决了，最大的问题是，事实上，决定权为日本和美国政府所把持，并且除了他们决定放弃把基地转移到边野古的计划，没有办法解决。只要这种情况继续，即使两国政府决定放弃迁往边野古，将来也没有办法阻止类似的事情再次发生。直到冲绳能够重新获得决定自身事务的权力之前，冲绳不可能拥有阻止日本与美国的政治和外交制约的真正解决办法。

尽管对此略微感到不适，但是我将自己界定为"定居在冲绳的"（Zai-Oki）日本人。这是因为，即使我热爱冲绳并与当地民众分享幸福、痛苦和悲伤，我不能认为自己被同化成冲绳人，而在某种程度上忘记我是那些曾经侵犯和歧视冲绳的人们的后代。我不能重复这种冒犯。

我目前是"十区协会"的联合代表。但是当我被选定时，关于我作为"定居在冲绳的"日本人来代表当地的运动是否恰当这一问题存在很多冲突。我担心如果一个外来者掌控局面或是担任了一个过于突出的角色，可能会使当地民众采取行动更加困难。但是当我扎下根、建立当地的联系之后，我更加认识到这里有许多人出于各种考虑无法表达他们对我们的支持，但是随时准备把他们的愿望托付给我，所以我认为或许我有一种作用要发挥。但是，比任何事情都重要的是，我是为了我自己，而不是为了其他任何人而采取行动，就如同我打算继续在这里生活以及我将永远不会想要任何基地在这里建造一样。

当我正在进行冲绳的县史汇编时，我倾听了很多人的冲绳战役经历，而且不仅如此，我有很多机会重温战争经历。你可能会说在我反对基地的维权行动中，其中一种动力是我对战争的强烈反感以及必须用尽一切办法阻止战争的意识。

据说日本的宪法是美国制定的，但是我不赞同。在二战结束之后，损失如此巨大，不仅是失败的一方，胜利的一方同样如此，世界上充满了永远不要再有战争的渴望。我将日本的宪法看作全球（并且当然也是日本的）智慧的精华。然而，这一理想随后被抛诸脑后，世界倒转回了战争时代。

尽管冲绳寻求日本宪法（和平宪法）的回归，但是直到40年之后的今天，日本宪法的回归尚未在那里得到应用。然而，当你仔细考虑这件事时，"《美日安保条约》超越了宪法"这种情况适用于整个国家。总的来说，我认为如果日本的宪法将被恰当地应用于冲绳，对于缺乏法律的日本国家会是有益的。

天皇条款是日本宪法中的一个主要矛盾。这个被移植来的外国条目服务于日-美政治规划。与天皇相关的这些条款应该从宪法中删除，而天皇制度应该被废除。

冲绳人对于天皇没有留恋或兴趣，但是我认为对于冲绳的歧视与天皇制度并不是毫无关联的。很多冲绳人在冲绳战役期间被迫以天皇的名义丧生。天皇制度及与天皇制度相关的事物是所有歧视的根源。

有这么多以前的冲绳人和现在的意见领袖的作品鼓舞着我，并在我写作时作为参考。但是如果你问谁对我的影响最大，我会说（尽管他们与冲绳没有联系）是雷切尔·卡逊（Rachel Carson）和石牟礼道子（Ishimure Michiko）。

从这些伟大人物身上和已知的历史当中，我能够学到很多东西，但是流经市场里普通人血脉中的大智慧更吸引我。在很多次采访中，我从过着极其平凡生活的人们身上而不是从当时领袖的言谈中学到了新的东西。

大田昌秀 （Ota Masahide）

　　1925 年出生于久米岛（冲绳岛以西约 100 公里），历史学家。1945 年 3 月，美国入侵冲绳的前夕，大田是冲绳师范学校一位 19 岁的学生（他在冲绳战役中的经历参见第二章）。1954 年从位于东京的早稻田大学（Waseda University）毕业，随后大田于 1956 年在美国的雪城大学（Syracuse University），修完了新闻硕士学位。此后，他在琉球大学任教，多次访问美国大学进行教学与研究，1990～1998 年担任冲绳县知事，2001～2007 年是日本国会的众议院议员。为永远铭记他年轻时的悲惨遭遇，大田已经著书约 100 本，涉及冲绳历史、文化和身份的各个方面，特别是关于冲绳战役的内容。如今，他是琉球大学的荣休教授（professor emeritus）以及大田和平研究所的理事（director）。

图 12 - 8　大田昌秀在他位于那霸的办公室里

图片来源：乘松聪子。

战争失败之后，我的当务之急是搜集我的老师和同学们的遗骸。战争结束后的第一年左右，美军把冲绳人投入 16 个区的收容所（集中营）中，并且禁止各收容所之间交流。冲绳民众一旦表现出被视为反美的行为就受到暂停粮食供应的惩罚，因此民政府的首脑和教师，包括文教学校和刚刚建立的外语学校的教师，反对我们收集遗骸，因为他们担心这可能会导致学生的粮食供应被中断。为了应对这个问题，我们与冲绳政府和学校的首脑进行了彻夜交涉，这变成了战后冲绳的第一次学生运动。结果是，我们学生当中的一小部分人能够乘坐军警的吉普车外出，在监视下收集遗骸。我们把这些遗骸收集到一个巨大的帐篷中，尽了一切努力把他们送回家中，但是我们不知道怎样去寻找他们的家人。

之后，我去了东京。在我大学三年级的时候，我编辑了一本由冲绳战役幸存者的个人回忆构成的合集，标题是《冲绳健儿队》（Okinawa Kenji-tai），它变成了松竹（Shochiku）电影公司所拍的一部电影。然后我开始了一项运动，以告诉尽可能多的人冲绳战役的真实情况。我委托一位杰出的东京雕刻家创作雕塑"和平的景象"，包括三个站立的人物，象征着在教师与学生、和平和友谊之间的奉献（devotion）。我把它带到了冲绳，竖立在摩文仁（Mabuni）那个学生部队曾经战斗过的地方，以此作为对我的老师和同学的纪念。

一度受雇于琉球大学，我开始每年前往美国国家档案馆寻找并购买有关冲绳战役的电影和照片。我创立了"一英尺"（One Foot）运动，任何人都能够贡献哪怕只有一百日元，以带来尽可能多的此类电影和照片。我对美国进行这种年度访问大概持续了 20 年，搜集到了大量的档案，此后人们就能够在冲绳县档案馆进行查阅了。

这项"一英尺"运动发展成为一个非营利的"冲绳战役一英尺运动协会"。它正继续这项任务，让对此没有直接认知的一代了解冲绳战役的真相，把冲绳转变成用以建立世界和平的麦加（Mecca）。我也把收集到的画面拼接起来制作电影，在大荧幕上和召开研讨会时播放。

在了解冲绳战役的过程中，人们不禁要面对身份的问题。这是出于一个简单的原因，即冲绳的民众一次又一次地陷入身份危机的境况。在 1609 年的萨摩（Satsuma）入侵之后，萨摩将琉球王国的宫廷置于它的有效控制之下，以获得来自于中国朝贡贸易的经济利益，但是真实情况被持续隐瞒，与中国的关系继续保持不变。为了向中国隐藏这一情况，萨摩严禁冲绳人说日语或者穿日式的服装。而当琉球的"谢恩"代表团（Ryukyu missions of "thanks"）到达江户（Edo）时，他们穿着中国的服饰、演奏中国的乐器，以致江户能够吹嘘外国正受到它的控制。冲绳人被迫在身份上左右摇摆，既不是中国人，也不是日本人。换句话说，他们被置于一种身份丧失的境地。

更糟糕的是，日本政府认为完全废除冲绳人的身份是很可取的，因为它是落后的、没有什么价值的，并将完全吸收先进的日本文化。这似乎是让冲绳人拥有一种国家认同的唯一道路，即做上等的日本人。

然而，自冲绳在 1879 年成为日本的一个县以来（比本土其他县的建立晚了 8 年），它的人民遭受了明治政府旨在实现 "kominka"（转变为帝国臣民）而进行的严厉、激烈的教育过程。斯坦福大学的历史系教授乔治·H. 科尔（George H. Kerr）持这样一种观点：在日本本土废藩置县（feudal domains）与在冲绳所发生的事情在性质上是不同的；其他地方是在创建一个以共同的种族、语言和文化为基础的现代民族国家，但是在冲绳，这个过程被视为专门在军事和政治方面巩固日本的南大门。

冲绳人没有被视为相同的种族或者同胞，而派遣熊本第六师团到冲绳的目的，并不在于保护冲绳的民众，而是因为他们想要冲绳的土地。简言之，无论你怎么看待它，冲绳都没有被视为日本的一部分，而是作为一块政治和经济的殖民地。

因此，对于冲绳人来说，最大的问题通常是国家认同，怎样同化为这个民族，以及为此他们不得不牺牲的不仅仅是他们的文化身份，还有他们的人类身份，要放弃他们存在的证明。这是多么沉重的代价。由于这一原因，我认为冲绳人有必要获得一种人类身份，这种身份将允许他们保持自己的文化身份，而不是借助同化来获得一种国家认同。

从基于人类普世价值的人文生活方式的视角的再定位，并且为了清除日本和美国政府的歧视性政策，我想要寻求并实现一种适合以人文主义方式生活的居住环境。

作为人类，冲绳人与日本人或者美国人没有什么不同，但是在过去，他们在无数场合被日本本土人和美国人视为交易的货物，像一种被抵押的安全物或者项目。换句话就是说，冲绳人被作为一样东西或者一种手段，用以完成日本本土人民或者美军的目的。

　　举个例子，在明治"琉球处置"（Ryukyu disposal）时期，为了巩固日本的南大门，一支400人的日军小分队与一支160人的警察分队分别驻守在冲绳。而且在二战末尾的冲绳战役中，冲绳再一次被变成保卫日本本土的要塞，而那里大约三分之一的人失去了宝贵的生命。还有，无数由祖先传承给我们的那些无可取代的文物，在大火中被焚毁了。并且，因为在战争失败之前冲绳曾作为日本人侵略亚洲的一处出发点或基地，它就是在冲绳战役结束后被从日本手中夺走并置于美国军方的控制之下达27年之久。根据1951年的《美日安保条约》，为换取日本的独立，冲绳作为一处军事基地被交给了美国，首相吉田茂（Yoshida）接受了有关基地使用的"百慕大方案"（Bermuda formula）或者租用99年。

　　结果，不仅11%的冲绳土地现在变成了基地，而且29个地方的港口和海岸以及40%的冲绳领空处于美国军方的控制之下。因此，甚至是在战争失败66年之后的今天，我们仍然不能自由地使用我们自己的土地、天空或者海洋。冲绳很难被看作主权国家的一部分。

　　关于普天间海军基地转移至边野古的问题，恰好是挪威和平研究学者约翰·加尔通（Johan Galtung）提出的"结构性歧视"。这在政党歧视的案例中很常见，歧视本身并没有被判别出来；而即使本土各县强调根据《美日安保条约》，基地的存在是国家利益，他们却拒绝分担冲绳的重负。

　　顺便提到的是，日本的国会有712名成员，只有8位是冲绳的代表。如果代表本土选区的压倒性多数的国会成员能够把冲绳问题作为他们自己的问题而做出认真努力，情况就不会这么糟糕；但实际上他们没有真的努力这么做，而只是把它作为别人的问题。因此，颇具讽刺意味的是，冲绳总是受到基于多数原则的民主名义的歧视，这是延长冲绳基地问题任何决议得以出台的最主要因素。所以，只要日本民众为他们自身的和平与安全利益而准备牺牲冲绳民众，我就不禁怀疑他们作为人类的敏感度（sensitivity）。

当冲绳战役在 1945 年 3 月 26 日开始的时候，我刚刚完成基础学年的课程，正要进入作为冲绳师范学校学生的第二年。但是，3 月 31 日，按照冲绳守卫司令部驹马缣少佐（Lieutenant-Colonel Komaba）的命令，我所在学校的全部教师和学生，除了生病的人，无一例外要携带 1 支步枪、120 发子弹和 2 枚手榴弹向守卫司令部报告，随后我们被组成铁血勤皇师范队（Tekketsu Kinnotai）并送往战场。

在这支部队里，我被编进 22 人的千早（Chihaya）小分队，负责情报与宣传。他们让我们自己分成两人的小组，由守卫司令部的情报部门管理，我们将来自东京最高司令部的战争信息传递给隐藏在冲绳主岛周围洞穴里的士兵和平民。我们当时的想法是，尽量协助提升藏身在洞穴里的人们的士气，并不知道外面的世界正在发生什么。

然而，情况一天天恶化。到了 5 月下旬，首里城（Shuri castle）的地下守卫军司令部受到了威胁，被迫撤退到冲绳岛南部的喜屋屋（Kyan）半岛。随着一次次失败，军队落荒而逃，从 6 月 18 日起学生部队被解散，人们摆脱了军事命令。然而，我们在千早部队的那些人直接收到了司令官牛岛满（Ushijima Mitsuru）的命令，要求突破敌人的防线，在北部的国头（Kunigami）区域重新部署，采取游击战。我们两人或者三人一组出发。一个三人组，包括我自己、大学一年级的学生仲田（Nakata）和同学山田（Yamada），打算突破防线，但是我们刚从摩文仁（Mabuni）的地下工事出来，炸弹就炸毁了周围的一切，我们被打散了。我的右脚（被弹片）划伤了，无法行走，我只能用腹部支撑自己在石头上爬。

按照不惜一切代价突围到北部的命令，我用受伤的右腿爬行，最终来到了山坡上靠近守卫司令部在摩文仁村对面所挖的山洞里。当我进去时，我发现有一支战败的日本陆军部队藏在那里。他们的指挥官是一位陆军中尉，他迫切地询问了我的身份，但拒绝接受我是铁血勤皇队的一名学生队员的反复声明。他说："总部战壕附近不可能有任何学生，所以你肯定是个间谍。"接着用他的刺刀戳我的胸部。被指控是间谍，这超出了我的想象，所以，忘记腿上的疼痛，我站起来反抗。幸运的是，我恰好有一张由司令部办公室的药丸兼教（Yakumaru Kanemasa）少佐所签发的通行证，它是用来确保千早部队成员能够自由进入任何军事地点并向任何指挥官寻求协助。凭借通行证，最终我得以向这位长官澄清身份并渡过危机。但是在这之后，我一直无法忘记由被误认为是间谍这一事件所带来的那种震惊和痛苦，并且开始不相信日本军，也开始追问冲绳战役的意义。

如此多的老师和同学丧生，这将我引领至一个决定性的转折点，我将尽我所能去理解这次被称作"圣战"的战争。当想到那些花蕾尚未成年、在他们有机会成为花朵之前就四散在残忍的战场上的时候，我发现我战胜了这些难以承受的事情。甚至在冲绳守卫军司令官牛岛满中将和参谋长长勇于 1945 年 6 月 22 日自杀之后，也就是有组织的抵抗末尾时，我在摩文仁和具志头（Gushichan）附近的海岸藏了起来，没有被捕。日复一日地看到战败日本士兵非人虐待的所作所为，我对人性完全失去了信心。他们不仅无数次残忍地将非战斗人员从山洞口驱赶出来，或者为了拯救他们自己的生命而霸占食物供给，而且这些士兵为了极少量的食物或水而互相争斗和残杀，对于这些，我无言以对。只要我能够活下来，我发誓会想尽一切办法尝试了解我们陷入了怎样一场骇人而可耻的战争。

战后，我居住在石川〔Ishikawa，现在的宇流麻（Uruma）〕市，这里是冲绳民政府的所在地，也是著名的姬百合学生部队领袖仲宗根政善（Nakasone Seizen）工作过的地方。仲宗根政善认为，应该为那些在战争中幸存下来的冲绳的孩子们留下一本特殊的教科书，他写作时牢牢地记住了这一条。有一次，当我正在帮他影印材料时，他收到一封日本宪法副本的航空邮件，于是催促我读一读。当我第一次看到这部新的宪法，看到它规定不拥有任何军队并且决心永远不再发动战争时，我激动不已。我曾处于这样一种状态，作为战地幸存者在精神和身体上确实遭受了蹂躏，没有对未来的希望，没有生活的乐趣。陷入对于人性如此深刻的不信任，我不禁感到宪法的这些语句穿透了我的内心。

尤其是序言的基本原则和第 9 条放弃战争的规定，清晰地表达了我对于和平与反战最深的渴望。这次与新宪法的不期而遇，给我的生活带来了新的希望和快乐。这部宪法事实上成为我后来生活中的指引。

我认为这种回忆与经历在当时的冲绳人中间并不少见。对于那些刚刚从战争中幸存下来的冲绳人来说，这是一个残酷的现实，他们刚刚活下来就不得不与军事基地共同生活，而且又是超出这部具有深刻意义的宪法的范围，排除万难而幸存下来的人们就这样被置于一支外国军队的控制之下了。因此，很自然的，冲绳民众在随后关于回归日本宪法的运动中采用了"让我们回归和平宪法"的口号。

第十三章

展　望

"又踩又踢"

2009 年 8 月末，随着投票者们团结一致决定性地终结了维持了近 50 年之久的自由民主党统治，希望在日本的空气里被激起。然而，希望一个接着一个渐渐地消散了，日本民主党（DPJ）放弃了选举前的承诺，恰恰转向了属国主义者（clientelist）和新自由主义政策，而这些正是他们为了赢得选举所抨击的、自民党前任所提出的政策。

鸠山由纪夫在 2009 年就职，许诺了一个由政治家们引领并且官僚们追随的政府；一种与美国重新谈判的、更加平等的关系；一种与周边国家更加紧密地联系，包括中国；以及一个"至少在冲绳以外"重新安置的普天间海军基地。9 个月之后，他不光彩地打了退堂鼓，没能够抵制住华盛顿强大的压力并背叛了他自己的政府。对鸠山的直接继任者菅直人来说，鸠山由纪夫 2010 年 5 月的"投降协议"是基本章程，尽管 2011 年 3 月冲击日本的这场灾难减轻了他履行协议的压力。当第三任日本民主党首相野田佳彦 2011 年 9 月上任时，他领导了一个显然受到官僚化倾向支配的政府，抛弃了其改革大纲（platform），并承诺维持与美国关系的至关重要的地位以及实施其前任们订立的所有协议，包括将普天间基地重新安置到冲绳（边野古）。即使鸠山由纪夫向国会所发表的（关于"守护生命"）开幕词是幼稚的、堂吉诃德式的，但是他用自己的语言提出了一种革新性（progressive）改变的愿景；两年时间过去了，野田佳彦平淡无奇的演讲完全是可以预见的，就隐藏在由他官僚化的助手们提供的讲稿中。其唯一的"愿景"是扭转他和日本民主党在两年前当选时的政策，尤其要尊重美日关系、亚洲和冲绳的各种基地。①

野田佳彦将他的关键任务设定为日本首相们长久以来的任务之一："深化"同盟，并使其更加"成熟"。然而，与以往的政府相比，这意味着提供对美国政策的更多明确的合作，包括基地、战争以及由跨太平洋伙伴关系协议（TPP）所推动的新自由主义议程。这（暗含，如果没有明确的表示的话）意味着，日本抛弃了它的宪法制约，而接受 21 世纪附庸国的角色，这种角色深植于征服者与被征服者、占领者与被占领者之间的关系。

野田政权很快表明了其忽视或粉碎冲绳异议的意图，其不惜任何代价继续进行早前有关美军重组的美日协议。野田的新任防卫大臣一川保夫（Ichikawa Yasuo）承认，自己是个外行。② 野田新任的外务大臣玄叶光一郎（Genba Koichiro）也宣称，为了"减轻冲绳民众的负担"，他将遵守与美国就基地重新安置达成的协议，而为了达成这一目的，他将"继续满怀诚意地与冲绳民众接触（engage），即使被踢、被踩"。③ 换句话说，玄叶光一郎将他自己及其政府描绘为冲绳"又踢又踩"的受害者，这是一种奇特的角色逆转。他与野田政府把继续进行新基地的建设描绘成对冲绳负担的一种"减轻"。《琉球新报》评论道："麻烦的根源或许能够在官僚们和政治家们所表现出的怯懦和歧视中瞥见，他们恬不知耻，无视冲绳人民反对任何基地重新安置的意愿。国家不能抛开它的错误观点，但能够借助武力摧毁冲绳的社会。"④

---

① 野田佳彦政府关于跨太平洋伙伴关系协议（TPP）、普天间基地迁移与核能的政策，与自民党同国会密切合作的政策几乎没有区别。Osamu Watanabe, "Kozo Kaikaku E to Kaiki Suru Hoshu Naikaku," *Shukan Kinyobi*, September 30, 2011.

② "Defense Chief Calls Himself an Amateur," *Japan Times*, September 4, 2011.

③ See, for example, "Genba gaisho hatsugen fumitsukete iru no wa dare ka," *Ryukyu Shimpo*, September 7, 2011.

④ "Henoko asesu kore ijo guko o kurikaesuna," *Ryukyu Shimpo*, September 6, 2011.

2011 年 9 月 21 日，当在纽约举办的联合国会议间歇期见到奥巴马总统时，野田佳彦承诺将比以往所做的还"更加坚定不移"地支持"同盟"，而为了实施重组计划，他将尽其所能"获得冲绳民众的理解"。外务大臣玄叶光一郎在几天之前也对国务卿希拉里·克林顿发出了一份类似的保证。①

然而，令野田佳彦与玄叶光一郎尴尬的事实是，冲绳知事仲井真恰恰于 2011 年 9 月 19 日在位于华盛顿特区的乔治·华盛顿大学向听众表达了刚好相反的信息。仲井真表明，普天间基地保持原样是"无法接受的选择"，而"普天间海军陆战队航空站（MCAS）的重新安置计划必须修改"。他清楚地表明了日本政府（及其美国"盟友"）与冲绳之间的冲突是绝对性的。② 如果日本政府选择继续"违背当地市民们的意愿"，可能会导致"在冲绳民众与驻扎在该县的美军之间……无法挽回的裂痕"。在华盛顿的新闻发布会上，仲井真补充道，位于冲绳的基地建设能够继续进行的唯一方法将是借助"刺刀和推土机"，也就是说，这些基地最初就是由美国军政府使用这种方式在 20 世纪 50 年代建造的。③ 他说，现在是两国政府"停止做交易，并迅速归还这些基地"的时候了。④

换言之，冲绳的最高长官确信冲绳民众反对新基地的建造，确信只有用坦克碾过名护，基地建设才能完成施工。这个同盟理应是民主名义下的现在却要为破坏民主而辩护。仲井真的演说向华盛顿听众揭示了以美国和日本为一方，与另一方的冲绳县之间的裂痕的深度。

在再三重复减轻基地负担的口号（mantra）的同时，野田政权显然打算通过在冲绳建造一个新的基地从而增加这一负担。然而，持续了 15 年的

---

① For fuller discussion, see Gavan McCormack and Satoko Norimatsu, "Discordant Visitors: Japanese and Okinawan Messages to the US," *Asia - Pacific Journal: Japan Focus*, October 3, 2011, http://japanfocus.org/ - Satoko - NORIMATSU2/3611.

② Nakaima Hirokazu, "Okinawa Governor Nakaima: An Irreparable Rift in Okinawa/Japan/US Relations Would Result from Forceful Construction of Henoko Base," text in English and Japanese at Peace Philosophy Centre, September 22, 2011, http://peacephilosophy.blogspot.com/2011/09/okinawa - governor - nakaima - irreparable.html.

③ "Unrealistic Promise on Futenma," *Japan Times*, September 24, 2011.

④ "Okinawa Governor Denies a Japan - US Deal on US Military Realignment Package," *Ryukyu Shimpo*, September 26, 2011 (in English).

政府——自民党的桥本、小渊、森喜朗、小泉、安倍、福田和麻生太郎，以及民主党的鸠山和菅直人，都在使用承诺、威胁和贿赂等手段，极力游说冲绳合作，但所有这些手段都没有成功。野田很有可能无法超越他的前任，进而找到一种执行那些已经达成的、延迟、修改并再一次延迟的政府间协议的方法。即便野田及其大臣们看起来似乎要比其他人表现出了更多的"诚意"，但美日联盟也已经搁浅在冲绳抵抗的暗礁上。

冲绳与强奸，1995～2011 年

在 2011 年年末，一个事件的发生可以用能想象出的最生动的方式概括了日本与冲绳关系的性质。

在 11 月 28 日的那霸，冲绳防卫局局长田中聪（Tanaka Satoshi）在为 10 位媒体代表举办的招待会上被问道，为什么政府似乎推迟了环境评估问题，这个是边野古基地开工在程序上的前提条件。他回答："当你想强暴某人时，你会说'现在我要强暴你'吗？"①

伴随着这句话，事情回到了原地（the wheel came full circle）——1995 年轮奸冲绳孩童的案例。这一事件第一次激起冲绳人的愤怒并且导致美日两国政府匆忙地同意将普天间基地归还，直到这次由日本政府的最高冲绳官员象征性地承认，总的来说"归还"本身还是将采取"强奸"冲绳的形式。田中用挖苦冲绳所渴望的摆脱基地的未来的方式来加强了他的侮辱，他还提出一个没有基地、面向和平的冲绳岛是不可能的，他补充道，冲绳，当时的琉球王国，由于缺少武装力量，在 400 年前落入日本的控制之下。②

这些评论似乎都极其明确地表示了日本政府高层对冲绳的看法。然而，具有象征意义的（figurative）是，这种强奸的评价唤起了一场堪比 16 年前那场真实强奸的骚乱。田中很快被从他的职位上赶了下去，人们举行

---

① "Okasu mae ni iu ka' Tanaka boeikyokucho, Henoko hyokasho teishutsu meguri," *Ryukyu Shimpo*, November 29, 2011.

② "'Bogen' no honshitsu Okinawa besshi no kozoka o kigu," *Ryukyu Shimpo*, December 2, 2011.

了抗议集会,当地议会发表了愤怒的声明,而冲绳的媒体更是因怒火而沸腾。田中的上司,防卫大臣一川把事情搞得更糟,当12月1日在国会接受关于强奸比喻的质询时,他回答说不"了解(1995年儿童强奸案的)详情",第二天他更是提出了用"狂欢"(ranko)代替"强奸"(boko)的说法。① 这位大臣就这样对冲绳近期历史上唯一关键的刺激事件声称不知情,把它当作一种"狂欢",其与田中最初的表达一样的无礼(offensive)。

数天之后,一川在记者招待会上表示他深感后悔,他有些"考虑不周的"(keisotsu na)的言论,但他认为这件事没有严重到足以令他辞职的地步。②

尽管他第二天赶忙到那霸在县知事面前鞠躬道歉,但一川也为自己辩解说:"我相信我们需要付出相当大的努力来完全消除冲绳民众的痛苦。我知道要重新获得他们的信任并不容易,但是我愿意履行我的职责。"③ 就首相野田本人而言,他感到"非常抱歉,冲绳民众的感情受到了伤害",而他将"拿出所有诚意并加倍努力,来重新获得冲绳民众的信任"。④ 他拒绝考虑解雇一川。不久之后,田中被扣除了40天的工资,而一川在12月9日受到上议院斥责。两人实际上都没有被解雇。⑤

对于野田提到的加倍努力以重新获得冲绳民众的信任,以及一川提出的继续"履行我的职责",日本政府继续通过田中同样清晰地表达出加强基地建设如同"一只小虫被碾碎"那样漠视冲绳民众的观点,⑥ 并且就像15年前美国士兵侵犯孩子的身体一样,其也侵犯了冲绳的政治体系。

冲绳的媒体指出,野田政府犯下了以上的所有罪行,并且完全不顾冲

---

① "Ichikawa bosho, kotetsu shi, seiken wa denaose," editorial, *Asahi Shimbun*, December 6, 2011.

② "Boeisho jinin ron tsuyomaru," *Mainichi Shimbun*, December 3, 2011.

③ Masami Ito, "Ichikawa Must Straighten Up but Can Stay: Noda," *Japan Times*, December 6, 2011.

④ "Boeisho ni monseki ketsugi teishisei mo kiku mimi naku seifu, hyokasho teishutsu kyoko e," *Ryukyu Shimpo*, December 10, 2011.

⑤ Satoshi Okumura, "Decision to Retain Defense Chief Angers Okinawans," *Asahi Shimbun*, December 10, 2011.

⑥ "Boeikyokucho bogen," part 3, "Keikaku no hatan ni mukiae," *Okinawa Taimusu*, December 3, 2011.

绳选区全体选民的意志而服务于华盛顿的。政府回应反复强调将在年末之前展开行动以最终确定环境影响流程，但野田佳彦最终以一种半保密的形式，在当年最后一个夜深人静的工作日时行动了，这暗示着他的政府正在采取可耻的行动（参见第 8 章）。他的秘密行动令人回忆起，恰巧在一年之前的黎明时分对高江静坐活动发起的袭击。羞耻与无情以野田的及更早的许多政府对待冲绳的方式结合在一起。

在疯狂地尝试用肤浅与空洞所表达的悔意来熄灭冲绳愤怒的同时，野田正在向华盛顿承诺他将不惜一切代价为其效劳，就此将他的政府引领上前面提到的那条被冲绳人称作"选择扎进绝境"（iraranmii，冲绳的语言）的道路，走进一条绝望的死胡同（cul de sac）。

被否认的民主

冲绳在 2001 ~ 2006 年成功地阻截了一位首相（小泉纯一郎），2010 年间接推动了另一位首相（鸠山由纪夫）的辞职，接着从那时起立场坚定地反对菅直人，然后在基地建设问题上反对野田佳彦。尽管 2010 年是 1960 年《美日安保条约》签订的"五十周年"，这项被期待已久的、预示着关系"深化"的双边声明被一再地推迟，最后在 2011 年只是由美国和日本的外长与防长们（"2 + 2"协议）发布。这四位部长是否仅仅正在做徒劳无功的（whistling in the wind）事情还有待观察，但是没有迹象表现出 1996 年、2006 年、2010 年或 2011 年协议正在贯彻执行，出现在 2012 年或此后的基地建设前景似乎也并不光明。

让这两个非常强大的国家的政府似乎无法接受的是，只要民主机构（institution）的存在，他们就没有办法说服或强迫一个意志坚定的冲绳的服从。冲绳人和他们所选举的代表们抵制这样一种赋予美国军方特权、将战略目的置于民主与宪法原则之上，并且要求冲绳人永远地忍受美国军事存在的不成比例的负担的制度。通过每一种能够想到的民主方式——选举、（当地议会，包括冲绳县议会和名护市议会）决议、大规模"全冲绳"集会、民意调查、官员声明——冲绳人清楚地表示拒绝建造此类基地。这种抵抗——强烈、不妥协、非暴力并且受到普遍支持——没有显示出任何削弱的迹象。

东京与华盛顿都把冲绳人当作一种不便和麻烦，要用适当包装的胡萝卜与大棒政策进行游说或者收买，或者如果有必要，就用其他手段制服。然而，目前还没有对民主或自由世界的辩护能够建基于核心领域对自由市民主的否认之上。即使冲绳的这一抵抗在美国和日本得不到尊重，但是它或许已经作为一种英勇的民意表达成为一座无畏的、民主决心的灯塔而赢得了全球的赞誉。但是因为这种抗争是在反对全球民主世界两个所谓的支柱，这种认定否定了它。名护这些年来的抵抗是民主在一个城市中然后在一个县范围内的首次胜利，直到它牢固地建立在国家层面上之前，它必定仍然是脆弱的。

在此过程中，冲绳的政策里传统的革新派－保守派划分消失了，保守派冲绳县知事在 2011 年再三表示，建设将"很困难""极其困难""实际上是不可能的"，并且最终（在 2011 年 7 月）表示在冲绳任何地方为普天间建造替代基地的尝试将是"dame"——无法接受的，也就是说，他将阻止它。① 另外一位保守派人士，那霸市市长翁长雄志（Onaga Takeshi）宣布从 2010 年 4 月历史性抗议集会的纲领开始，不再有"保守派"与"革新派"的区分，冲绳的心是团结的（kokoro ga hitotsu）。翁长雄志那天宣告的这种团结，从那时起就没有削弱过，现在有一些人将它称为一种化学变化。②

任何认真解决"冲绳问题"的尝试大多不得不以搁置自民党附庸国统治高潮期间为军事化大浦湾所达成的一系列协议为缘起，并且是以多次妄图强加于冲绳的徒劳的尝试及冲绳人民始终不予接受为结束的。这样做将意味着重新审视战后日本国家所依赖的方案，并开始重新评估日本对美国的依赖。鸠山 2009 年的愿景受到公开指责并遭到藐视，原因在于这个愿景承诺了重新审议。

这种关系内部运作的某些曝光——通过维基解密所披露的密约（mit-

① "Futenma isetsu – chiji 'kennai dokomo dame'," *Okinawa Taimusu*, July 7, 2011.
② Onaga Takeshi to April 25, 2010, All Okinawa Mass meeting. On the "chemical change," see Yamada Fumihiko, "Okinawa 'mondai' no shinen mukidashi ni natta sabetsusei," *Sekai*, June 2012, p. 98.

suyaku)、鸠山的忏悔和信息立法的自由——仅仅在东京（和华盛顿）引起了一次温和的骚动，而此事却沿着冲绳岛屿之下、国家和地区制度的断层线发出强大的冲击波。在冲绳，占主岛土地表面的五分之一以及拥有它最肥沃的土地，在所谓的"归还"日本之后，仍然被美军占领了将近 40 年，比其他地方更加危在旦夕。日本民主党所承诺的阻止任何新基地的建设已经唤起了一种对新的以及更多民主秩序的期待，他们的合理要求或许最终会被满足。冲绳的边缘地带（在 2011 年 3 月的地震及海啸后，东北部或者福岛周边联合起来的地区）开始为关于国家和地区未来的讨论制定议程。[①]

随着过去 40 年中更多的秘密条约、谎言、威胁、操纵和掩饰等令人震惊的细节被揭露出来，冲绳人看到了他们是怎样从 1972 年开始、在他们被纳入其中的国家制度方面被施以诡计和受到欺骗的。他们现在了解了这些交易的某些细节，如东京与尼克松政权在 20 世纪 60 年代末形成的关于 1972 年归还的情况，以及位于日本民主党政府与奥巴马政权在 2009～2011 年所做的事情。对于冲绳人来说，痛苦的事实是，在归还的 12 年之前，即 1960 年，安保条约就确认了日本战后将划分为"战争国家"（美国控制的冲绳）与"和平国家"（非军事化与宪法和平主义的日本本土）。尽管自 1972 年起冲绳纳入日本宪法之下，以此确保和平、民主和人权，但实际上安保条约的某些原则（包括其秘密构成要素）总是超越宪法的那些内容。最近曝光的一个又一个细节都确认了东京对冲绳的藐视，它持续努力使冲绳的民主无效，并且愿意付出任何代价将美军保留在冲绳。

在鸠山、菅直人和野田时期的日本，所有主要政党至少在形式上都致力于修改宪法，但是没有人（除了日本共产党）会修改安保条约，除了稳步地"深化"它。相比之下，在冲绳，所有政党和绝大多数民众都团结一致，要求减轻外国军事存在的负担以及拒绝新的基地建设。

---

① Satoko Oka Norimatsu, "Fukushima and Okinawa – The 'Abandoned People', and Civic Empowerment," *Asia – Pacific Journal*：*Japan Focus*, Vol. 9, No. 47, 2011, http：//japanfocus. org/ – Satoko – NORIMATSU/3651.

受损的双边关系

今天的美日关系表现得很强劲。它的紧密和热情会定期宣布出来，这似乎是为了传达一种安慰，表明一切都很好。然而从 1960 年条约续签开始的美日安全关系在经过半个世纪之后，一种更加不平等、歪曲和误解的双边关系在两个现代国家之间将是很难想象。鸠山时代在华盛顿被普遍认为是一种失常，而在菅直人和野田治下逆转的顺从则被作为一种常态而受到欢迎。评论员们普遍认为，为了使同盟"成熟"，并与多年来华盛顿所发布的各种报告的建议相一致，这些调整实质上不得不由日本方面来进行。然而，无论怎样徒劳无益，鸠山方案都是为了达到均衡并由此"深化"日美关系的一种尝试。他和他的继任者们，菅直人和野田，对该方案的恢复，即在国内进行官僚化统治、对国外卑躬屈膝，从长远来看似乎对于双方来说都是一个无法令人满意的设计。

冲绳人反对两国政府的 15 年抗争，已经比以往任何时候都更加深入地揭开了美日双边关系欺骗的面具。在美国的共和党和民主党政府与日本的自民党和民主党政府治下，冲绳基地问题已经成为一个又一个协议的主题，一次又一次受到推迟，一次又一次失败，成为双方愤怒（irritation）的来源。每一次公开保证同盟正在深化，或者一位首相宣称将更加坚定地遵守承诺，都没能很好地隐瞒以下事实，即由于两国过低估计和疏忽了冲绳日益增强的民主表达和公民，该关系正遭受严峻挑战。伴随着真相、和平主义、人权和地方自治在名义上牢固地在宪法中确立，冲绳人为这些价值参与了一项长期的、激烈的抗争。冲绳人坚决要求美日两国政府停止欺骗、歧视和操纵，例如东京所依赖的"威慑"原则，其在冲绳被斥责为诡计。因此，"yokushi"（威慑）在冲绳经常被讽刺性地看作"yokushi"（一个冲绳的词语，意思是谎言）。冲绳人要求对过去和现在的过失进行补偿并伸张正义，以使这些岛屿最终受到尊重。或许只有到那时，日本和美国之间任何真正成熟的关系才能够实现。

转换视角

根据美日关系的核心的政策智囊约瑟夫·奈的建议，美国在 1995 年决定，向日本和韩国派驻 10 万美国军队，以保持冷战后秩序的一种永久性特征。从那时起直到 2011 年年末，美国一直坚决保持该项"重新调整"议程，即整合美国和日本军队以及用以容纳他们的新设施的建造必须随后进行。在这顶帽子下，约瑟夫·奈是"硬实力"的提倡者。然而与此同时，他还戴着另外一顶帽子，即他也是日本"软实力"作用的提倡者。当日本 24 万人的自卫队正尝试通过分享情报、训练和指挥越来越接近他们的美国同行时，奈希望他们集中在地区和全球安全的非军事贡献上，如气候变化、能源和环境等领域，用他们"软的"力量对应美国"硬的"军事力量。这个问题由两部分组成：一是这种关系的不平等性质与日本为了达成旨在服务美国目标的战略性目标（和战争）的屈服，二是承诺军事力量用于民用目的。计划中位于冲绳下地（Shimoji）岛的国际灾难救援中心，一个美日联合使用的军事基地，将列入这种决定因素的范围。① 然而，1945 年的创伤经历似乎把一种对所有军事力量、不论何种旗帜的深刻不信任嵌入冲绳人的骨子里，他们有这样一种信念，士兵就是士兵，军事基地就是军事基地，而军队不会保卫民众。

哥伦比亚大学的学者杰拉尔德·柯蒂斯（Gerald Curtis）在 2011 年年初提到，"奥巴马政权从它的过失中吸取了经验，而在我看来，其日本政策恰到好处"。② 他暗示，是日本需要立法，如果有必要，可以通过修改宪法来更好地服务于美国的战略目标。③ 美国军方高层与国会人士——韦伯、

---

① See, for example, Nye's contribution to the following discussion: Tanaka Hitoshi et al. , "Nichi-bei domei 'Chaina kado' de jumyo o nobase," *Bungei Shunju*, May 2010, p. 182.

② Curtis, "Future Directions."

③ For discussion of the various Washington policy think-tank reports of 2000 and 2007 making this point and identified with Joseph Nye and Richard Armitage in particular, see especially Gavan McCormack, "The Travails of a Client State: An Okinawan Angle on the 50th Anniversary of the U. S. – Japan Security Treaty," *Asia – Pacific Journal: Japan Focus*, March 8, 2010, http: //japanfocus. org/ – Gavan – McCormack/3317.

麦凯恩、莱文和琼斯——确实从 2010 年年末开始呼吁重新考虑美国的外交政策，而其中的三个人明确表示边野古项目是"不切实际、行不通和负担不起的"。他们的话随即引起位于东京的菅直人政府边野古项目的关键推动者前原诚司的恐慌，他不久之后火速赶往华盛顿试图反驳他们。①

越来越多的美国学者和其他西方学者赞同韦伯、麦凯恩和莱文的观点，实际上，"不可能重新安置到边野古，而位于冲绳的海军陆战队也将不再扮演美国军事战略中的任何角色"。一些人［如麻省理工学院的理查德·塞缪尔斯（Richard Samuels）］认为，"普天间需要尽快被关闭"，而"如果日本能对美国更负责任，并且能够说'不'，这将是一种理想的关系"。② 该政策最重要的缔造者约瑟夫·奈在 2011 年 11 月承认，边野古项目是"不可能接受的"，它是蹄槽里比大部分钉子都要更加沉重的那一颗。冲绳的"软实力"已经向华盛顿的这种力量证实了不只是一场比赛。③

然而，除了消息灵通并拥有广泛联系的极少数美国评论员之外，绝大部分美国人极少关注冲绳，他们会简单地假设为同盟深化和威慑使美日合作变得势在必行（imperative），而无论冲绳的民众会怎么想。举个例子，遗产基金会的布鲁斯·克林纳（Bruce Klingner）阴险地评论说，野田政府想必既会履行所做出的承诺，又会对普天间在宜野湾市变成一座永久设备而负责，这反过来将会激起冲绳的反美情绪和国会的愤怒，或许会很快危及美日同盟。④ 他所要求的是，冲绳的情绪既被瓦解又被粉碎，暗示着冲

① Heianna Sumio, "Maehara shi, Bei gi‐in ni genkoan no riko yakusoku," *Okinawa Taimusu*, July 13, 2011.

② For discussion by the *Ryukyu Shimpo's* Yonamine Michiyo of experts, including Mike Mochizuki (George Washington University), Morton Halperlin (former deputy assistant secretary of defense), Richard Samuels (MIT), Barry Posen (MIT), and Andrew Bacevich (Boston University and former US Army colonel), see Yonamine, "Economic Crisis." For Samuels and his colleagues, see Eric Heginbotham, Ely Ratner, and Richard J. Samuels, "Tokyo's Transformation: How Japan Is Changing – and What It Means for the United States," *Foreign Affairs*, Vol. 90, No. 5, September/October 2011.

③ Joseph Nye, "A Pivot That Is Long Overdue," *The New York Times*, November 21, 2011.

④ Bruce Klingner and Derek Scissors, "The US Needs a Real Partner in the New Japanese Prime Minister," Web memo no. 3347, Heritage Foundation, Washington, D.C., August 30, 2011, http://www.heritage.org/research/reports/2011/08/the‐us‐needs‐a‐real‐partner‐in‐the‐new‐japanese‐prime‐minister; Bruce Klingner, "Noda seiken e no kitai to kaigi," *Mainichi Shimbun*, October 8, 2011.

绳人没有权利，他们的角色是为了同盟而成为牺牲品。两年前华盛顿对于鸠山试图重新谈判同盟关系所表现出的愤怒和焦躁，现在或许已经开始指向野田，即使不像鸠山那样，他也过分地承诺了对华盛顿要求的执行程度。野田的问题是，自身所有的"好"的意图，他自己似乎都没有能力去执行。

"附属"的挑战

这种最奇怪的国家关系，其中一方的卑躬屈膝与另一方的傲慢和藐视相匹配，值得给予比它已经获得的更加仔细的推敲。就美国方面而言，日本毕竟是一种美国产物而其政府也是一种信念来源于战争和被占领经历的分支机构，地区和全球战略使得美国维护日本的基地制度必不可少，同时还受每年能够以补贴形式从日本政府提取数十亿美元的实用主义吸引。从日本方面来说，更加难以理解需要多少卑躬屈膝才能成为具有个人诚信和智商的男女毫无疑问的选择。那些对它的控制（grip）似乎很有说服力，日本的国家利益由此能得到最好的服务，而最近对这种关系的一连串残酷而不平等现实的揭露，这种信念好像几乎没有被这种揭露而动摇过。

或许没有其他地方像边野古争端一样，暴露了当代日本的附庸（zokkoku）国的基础和支持"同盟"的本质。如边野古争端继续发展，它的威胁扩大成为一场运动，整体来看其可能够挑战驻日美军基地的存在。直到美日关系能够被转变为依赖平等和互相尊重之前，日本的自我认同感（sense of selfhood and identity）都是被削弱了的，并且日本在东亚或亚洲区域秩序中的角色可都是被扭曲的或阻碍了的。

英国专家克里斯托弗·休斯（Christopher Hughes）准确地说明了这一点：

> 日本在安全和外交政策上越多依靠美国的准备，将越直接（simply）加重日本对于其盟友在诸如朝鲜和中国东海问题上所诱发和放弃的风险，也越将挫伤日本作为一个大国的野心，并在同盟中引起互相

疑虑，从而削弱同盟的基础。①

日本自身越是听从华盛顿的指示，它就越倾向于把冲绳作为其殖民依赖而补偿给一个代替"他"国（Surrogate "ofcer" country），这也是美军基地矛盾之所在。

将普天间置于大背景之中

确实，现在抗争的焦点已经放在冲绳没有附加任何新的或者替代基地的普天间回归之上，而不是整体上遍布这些岛屿的基地复合体。即使普天间确实不带有位于冲绳的替代设施而归还给其所有者，结果也仅是把冲绳在日本全部美国基地土地的比例从74%降低到72%。但是当焦点无可反驳地放在普天间和边野古的同时，这个问题最好被战略性地置于朝着非军事化、实施日本宪法的这一总体战略定位的背景当中——尤其是第9条（和平）、第11～40条（人权与民生）以及第92～95条（地方自治）。鉴于冲绳非常接近中国大陆、中国台湾和东南亚，也应着眼于非正式的区域合作。

这一抗争引发了关于日本民主的性质以及美国对于它遍布太平洋的基地王国的战略规划等很多广泛的问题。肯特·加尔德（Kent Calder）注意到，在主权国家的领土上承建外国军事基地是"很不寻常的"，而且"几乎总是引起争议"。② 他们仅仅是"建造在沙子上的城堡"，不会长期稳定。渐渐地，一种发源于冲绳的认识或许正在传播，面对并开始解决目前的问题就意味着重新审视战后日本国家所依靠的方案，并开始重新磋商它对美国的依赖。尽管是不平等的较量，但事实是冲绳已经抢占了比东京和华盛顿相对多的优势。

---

① Christopher Hughes, "Japan's Foreign Policy for a New Age: Realistic Realism," *Asahi Shimbun*, February 26, 2011.

② Kent E Calder, *Embattled Garrisons: Comparative Base Politics and American Globalism* (Princeton: Princeton University Press, 2007).

冲绳的地位和身份

　　四百多年间，琉球/冲绳的地理位置先后处于敌对区域王国及其背后的民族国家，之后是冷战阵营之间的边缘地带，给它留下很少的自治空间，实际上它也没有独立。然而，现在是后冷战时期的第三个十年，地区经济整合的推进以及对后冷战时期安全与合作新方案的搜寻，呈现给冲绳挑战与可能的机遇。关于美国基地重新谈判的抗争也变成了一种有关冲绳的身份和作用的抗争。正如冲绳的政治学家岛袋纯（Shimabukuro Jun）所指出的，战后日本的根本问题是其主权只是表演、借口（misekake）和缺乏实质的空洞。因为安保（《美日安保条约》）实际上用它核心的和平、人权和自治原则践踏了"宪法"（Kenpo），"和平宪法"，因为冲绳在这个制度中实质上是一个军事殖民地。而它以重新定义的地方自治与"地区主权"为导向的抗争，也与 20 世纪的民族解放斗争拥有同一种基本特征。①

　　同样的，中国社会科学院研究员孙歌将冲绳的抗争看作孤立与普遍意义的矛盾结合。她将这种孤立归结于，"不仅仅是他们一次又一次地被日本政府出卖，而且事实是他们没能在冲绳以外寻找到深刻的理解或支持"，她还补充说道，冲绳人想要的不是同情而是"基于理解与尊重和对他们信条和行动的支持"。② 普世主义（universalism）会在他们超越民族国家的身份导向中被发掘出来，这来源于直接的民主化联邦联合（federally linked）、本地自治共同体的方案。

　　按照孙歌所说的，局外人倾向于视冲绳人是为致力于从美国与日本控制下独立以回到历史上的琉球，并且获得自治，但是他们抗争的目标实际上更高、更丰富。正如她所说的：

　　　　在一个像冲绳这样的社会里，归属的想法与主权和认同相关，

---

① For a statement of Shimabukuro's position, see Shimabukuro Jun, "Nichibei Anpo no henyo to O-kinawa no jichi," in *Okinawa wa doko e mukau no ka* (Okinawa University, December 19, 2010).

② Sun Ge, "Okinawa ni naizai suru higashi Ajia sengoshi," in *Ajia no naka de Okinawa gendaishi o toinaosu* (Naha: Okinawa University Institute of Regional Studies, 2010), pp. 61, 63.

却只是相对的关系。冲绳的思想家们同样很警惕地反对无条件地依附日本、反对冲绳的独立成为一种绝对性的（存在）……通过他们对仅仅被视作牺牲品的拒绝，以及对用居于中心的地位来替代冲绳处于边缘地位的拒绝，他们产生了有关我们的未来与人性的未来的观念。①

超越国家和民族自决传统范畴的这一特点，尤其吸引了孙歌的注意力。对她来说，冲绳的抗争构成对半个多世纪的东亚战后历史的一种升华。冲绳的"国际主义反战与支持和平的视角、其平等主义与反对霸权主义的意识形态，以及就冲绳知识分子们认同问题而言的微妙理解"，全都拥有广泛的地区价值（lessons），包括对于中国。② 很少有人了解，也很少有人赞赏，尽管——或者可能由于——其强烈而不平等的抗争，冲绳被视为超越了民族国家的范围而打造出一种丰富的全新认同感，冲绳"苦涩的自由"正作为一种"新的价值"变得普遍化，也就是说，一种后民族国家的价值观。在范围狭窄的基础辩论中来构思"冲绳问题"，将错过这一更深层次的意义。

这种面向后民族国家未来的取向，通常深植于一种自豪的、独特的琉球/冲绳前现代（premodern）认同感之中。在几个世纪以来的记忆中，琉球王国是一个经济和文化繁荣的海岛城邦（city - state），受人尊敬并且与它的邻居们和平相处，这加重了冲绳在 1609 年、1879 年、1945 年、1952 年、1972 年其落在日本人手中时所受到的歧视性待遇的痛苦，且其从 1996 年开始一再反复。随着针对目前歧视的不满的累积，对某些形式的琉球/冲绳独立的支持也在增长。③

此外，中国的崛起，虽在被日本本土被普遍视为一种威胁，但在

----

① Sun Ge，"Okinawa ni naizai suru higashi Ajia sengoshi," in *Ajia no naka de Okinawa gendaishi o toinaosu*（Naha：Okinawa University Institute of Regional Studies，2010），pp. 63 – 64.

② Sun Ge，"Okinawa ni naizai suru higashi Ajia sengoshi," in *Ajia no naka de Okinawa gendaishi o toinaosu*（Naha：Okinawa University Institute of Regional Studies，2010），p. 64. Also see "Okinawa ga wareware no me ni utsuru toki," in *Rekishi no kosaten ni tatte*（Tokyo：Nihon keizai hyoron sha，2008）.

③ Paraphrasing the sentiment expressed by Shimabukuro Jun，"Jichishu to nari kizuna o saisei su-ru," *Asahi Shimbun*，August 24，2010.

冲绳通常被视为一种机遇。① 琉球/冲绳与中国关系的记忆同其与日本本土关系的记忆是完全不同的。直到 1879 年的 270 年间,冲绳/琉球同时是前现代中国"朝贡"世界与(日本)江户的一部分,国家的领土和边界对于居在这些岛上和在这些岛之间旅行的人们来说没有什么意义。正如冲绳的历史学家新崎盛晖指出的,"中国或许会向它的周边国家寻求敬意(tribute),但是这是在赋予利益,而不是在经济上控制或利用它们"。② 这个王国保持着紧密而友好的与中国的关系,同时在 19 世纪 50 年代与许多外部国家和王国洽谈条约,它只是在 1879 年才完全服从于现代日本国家。

对于美国,一个在 19 世纪 50 年代与琉球建立了外交关系的国家来说,其轻易地证明了在 1945 年之后时期里对这些岛屿的理解与"日本属性"的不同。麦克阿瑟将冲绳人视为非日本人,将其从日本的分离(即使其作为一块军事化的美国属地)看成是一种解放。华盛顿的其他人将北纬 30 度视作不同种族群体之间的界限:"大和(日本人)"与"琉球(冲绳人)"。由于需要一种能使持续的美军特权与名义上日本主权相和解的回归方案,美国对琉球/冲绳区别的方案失去兴趣。

冲绳很少有人承认基于差别/歧视的种族描述(racial profiling),但是对日本所给予他们的二等待遇的不满却导致许多人怀旧地(nostalgically)看待过去,并在其中看到一丝可能的(possible)未来,既有与日本重新协商和更加自治的基础,又在其外拥有独立实体。

明确支持独立者——无论以冲绳、Uchina 还是琉球的名义——或许没有被广泛传播。尽管如此,2010 年 6 月,独立宣言以"琉球自治联邦共和国"(The Federation of Ryukyu Self - Governing Republics)的名义发表了。宣言对于日本政府最初的要求包括,为废除琉球王国以及 1879 年将其作为冲绳县的从属岛屿进行道歉和赔偿,废除 1969 ~ 1972 年的归还协议(以

---

① 这一观点也为美国驻冲绳总领事所共有。Reich, Cable 06NAHA103, "Okinawan Exceptionalism: The China Threat or Lack Thereof," April 26, 2006, *WikiLeaks*, http://wikileaks.org/cable/2006/04/06NAHA103.html.

② Arasaki Moriteru, "Senkaku shoto (Diaoyu judao) mondai to Okinawa no tachiba," in *Okinawa wa doko e mukau no ka* (Okinawa University, December 19, 2010).

令人质疑的合法性及围绕它们的复杂秘密协议为由），并就一种新的自治地位进行谈判。① 一些人指出，虽然它的大部分现代历史是从 1879 年开始的，但是冲绳的语言和文化受到抑制，如果威尔士和夏威夷的先例应该得到遵循，那么冲绳的语言复兴就能够由政策推动（就像美国在 2008 年所指示的那样）。② 因此，虽然主张独立主权国家的地位并不那么常见，并且在表达时往往被包装，但正如孙歌注意到的，对民族国家的批判、对自治的道德要求享有无可置疑的广泛支持。

重新谈判日本本土与冲绳之间的关系的呼吁还有另外一个层面。冲绳人已经开始要求本土人不仅从冲绳的岛屿上减轻或者移除基地负担，而且要本土人自己承担。因此，冲绳女性团体"为什么普天间海军陆战队空军基地应该返回日本本土（Kamaduu gwa）联合会"（Why Futenma Marine Corps Airbase should be returned to mainland Japan）的一位成员，作家知念ウシ（Chinin Usii）指出，日本是出于其安全需要而依赖冲绳的，日本需要自己承担各种基地的责任并寻找一个普天间航空站重新安置的地点。③ 直到最近几年，此类要求一直都是禁忌，因为许多冲绳人不愿只是把他们所遭受的痛苦转移到本土，但近几年更多的冲绳人摆脱了这种禁忌。社会学家野村浩也认为，日本的民众选择通过其民主制度维持美军基地的存在，因此有责任平等地分担基地负担。相反，通过极其不平等的方式把它强加给冲绳，他们表现出了一种歧视与殖民主义心理（mentality）。④ 同样的，政治科学家和冲绳的长期居民道格拉斯·拉米斯（Douglas Lummis）批评本土许多人隐含的矛盾，即同时支持宪第 9 条（宣称放弃战争的条款）和安保（规定驻日美国军事基地存在的美日条约），忽视或逃避事实，这么做将分离基地问题并将它塑造成一个"冲绳问题"，

① On the Declaration of Independence issued by "Ryukyu jichi kyowakoku renpo" (Ryukyu Self – Governing Republican League, the alliance of Amami, Okinawa, Miyako, and Yaeyama islands) on June 23, 2010, see Matsushima Yasukatsu, "'Ryukyu' dokuritsu de 'Heiwa na shima' ni," *Shukan Kinyobi* (July 23, 2010), p. 22.

② "Shimakutoba no hi, jugyo de manabu shikumi o," editorial, *Ryukyu Shimpo*, September 18, 2011.

③ Chinin Usii, "Nihon koso Okinawa kara jiritsu shite," *Asahi Shimbun*, August 24, 2010.

④ Nomura Koya, *Muishiki no shokuminchi shugi: Nihon jin no beigun kichi to Okinawa jin* (Tokyo: Ochanomizu shobo, 2005), pp. 25 – 41.

而不是他们自己的问题。像知念一样，他认为只要绝大多数的日本人继续支持安保，日本本土就应该公平地承担美军基地的责任。批评那种完全消除驻日基地的呼吁是不现实的，其相当于支持冲绳目前负担的持续存在，他呼吁冲绳的反基地运动应要求将这些基地从冲绳转移到日本本土。①

冲绳县知事仲井真弘多也呼吁普天间航空站重新安置到日本的其他地方。他说："一个同等位于东京的普天间航空站将是一个位于日比谷公园的美国军事基地。"② 在美国的背景下，这将意味着一个位于纽约中央公园的海军基地。这种富有想象力的陈述（formulation）旨在冲击本土人士们对结构性歧视的认识（realization）。它直接挑战了那种健忘症，这种遗忘允许很多本土日本人因和平宪法而受益，却对冲绳人的牺牲视而不见。

冲绳身份结构普世性的一个更深的层面是，它缺乏对帝国的共同指涉（imperial referent common），无论是明确的还是隐含的，针对如此多的本土身份结构，因此其更经得起（amenable to）接受一种共享的亚洲或者亚太身份，例如可以期待在将来的亚洲或者亚太共同体中逐步形成日本的参与。"日本人的"大和（本土）结构，通常集中在天皇制度上，在冲绳（Uchina）则是虚空（ring hollow），目前没有哪个冲绳的项目是以前首相森喜朗在2000年描述日本的那种方式构筑身份的："众神的土地集中于天皇"。天皇制度是一种对冲绳的现代强加（imposition），没有历史或者文化根源。1945年春天，昭和天皇（裕仁）极力主张战争将继续，尽管失败在所难免，因此使冲绳陷入蹂躏之中。就是这位天皇稍后劝告麦克阿瑟将军继续占领冲绳"25至50年，或者更长时间"，这个方案就是冲绳人痛苦的根源，承载着这种制度截然不同的保留。冲绳人因此沮丧地听到，一些本土评论员

① Douglas Lummis, *Kanameishi*: *Okinawa to kenpo 9 jo* (Tokyo: Shobunsha, 2010), pp. 169 – 212.

② "Governor Nakaima Criticizes the Notification of the Plan to Build the Vshaped Runway at Henoko," *Ryukyu Shimpo* (English web page), June 14, 2011, http://english.ryukyushimpo.jp/2011/06/16/1282/.

们暗示 2011 年 3 月的地震/海啸灾难"使人们更加意识到天皇的存在"。①

他们也指出，一份"3·11"地震之后的全国民意调查结果发现，天皇与军方（自卫队）是两大最受信任的制度，支持率分别是 78% 和 74%，令人惊讶的是甚至有 22% 的民众支持赋予天皇一些政治权力，同时支持美国基地的民众也从 2005 年以来的 10% 增加到 57%。② 这种倾向对冲绳来说是不祥的（正如第 12 章"颠覆历史"中几位参与者所提到的）。没有很好的原因让冲绳人对天皇（宪法第一条确立其身份是"国家与人民团结的象征"）或军方，无论是日本人还是美国人，感到肯定。只要 1945 年的记忆仍然存在，两者似乎都无法重新在冲绳获得信任。

冲绳：公民支配下的民主

无论正在进行的宏大抗争的结果会是什么，冲绳 15 年来的历史为日本其他地区提供了一个教训——事实上也是对于东亚和全世界而言——对于将成为公民的民众意味着什么：运用宪法赋予他们主权的自信与决心，示范性的和平承诺以及永不忘记或者重复这种军国主义罪行的决心。在冲绳能找到一种民主典范，在行动上东亚没有与之同等的，而全球也很少与之相似的。由于这些抗争，日本地理上的边缘地区变成了它的政治核心，为这个国家的其他地区指明了朝着非传统的、自治的、由市民社会引导方向的前进道路。在这里，对于没有受到关注或者未被赞赏的绝大多数人来说，21 世纪初期日本最重要的一个故事正在被讲述。

---

① Sakurai Yoshiko, quoted (from *Shukan Posuto*) in Michael Hoffman, "Extreme Nationalism May Emerge from the Rubble of the Quake," *Japan Times*, May 22, 2011.

② "The AP – GFK Poll: Japan," July 29 – August 10, 2011, http://surveys. ap. org/data% 5CGfK% 5CAP – Gfk% 20Poll% 20Japan% 20Topline% 20FINAL_ 1st% 20release. pdf, http:// marketing. gfkamerica. com/pdf/AP – Gfk% 20Poll% 20Japan% 202nd% 20release. pdf.

参考文献

Ahagon, Shoko, and Douglas Lummis. "I Lost My Only Son in the War: Prelude to the Okinawan Anti-Base Movement." *Asia-Pacific Journal: Japan Focus* (June 7, 2010). http://japanfocus.org/-Ahagon-Shoko/3369.

Aldous, Christopher. "'Mob Rule' or Popular Activism: The Koza Riot of December 1970 and the Okinawan Search for Citizenship." In *Japan and Okinawa: Structure and Subjectivity,* edited by Glenn D. Hook and Richard Siddle, 148–66. London, New York: Routledge, 2003.

Allen, Matthew. *Identity and Resistance in Okinawa.* Lanham, MD: Rowman & Littlefield, 2002.

———. "Wolves at the Back Door—Remembering the Kumejima Massacres." In *Islands of Discontent: Okinawan Responses to Japanese and American Power,* edited by Laura Hein and Mark Selden, 39–64. Lanham, MD: Rowman & Littlefield, 2003.

Ambassador MacArthur to Department of State. "Cable No 4393." *Foreign Relations of the United States* 18 (June 24, 1960): 377–84.

Arakawa, Akira. *Okinawa: Togo to hangyaku.* Tokyo: Chikuma shobo, 2000.

Arasaki, Moriteru. *Okinawa gendaishi.* 2nd ed. Tokyo: Iwanami shoten, 2005.

———. "Senkaku shoto (Diaoyu judao) mondai to Okinawa no tachiba." In *Okinawa wa doko e mukau no ka.* Okinawa University, December 19, 2010.

Arasaki, Moriteru, Jahana Naomi, Matsumoto Tsuyoshi, Maedomari Hiromori, Kameyama Norikazu, Nakasone Masaji, and Ota Shizuo. *Kanko kosu de nai Okinawa: Senseki, kichi, sangyo, shizen, sakishima.* 4th ed. Tokyo: Kobunken, 2008.

Arashiro, Toshiaki. *Junia ban Ryukyu Okinawa shi.* Itoman: Henshu kobo toyo kikaku, 2008.

Arashiro, Yoneko. "Okinawa jimoto shi shasetsu ni miru Okinawa sen ninshiki." In *Pisu nau Okinawa sen: Musen no tame no sai teii,* edited by Ishihara Masaie. Kyoto: Horitsu bunkasha, 2011.

Armitage, Richard L., and Joseph S. Nye. "The U.S.-Japan Alliance: Getting Asia Right through 2020." Washington, DC: Center for Strategic and International Studies, February 2007.

"Atlas of the World's Languages in Danger." UNESCO Publishing. http://www.unesco.org/culture/en/endangeredlanguages/atlas.

Boei mondai kondankai. "Nihon no anzen hosho to boeiryoku no arikata—21 seiki e mukete no tenbo." Tokyo: Okura sho insatsu kyoku, 1994.

Calder, Kent E. *Embattled Garrisons: Comparative Base Politics and American Globalism*. Princeton: Princeton University Press, 2008.

Center for Strategic and International Studies. "Japan-U.S. Alliance at Fifty—Where We Have Been; Where We Are Heading." In Pacific Forum CSIS Conference: The Japan-U.S. Alliance at Fifty. Washington, DC, January 15, 2010.

Chinen, Kiyoharu. "Nago shicho sen hitotsu ni natta min-i." *Sekai* (March 2010): 20–24.

chinin, usii. *Usii ga yuku—shokuminchi shugi o tanken shi, watashi o sagasu tabi*. Naha: Okinawa Taimusu sha, 2010.

Clinton, Bill. "Remarks by the President to the People of Okinawa (July 21, 2000)." Okinawa Prefecture Military Affairs Division. http://www3.pref.okinawa.jp/site/view/contview.jsp?cateid=14&id=681&page=1.

Clinton, Hillary Rodham. "Remarks with Japanese Foreign Minister Katsuya Okada after Their Meeting." Honolulu, January 12, 2010.

Clinton, Secretary of State, Secretary of Defense Gates, Minister for Foreign Affairs Matsumoto, and Minister of Defense Kitazawa. "Joint Statement of the Security Consultative Committee 'Toward a Deeper and Broader U.S.-Japan Alliance: Building on 50 Years of Partnership.'" June 21, 2011.

Curtis, Gerald. "Future Directions in US-Japan Relations." Background paper for the "New Shimoda Conference—Revitalizing Japan-US Strategic Partnership for a Changing World." February 2011.

Department of Defense. "Futenma Replacement Facility Bilateral Experts Study Group Report." August 31, 2010.

———. "Joint Press Conference with Japanese Defense Minister Toshimi Kitazawa and Secretary of Defense Robert Gates." Tokyo, October 21, 2009.

———. "Quadrennial Defense Review." February 2010.

———. "US Stationed Military Personnel and Bilateral Cost Sharing 2001 Dollars in Millions—2001 Exchange Rates" (July 2003). http://www.defense.gov/pubs/allied_contrib2003/chart_II-4.html.

Department of Defense, Office of International Security Affairs. "United States Security Strategy in the East Asia-Pacific Region." Washington, DC, 1995.

Dierkes, Julian. *Postwar History Education in Japan and the Germanys—Guilty Lessons*. New York: Routledge, 2010.

Driscoll, Mark. "When Pentagon 'Kill Machines' Came to an Okinawan Paradise." *Counterpunch*, November 2, 2010.

"Eirei ka inujini ka." Ryukyu Asahi Broadcasting, 2010.

Eisenhower, Dwight D. "Memorandum for the Record." *Foreign Relations of the United States, 1958–60* 18 (April 9, 1958).

Field, Norma. *In the Realm of a Dying Emperor: Japan at the Century's End*. New York: Vintage, 1993.

Figal, Gerald. "Waging Peace on Okinawa." In *Islands of Discontent: Okinawan Responses to Japanese and American Power*, edited by Laura Hein and Mark Selden, 65–98. Lanham, MD: Rowman & Littlefield, 2003.

Francis, Carolyn Bowen. "Omen and Military Violence." In *Okinawa: Cold War Island*, edited by Chalmers Johnson, 109–29. Cardiff: Japan Policy Research Institute, 1999.

Fujiwara, Akira, ed. *Okinawa sen to tenno sei.* Tokyo: Rippu shobo, 1987.

Fukuchi, Hiroaki. "Okinawa no 'nihon fukki.'" *Shukan Kinyobi* (May 12, 2006): 30–33.

Furutachi, Ichiro, and Satoko Norimatsu. "US Marine Training on Okinawa and Its Global Mission: A Birds-Eye View of Bases from the Air." *Asia-Pacific Journal: Japan Focus* (May 2, 2010). http://japanfocus.org/-Satoko-Norimatsu2/3363.

Gabe, Masaaki. *Okinawa henkan wa nan datta no ka.* NHK Bukkusu, 2000.

Gekkan Okinawa Sha. *Laws and Regulations during the U.S. Administration of Okinawa, 1945–1972.* Naha: Ikemiya shokai, 1983.

Green, D. S. "Report on the Medical Topography and Agriculture of the Island of Great Lew Chew." In *Narrative of the Expedition of an American Squadron to the China Seas and Japan, Performed in the Years 1852, 1853, and 1854, under the Command of Commodore M. C. Perry, United States Navy,* 22–37. Washington: A.O.P. Nicholson, 1856.

Green, Michael. "Japan's Confused Revolution." *Washington Quarterly* 33, no. 1 (2009): 3–19.

Hara, Kimie. *Cold War Frontiers in the Asia-Pacific: Divided Territories in the San Francisco System.* Abingdon: Taylor & Francis, 2006.

———. "The Post-War Japanese Peace Treaties and China's Ocean Frontier Problems." *American Journal of Chinese Studies* 11, no. 1 (April 2004): 1–24.

Hatoyama, Yukio. "My Political Philosophy." *Voice,* September 2009 (August 13, 2009).

———. "Policy Speech by Prime Minister Yukio Hatoyama at the 174th Session of the Diet." Prime Minister of Japan and His Cabinet, January 29, 2010.

Hayashi, Hirofumi. *Okinawa sen ga tou mono.* Tokyo: Otsuki shoten, 2010.

———. *Okinawa sen: Kyosei sareta "shudan jiketsu,"* Rekishi Bunka Library. Tokyo: Yoshikawa kobunkan, 2009.

———. *Okinawa sen to minshu.* Tokyo: Otsuki shoten, 2001.

Heginbotham, Eric, Ely Ratner, and Richard J. Samuels. "Tokyo's Transformation: How Japan Is Changing—and What It Means for the United States." *Foreign Affairs* 90, no. 5 (September/October 2011): 138–48.

Hein, Laura, and Mark Selden, eds. *Islands of Discontent: Okinawan Responses to Japanese and American Power.* Lanham, MD: Rowman & Littlefield, 2003.

Honda, Masaru. "Kensho: Kore ga mitsuyaku da." *Sekai* (November 2009): 164–75.

Hook, Glenn D., and Richard Siddle, eds. *Japan and Okinawa: Structure and Subjectivity.* London, New York: Taylor & Francis, 2002.

Ida, Hiroyuki. "Kanbo kimitsuhi yaku san oku en ga Okinawa chijisen ni nagarekonda shoko." *Shukan Kinyobi* (October 22, 2010): 20–21.

Iha, Yoichi. "Futenma isetsu to Henoko shin kichi wa kankei nai." *Shukan Kinyobi* (January 15, 2010): 28–29.

Iha, Yoichi, and Satoko Norimatsu. "Why Build a New Base on Okinawa When the Marines Are Relocating to Guam?: Okinawa Mayor Challenges Japan and the US." *Asia-Pacific Journal: Japan Focus* (January 18, 2010). http://japanfocus .org/-Norimatsu-Satoko/3287.

Inamine, Keiichi. "Okinawa as Pacific Crossroads." *Japan Quarterly* (July–September 2000): 10–16.

Inoue, Kiyoshi. *"Senkaku" retto—Tsuriuo shoto no shiteki kaimei*. Tokyo: Daisan shokan, 1996.

"Interview—Fukushima Mizuho zendaijin ga kataru Hatoyama Yukio. Ozawa Ichiro. Kan Naoto." *Shukan Kinyobi* (June 18, 2010): 14–17.

Ishihara, Masaie. "Okinawa ken heiwa kinen shiryokan to 'Heiwa no Ishiji' no imi suru mono." In *Soten Okinawa sen no kioku*, 308–23. Tokyo: Shakai hyoronsha, 2002.

———. *Okinawa no tabi: Abuchira gama to Todoroki no go*. Tokyo: Shueisha, 2007.

———. "Okinawa sen o netsuzo shita engoho no shikumi." In *Pisu nau Okinawa sen: Musen no tame no sai teii*, edited by Masaie Ishihara, 24–39. Kyoto: Horitsu bunkasha, 2011.

Ishihara, Masaie, Arashiro Toshiaki, Oshiro Masayasu, and Yoshihama Shinobu. *Okinawa sen to beigun kichi kara heiwa o kangaeru*. Tokyo: Iwanami shoten 2008.

Ishihara, Masaie, Oshiro Masayasu, Hosaka Hiroshi, and Matsunaga Katsutoshi. *Soten Okinawa sen no kioku*. Tokyo: Shakai hyoronsha, 2002.

Ishii, Akira. "Chugoku no Ryukyu/Okinawa seisaku—Ryukyu/Okinawa no kizoku mondai o chushin ni." *Kyokai Kenkyu*, no. 1 (2010): 71–96.

Ishiyama, Hisao. *Kyokasho kentei: Okinawa sen "shudan jiketsu" mondai kara kangaeru*. Tokyo: Iwanami shoten, 2008.

Jahana Naomi, "Okinawa sen no ato o tadoru." In Arasaki et al., *Kanko kosu de nai Okinawa: Senseki, kichi, sangyo, shizen, sakishima*, 37–112. Tokyo: Kobunken, 2008.

———. *Shogen Okinawa "shudan jiketsu" Kerama shoto de nani ga okita ka*. Tokyo: Iwanami shoten, 2008.

Janamoto, Keifuku. "Guntai ga ita shima: Kerama no shogen." 38 min. Naha: Okinawa sen kiroku firumu 1 fito undo no kai, 2009.

Japan, and United States. "Treaty of Mutual Cooperation and Security between Japan and the United States of America." *Ministry of Foreign Affairs* (January 1960).

Japan Communist Party. "Okinawa no beigun kichi mondai o sekai ni uttaemasu." http://www.jcp.or.jp/seisaku/gaiko_anpo/2002117_okinawa_uttae.html.

Japan-U.S. Security Consultative Committee (2 + 2). "Cooperation in Response to the Great East Japan Earthquake" (June 21, 2011). http://www.mofa.go.jp/ mofaj/area/usa/hosho/pdfs/joint1106_03.pdf.

Johnson, Chalmers. "The Heliport, Nago, and the End of the Ota Era." In *Okinawa: Cold War Island*, edited by Chalmers Johnson, 215–32. Cardiff: Japan Policy Research Institute, 1999.

———. "The 1995 Rape Incident and the Rekindling of Okinawan Protest against the American Bases." In *Okinawa: Cold War Island*, edited by Chalmers Johnson, 109–29. Cardiff: Japan Policy Research Institute, 2009.

Kamata, Satoshi. "Shattering Jewels: 110,000 Okinawans Japanese State Censorship of Compulsory Group Suicides." *Asia-Pacific Journal: Japan Focus* (January 3, 2008). http://www.japanfocus.org/-Kamata-Satoshi/2625.

Kerr, George H. *Okinawa: The History of an Island People*. Rutland, Tokyo: Charles E. Tuttle, 2000.

Kikuno, Yumiko, and Satoko Norimatsu. "Henoko, Okinawa: Inside the Sit-In." *Asia-Pacific Journal: Japan Focus* (February 22, 2010). http://japanfocus.org/-Norimatsu-Satoko/3306.

Kinjo, Minoru. "Mirai e no isan—Ryukyu kyowakoku dokuritsu e no bunkaron-teki shian." *Tsubute* (Spring 2009).

———. *Okinawa kara Yasukuni o tou*. Nara: Uda shuppan kikaku, 2006.

———. *Shitte imasuka Okinawa ichimon itto*. Osaka: Kaiho shuppan sha, 2003.

Kinjo, Shigeaki. *"Shudan jiketsu" o kokoro ni kizande*. Tokyo: Kobunken, 1995.

Kitaoka, Shinichi. "The Secret Japan-US Security Pacts: Background and Disclosure." *Asia Pacific Review* 17, no. 2 (2010): 10–25.

Kristensen, Hans M. . "Nihon no kaku no himitsu." *Sekai* (December 2009): 177–83.

Kunimori, Yasuhiro. *Okinawa sen no nihon hei: 60 nen no chinmoku o koete*. Tokyo: Iwanami shoten, 2008.

Kurihara, Keiko. *Nerawareta shudan jiketsu: Oe Iwanami saiban to jumin no shogen*. Tokyo: Shakai hyoronsha, 2009.

Lee, Peter. "High Stakes Gamble as Japan, China and the U.S. Spar in the East and South China Seas." *Asia-Pacific Journal: Japan Focus* (October 25, 2010). http://japanfocus.org/-Peter-Lee/3431.

Levin, Carl, John McCain, and Jim Webb. "Senator Levin, McCain, Webb Call for Re-examination of Military Basing Plans in East Asia" (May 11, 2011). http://webb.senate.gov/newsroom/pressreleases/05-11-2011-01.cfm.

Lummis, Douglas. *Kanameishi: Okinawa to kenpo 9 jo*. Tokyo: Shobunsha, 2010.

Maeda, Sawako. "Yureru Yaeyama no kyokasho erabi." *Peace Philosophy Centre* (2011). http://peacephilosophy.blogspot.com/2011/09/blog-post_16.html.

Maeda, Tetsuo. *"Juzoku" kara "jiritsu" e—Nichibei Anpo o kaeru*. Tokyo: Kobunken, 2009.

———. "Minshuto wa senshu boei o homuru no ka." *Sekai* (November 2010): 113–20.

Maedomari, Hiromori. "'Kichi izon keizai' to iu shinwa." *Sekai* (February 2010): 203–9.

Magosaki, Ukeru. *Nichibei domei no shotai*. Tokyo: Kodansha gendai shinsho, 2009.

Maher, Kevin. *Ketsudan dekinai nippon (The Japan That Can't Decide)*. Tokyo: Bunshun shinsho, 2011.

Makishi, Yoshikazu. "Kushi-wan Henoko kaijo e no shin gunji kuko keikaku." In *Okinawa wa mo damasarenai*, 100–110. Tokyo: Kobunken, 2000.

———. "SACO goi no karakuri o abaku." In *Okinawa wa mo damasarenai*. Tokyo: Kobunken, 2000.

Matsunaga, Katsutoshi. "Shin okinawa heiwa kinen shiryokan mondai to hodo." In *Soten Okinawa sen no kioku*, 131–210. Tokyo: Shakai hyoronsha, 2002.

Matsushima, Yasukatsu. "Yuimaru Ryukyu no jichi—'Ryukyu' dokuritsu de 'heiwa na shima' e." *Shukan Kinyobi* (July 23, 2010).

McCormack, Gavan. "Ampo's Troubled 50th: Hatoyama's Abortive Rebellion, Okinawa's Mounting Resistance and the US-Japan Relationship (Part 2)." *Asia-Pacific Journal: Japan Focus* (May 31, 2010). http://japanfocus.org/-Gavan-McCormack/3366.

———. "The Battle of Okinawa 2009: Obama vs Hatoyama." *Asia-Pacific Journal: Japan Focus* (November 16, 2009). http://japanfocus.org/-Gavan-McCormack/3250.

———. *Client State: Japan in the American Embrace*. New York: Verso, 2007.

———. "Ideas, Identity and Ideology in Contemporary Japan: The Sato Masaru Phenomenon." *Asia-Pacific Journal: Japan Focus* (November 1, 2010). http://japanfocus.org/-Gavan-McCormack/3435.

———. "Okinawa and the Structure of Dependence." In *Japan and Okinawa: Structure and Subjectivity*, edited by Glenn D. Hook and Richard Siddle, 93–113. London, New York: RoutledgeCurzon, 2003.

———. "The Travails of a Client State: An Okinawan Angle on the 50th Anniversary of the U.S.-Japan Security Treaty." *Asia-Pacific Journal: Japan Focus* (March 8, 2010). http://japanfocus.org/-Gavan-McCormack/3317.

McCormack, Gavan, and Satoko Norimatsu. "Discordant Visitors: Japanese and Okinawan Messages to the US." *Asia-Pacific Journal: Japan Focus* (October 3, 2011). http://japanfocus.org/-Satoko-NORIMATSU2/3611.

McCormack, Gavan, Satoko Norimatsu, and Mark Selden. "Okinawa and the Future of East Asia." *Asia-Pacific Journal: Japan Focus* (January 10, 2011). http://japanfocus.org/-Satoko-NORIMATSU2/3468.

McCormack, Gavan, Sakurai Kunitoshi, and Urashima Etsuko. "Okinawa, New Year 2012: Tokyo's Year End Surprise Attack." *Asia-Pacific Journal: Japan Focus* (January 7, 2012). http://japanfocus.org/-Urashima-Etsuko/3673.

McCormack, Gavan, Manabu Sato, and Etsuko Urashima. "The Nago Mayoral Election and Okinawa's Search for a Way beyond Bases and Dependence." *Asia-Pacific Journal: Japan Focus* (February 16, 2006). http://japanfocus.org/-Etsuko-Urashima/1592.

McNeil, David. "Implausible Denial: Japanese Court Rules on Secret US-Japan Pact over the Return of Okinawa." *Asia-Pacific Journal: Japan Focus* (October 10, 2011). http://japanfocus.org/-David-McNeill/3613.

Minister for Foreign Affairs Ikeda, Minister of State for Defense Kyuma, Secretary of Defense Perry, and Ambassador Mondale. "The SACO Final Report, December, 2, 1996."

Minister for Foreign Affairs Okada, Minister of Defense Kitazawa, Secretary of State Clinton, Secretary of Defense Gates. "Joint Statement of the U.S.-Japan Security Consultative Committee Marking the 50th Anniversary of the Signing of the U.S.-Japan Treaty of Mutual Cooperation and Security." Ministry of Foreign Affairs. January 19, 2010.

Ministry of Defense. "National Defense Program Guidelines" (December 17, 2010). http://www.mod.go.jp/e/d_act/d_policy/national.html.

———. "Zainichi Beigun churyu keihi futan no suii." http://www.mod.go.jp/j/approach/zaibeigun/us_keihi/suii_table_53-60.html.

Ministry of Foreign Affairs. "Iwayuru 'mitsuyaku' mondai ni kansuru chosa kekka" (March 9, 2010). http://www.mofa.go.jp/mofaj/gaiko/mitsuyaku/kekka.html.

———. "Japan-U.S. Security Consultative Committee (2 + 2)" (2011). http://www.mofa.go.jp/region/n-america/us/security/scc/index.html.

Mitchell, Jon. "Beggars' Belief: The Farmers' Resistance Movement on Iejima Island, Okinawa." *Asia-Pacific Journal: Japan Focus* (June 7, 2010). http://japanfocus.org/-Jon-Mitchell/3370.

———. "US Military Defoliants on Okinawa: Agent Orange." *Asia-Pacific Journal: Japan Focus* (September 12, 2011). http://japanfocus.org/-Jon-Mitchell/3601.

Miyagi, Yasuhiro, and Inamine Susumu. "'Unacceptable and Unendurable': Local Okinawa Mayor Says No to US Marine Base Plan." *Asia-Pacific Journal: Japan Focus* (October 17, 2011). http://japanfocus.org/-Miyagi-Yasuhiro/3618.

Miyazato, Seigen. "Okinawa kenmin no ishi wa meikaku de aru." *Sekai* (January 2009): 157–63.

Mo, Banfu. "Nitchu shototsu no yoha o kakudai sasete wa naranai." *Sekai* (December 2010): 116–23.

Morrow, J. "Observations on the Agriculture, Etc, of Lew Chew." In *Narrative of the Expedition of an American Squadron to the China Seas and Japan, Performed in the Years 1852, 1853, and 1854, under the Command of Commodore M.C.Perry, United States Navy*, 14–20. Washington, DC: A.O.P. Nicholson, 1856.

Nakasone, Hirofumi, and Hillary Rodham Clinton. "Agreement between the Government of Japan and the Government of the United States of America Concerning the Implementation of the Relocation of III Marine Expeditionary Force Personnel and Their Dependents from Okinawa to Guam." Tokyo, February 17, 2009.

Narusawa, Muneo. "Beigun no kaku haibi to nihon." *Shukan Kinyobi* (March 26, 2010): 18–19.

———. "Shin seiken no gaiko seisaku ga towareru Okinawa kichi mondai." *Shukan Kinyobi* (September 25, 2009): 13–15.

———. "Showa tenno to Anpo joyaku." *Shukan Kinyobi* May 1 (2009): 11–17.

Niihara, Shoji. "Ampo joyaku ka no 'mitsuyaku.'" *Shukan Kinyobi* (June 19, 2009): 20–21.

Nishitani, Osamu. "Jihatsuteki reiju o koeyo—Jiritsuteki seiji e no ippo." *Sekai* (February 2010).

Nishizato, Kiko. "Higashi Ajia shi ni okeru Ryukyu Shobun." *Keizaishi Kenkyu* 13 (February 2010): 67–129.

Nomura, Koya. *Muishiki no shokuminchi shugi: Nihon jin no beigun kichi to Okinawa jin.* Tokyo: Ochanomizu shobo, 2005.

Norimatsu, Satoko. "Hatoyama's Confession: The Myth of Deterrence and the Failure to Move a Marine Base Outside Okinawa." *Asia-Pacific Journal: Japan Focus* (February 13, 2011). http://www.japanfocus.org/-Norimatsu-Satoko/3495.

———. "Fukushima and Okinawa—The 'Abandoned People,' and Civic Empowerment." *Asia-Pacific Journal: Japan Focus* 47 (2011). http://japanfocus.org/-Satoko-NORIMATSU/3651.

Nozaki, Yoshiko. *War Memory, Nationalism and Education in Postwar Japan, 1945–2007: The Japanese History Textbook Controversy and Ienaga Saburo's Court Challenges.* Florence: Routledge, 2008.

Nozaki, Yoshiko, and Mark Selden, "Japanese Textbook Controversies, Nationalism, and Historical Memory: Intra- and Inter-National Conflicts." *Asia-Pacific Journal: Japan Focus* (June 15, 2009). http://japanfocus.org/-Yoshiko-Nozaki/3173.

Odanaka, Toshiki. "Sunagawa jiken jokokushin to Amerika no kage: Shihoken dokuritsu e no oson kodo." *Sekai* (August, 2008): 113–21.

Okinawa Prefectural Government Military Affairs Division, "US Military Base Issues in Okinawa." http://www3.pref.okinawa.jp/site/contents/attach/24600/2011.6%20Eng.pdf.

Okinawa Prefectural Peace Memorial Museum. *Sogo Annai*. Itoman: Okinawa kosoku insatsu kabushiki gaisha, 2001.

Okinawa Prefecture Peace and Gender Equity Promotion Division. "Heiwa no Ishiji kokumei sha su." http://www3.pref.okinawa.jp/site/view/contview.jsp?cateid=11&id=7623&page=1.

Okinawa Taimusu, ed. *Idomareru Okinawa sen: "Shudan jiketsu" kyokasho kentei mondai hodo tokushu*. Naha: Okinawa Taimusu sha, 2008.

Onaga, Takeshi. "Okinawa wa 'yuai' no soto na no ka." *Sekai* (February 2010): 149–54.

Osawa, Masachi. "Fuhenteki na kokyosei wa ika ni shite kanoka." *Sekai* (August 2000): 150–59.

Oshiro, Masayasu. "Okinawa sen no shinjitsu o megutte." In *Soten: Okinawa sen no kioku*, 15–60. Tokyo: Shakai hyoronsha, 2002.

Ota, Masahide. *The Battle of Okinawa: The Typhoon of Steel and Bombs*. Nagoya: Takeda Printing Company, 1984.

———. "Governor Ota at the Supreme Court of Japan." In *Okinawa: Cold War Island*, edited by Chalmers Johnson, 205–14. Cardiff: Japan Policy Research Institute, 1999.

———. *Konna Okinawa ni dare ga shita: Futenma isetsu mondai saizen saitan no kaiketsu saku*. Tokyo: Dojidaisha, 2010.

———. *Okinawa no irei no to: Okinawa sen no kyokun to irei*. Naha: Naha shuppansha, 2007.

———. *Shisha tachi wa imada nemurezu*. Tokyo: Shinsensha, 2006.

———. *Soshi Okinawa sen*. Tokyo: Iwanami shoten, 1982.

———. *This Was the Battle of Okinawa*. Naha: Naha shuppansha, 1981.

Ota, Masahide, and Satoko Norimatsu. "'The World Is Beginning to Know Okinawa': Ota Masahide Reflects on His Life from the Battle of Okinawa to the Struggle for Okinawa." *Asia-Pacific Journal: Japan Focus* (September 20, 2010). http://japanfocus.org/-Norimatsu-Satoko/3415.

Ota, Masahide, and Sato Masaru. "Taidan Okinawa wa mirai o do ikiru ka." *Sekai* (August 2010): 118–25.

———. *Tettei toron Okinawa no mirai*. Tokyo: Fuyo shobo shuppan, 2010.

Ota Peace Research Institute. "Okinawa kanren shiryo—Okinawa sen oyobi kichi mondai." Naha: Ota Peace Research Institute, 2010.

Packard, George R. *Edwin O. Reischauer and the American Discovery of Japan*. New York: Columbia University Press, 2010.

———. "Some Thoughts on the 50th Anniversary of the US-Japan Security Treaty." *Asia-Pacific Review* 17, no. 2 (2010): 1–9.

Rabson, Steve. "'Secret' 1965 Memo Reveals Plans to Keep US Bases and Nuclear Weapons in Okinawa after Reversion." *Asia-Pacific Journal: Japan Focus* (December 21, 2009). http://japanfocus.org/-Steve-Rabson/3294.

Ryukyu Asahi Broadcasting, and Satoko Norimatsu. "Assault on the Sea: A 50-Year U.S. Plan to Build a Military Port on Oura Bay, Okinawa." *Asia-Pacific Journal: Japan Focus* (July 5, 2010). http://japanfocus.org/-Ryukyu_Asahi_Broadcasting-/3381.

Saito, Mitsumasa. "American Base Town in Northern Japan. US and Japanese Air Forces at Misawa Target North Korea." *Asia-Pacific Journal: Japan Focus* (October 4, 2010). http://japanfocus.org/-Saito-Mitsumasa/3421.

Sakurai, Kunitoshi. "COP 10 igo no Okinawa." In *Okinawa wa doko e mukau no ka*. Okinawa University, December 19, 2010.

———. "The Guam Treaty as a Modern 'Disposal' of Ryukyus." *Asia-Pacific Journal: Japan Focus* (September 21, 2009). http://japanfocus.org/-Sakurai-Kunitoshi/3223.

———. "The Henoko Assessment Does Not Pass." *Asia-Pacific Journal: Japan Focus* (March 5, 2012). http://japanfocus.org/events/view/131.

———. "Japan's Illegal Environmental Impact Assessment of the Henoko Base." *Asia-Pacific Journal: Japan Focus* (February 27, 2012). http://japanfocus.org/-John-Junkerman/3701.

———. "Nokoso subarashii Okinawa no shizen o mirai sedai ni." In *Shinpojiumu—Okinawa no seibutsu tayosei no genjo to kadai*, 55–67. Naha: Okinawa University Institute of Regional Studies, 2010.

Sato, Eisaku, and Richard Nixon. "Agreed Minute to Joint Communiqué of United States President Nixon and Japanese Prime Minister Sato Issued on November 21, 1969," reproduced in Shunichi Kawabata and Nanae Kurashige, "Secret Japan-U.S. Nuke Deal Uncovered," *Asahi Shimbun*, December 24, 2009.

———. "Joint Statement by Japanese Prime Minister Eisaku Sato and U.S. President Richard Nixon." Washington, DC, November 21, 1969.

Sato, Manabu. "Forced to 'Choose' Its Own Subjugation: Okinawa's Place in U.S. Global Military Realignment." *Asia-Pacific Journal: Japan Focus* (August 2, 2006). http://japanfocus.org/-Sato-Manabu/2202.

———. "Obama seiken no Amerika—Keizai to gaiko seisaku no henka." In *Okinawa 'Jiritsu' e no michi o motomete*, edited by Miyazato Seigen, Arasaki Moriteru, and Gabe Masaaki, 83–94. Tokyo: Kobunken, 2009.

Sato, Masaru. "Chugoku teikokushugi ni taiko suru ni wa." *Chuo Koron* (November 2010): 70–81.

Secretary of State Rice, Secretary of Defense Rumsfeld, Minister of Foreign Affairs Aso, and Minister of State for Defense Nukaga. "United States-Japan Roadmap for Realignment Implementation" (May 1, 2006). http://www.mofa.go.jp/region/n-america/us/security/scc/doc0605.html.

Security Consultative Committee. "Interim Report" (2005). http://www.mofa.go.jp/mofaj/area/usa/hosho/pdfs/gainenzu.pdf.

———. "Transformation and Realignment for the Future, October 29, 2005."

Shimabukuro, Jun. "Nichibei Anpo no henyo to Okinawa no jichi." In *Okinawa wa doko e mukau no ka*. Okinawa University, December 19, 2010.

Shimoji, Yoshio. "Futenma: Tip of the Iceberg in Okinawa's Agony." *Asia-Pacific Journal: Japan Focus* (October 24, 2011).

Shimojima, Tetsuro. *Chibichiri gama no shudan jiketsu: Kami no kuni no hate ni*. Tokyo: Gaifusha, 2000.

———. *Okinawa Chibichiri gama no "shudan jiketsu."* Iwanami booklet. Tokyo: Iwanami shoten, 1992.

Shindo, Eiichi. "Bunkatsu sareta ryodo." *Sekai* (April 1979): 31–51.

Shinohara, Hajime. "Toranjishon Dai Ni Maku E." *Sekai* (November 2010): 85–91.

"Sino-Japanese Relations: Vice-Premier Teng Hsiao-Ping's Press Conference in Tokyo 25 October 1978." *Survival* 21, no. 1 (1979): 42–44.

Smits, Gregory. "Examining the Myth of Ryukyuan Pacifism." *Asia-Pacific Journal: Japan Focus* (September 13, 2010). http://japanfocus.org/-Gregory-Smits/3409.

Suda, Shinichiro, Yabe Koji, and Maedomari Hiromori. *Hondo no ningen wa shiranai ga, Okinawa no hito wa minna shitte iru koto—Okinawa beigun kichi kanko gaido.* Tokyo: Shoseki johosha, 2011.

Suganuma, Unryu. *Sovereign Rights and Territorial Space in Sino-Japanese Relations: Irredentism and the Diaoyu/Senkaku Islands.* Honolulu: University of Hawaii Press, 2000.

Sun Ge. "Okinawa ga wareware no me ni utsuru toki." In *Rekishi No Kosaten Ni Tatte.* Tokyo: Nihon keizai hyoron sha, 2008.

———. "Okinawa ni naizai suru higashi Ajia sengoshi." In *Ajia no naka de Okinawa gendaishi o toinaosu,* 52–64. Naha: Okinawa University Institute of Regional Studies, 2010.

Taira, Kamenosuke. "Okinawa fuzai no 'fukki' ni i o tonaeta Yara Chobyo." *Shukan Kinyobi* (July 15, 2011).

Taira, Koji. "The Okinawan Charade: The United States, Japan and Okinawa: Conflict and Compromise, 1995–96." *Japan Policy Research Institute* (January 1997). http://www.jpri.org/publications/workingpapers/wp28.html.

Takahashi, Tetsuro. *Okinawa beigun kichi deta bukku.* Okinawa tanken sha, 2011.

Tanaka, Hitoshi, John Dower, Tsuyoshi Sunohara, and Joseph Nye. "Nichibei domei 'Chaina kado' de jumyo o nobase." *Bungei shunju* (May 2010): 178–88.

Tanaka, Nobumasa. "Desecration of the Dead: Bereaved Okinawan Families Sue Yasukuni to End Relatives' Enshrinement." *Asia-Pacific Journal: Japan Focus* (May 7, 2008). http://www.japanfocus.org/-Nobumasa-Tanaka/2744.

———. *Dokyumento Yasukuni sosho: Senshi sha no kioku wa dare no mono ka.* Tokyo: Iwanami shoten, 2007.

Tanji, Miyume. *Myth, Protest and Struggle in Okinawa.* New York: Routledge, 2006.

Terashima, Jitsuro. "Noriki no ressun, tokubetsu hen, (94), joshiki ni kaeru ishi to koso—Nichibei domei no saikochiku ni mukete." *Sekai* (February 2010): 118–25.

———. "The Will and Imagination to Return to Common Sense: Toward a Restructuring of the US-Japan Alliance." *Asia-Pacific Journal: Japan Focus* (March 15, 2010). http://japanfocus.org/-Jitsuro-Terashima/3321.

Togo, Kazuhiko, and Sato Masaru. "Gaimu kanryo ni damasareru Okada gaisho." *Shukan Kinyobi* (March 26, 2010): 14–17.

Toyoshita, Narahiko. *Anpo joyaku no seiritsu: Yoshida gaiko to tenno gaiko.* Tokyo: Iwanami shoten, 1996.

Tsushima-maru Memorial Museum. "Tsushima maru gekichin jiken towa." http://www.tsushimamaru.or.jp/jp/about/about1.html.

Uemura, Hideaki. "The Colonial Annexation of Okinawa and the Logic of International Law: The Formation of an Indigenous People." *Japanese Studies* 23, no. 2 (September 2003): 107–24.

Ueunten, Wesley Iwao. "Rising Up from a Sea of Discontent: The 1970 Koza Uprising in U.S.-Occupied Okinawa." In *Militarized Current: Toward a Decolonized Future in Asia and the Pacific*, edited by Setsu Shigematsu and Keith L. Camacho, 91–124. Minneapolis: University of Minnesota Press, 2010.

United Nations Human Rights Committee. "International Covenant on Civil and Political Rights." ccpr/C/JPN/CO/5 (HRC 2008). Geneva, 2008.

United States Congress House Committee on Armed Services. "Report of a Special Subcommittee of the Armed Services Committee, House of Representatives: Following an Inspection Tour, October 14 to November 23, 1955." Washington, DC: GPO, 1956.

Urashima, Etsuko. "Okinawa Yanbaru, kaze no tayori (10) Ikusa yo wa tsuzuku." *Impaction* 170 (August 2009): 128–41.

———. "Okinawa Yanbaru, kaze no tayori (21) 'Kokusaku' ni honro sareru ikari." *Impaction* 161 (2011): 118–32.

Urashima, Etsuko, and Gavan McCormack. "Electing a Town Mayor in Okinawa: Report from the Nago Trenches." *Asia-Pacific Journal: Japan Focus* (January 25, 2010). http://japanfocus.org/-Gavan-McCormack/3291.

US Department of the Navy. "Guam and CMNI Military Relocation—Environmental Impact Statement." November 2009.

US Government Accountability Office. "Defense Management—Comprehensive Cost Information and Analysis of Alternatives Needed to Assess Military Posture in Asia." Washington, DC, May 2011.

US Institute of Peace. "Congressional Commission on the Strategic Posture of the United States Issues Final Report" (May 2009). http://www.usip.org/print/newsroom/news/congressional-commission-the-strategic-posture-the-united-states-issues-final-report.

US Pacific Command. "Guam Integrated Military Development Plan." July 11, 2006.

"U.S. Policy in the Ryukyu Islands, Memorandum of Conversation." U.S. National Archives, July 16, 1965, Record Number 79651.

VAWW-NET Japan. "Kyokasho ni iwanfu ni tsuite no kijutsu o." http://www1.jca.apc.org/vaww-net-japan/history/textbook.html.

Vine, David. "Smearing Japan." *Foreign Policy in Focus* (April 20, 2011). http://www.fpif.org/articles/smearing_japan.

Wakaizumi, Kei. *The Best Course Available: A Personal Account of the Secret US-Japan Okinawa Reversion Negotiations*. Honolulu: University of Hawaii Press, 2002.

Watanabe, Osamu. "Kozo kaikaku e to kaiki suru hoshu naikaku." *Shukan Kinyobi* (September 30, 2011): 15–17.

Watanabe, Tsuyoshi. "'Jihatsuteki reiju' no jubaku o tachikiru Okinawa." *Sekai* (December 2010): 41–51.

Webb, Jim. "Observations and Recommendations on US Military Basing in East Asia, May 2011" (May 2011). http://webb.senate.gov/issuesandlegislation/foreignpolicy/Observations_basing_east_asia.cfm.

Weiner, Tim. *Legacy of Ashes: The History of the CIA*. New York: Doubleday, 2007.

Yakabi, Osamu. *Okinawa Sen, beigun senryo shi o manabi naosu: Kioku o ikani keisho suruka*. Yokohama: Seori shobo, 2009.

Yamaguchi, Masanori. "'Media ichigeki Hato o sagi ni saseta' ote media 'Nichibei domei fukashin' hodo." *Shukan Kinyobi* (June 11, 2010): 24–25.

Yamane, Kazuyo, ed. *Museums for Peace Worldwide*. Kyoto: Organizing Committee of the Sixth International Conference of Museums for Peace, 2008.

Yonamine, Michiyo. "Economic Crisis Shakes US Forces Overseas: The Price of Base Expansion in Okinawa and Guam." *Asia-Pacific Journal: Japan Focus* (February 28, 2011). http://www.japanfocus.org/-Yonamine-Michiyo/3494.

Yonetani, Julia. "Contested Memories—Struggles over War and Peace in Contemporary Okinawa." In *Japan and Okinawa: Structure and Subjectivity*, edited by Glen Hook and Richard Siddle, 188–207. London, New York: RoutledgeCurzon, 2003.

———. "Making History from Japan's Margins—Ota Masahide and Okinawa." Dissertation, Australian National University, 2002.

———. "Playing Base Politics in a Global Strategic Theater: Futenma Relocation, the G-8 Summit, and Okinawa." *Critical Asian Studies* 33, no. 1 (2001): 70–95.

Yoshida, Kensei. "Anpo kichi no shima Okinawa." *Meru Magajin Oruta* (December 20, 2009). http://www.alter-magazine.jp/backno/backno_72.html.

———. *Democracy Betrayed: Okinawa Under U.S. Occupation*. Bellingham: Center for East Asian Studies, Western Washington University, 2001.

———. "Okinawa and Guam: In the Shadow of U.S. and Japanese 'Global Defense Posture.'" *Asia-Pacific Journal: Japan Focus* (June 28, 2010). http://japanfocus.org/-Yoshida-Kensei/3378.

———. *Okinawa no kaiheitai wa Guamu e iku*. Tokyo: Kobunken, 2010.

———. "A Voice from Okinawa (18)—Futenma Kichi No Kigen." *Meru Magajin Oruta* (January 20, 2011). http://www.alter-magazine.jp/backno/backno_85.html#08.

Yoshida, Yutaka. *Ajia taiheiyo senso*. Tokyo: Iwanami shoten, 2007.

Yoshikawa, Hideki. "Dugong Swimming in Uncharted Waters: US Judicial Intervention to Protect Okinawa's 'Natural Monument' and Halt Base Construction." *Asia-Pacific Journal: Japan Focus* (February 7, 2009). http://japanfocus.org/-Hideki-YOSHIKAWA/3044.

译后记

翻译本书是一个辛苦但又苦中有乐的学习过程。辛苦是由于时间紧、语言转换难和译者学识局限所致，苦中有乐则是知识的收获和师长好友的鼓励所赐。本书的作者之一加文·麦考马克是澳大利亚国立大学亚洲史荣休教授，澳大利亚人文学院院士，通晓中文和日文，是当代日本史的权威。近些年他积极呼吁世界关注冲绳问题，展现了学术良心。正如诺姆·乔姆斯基在本书的推介语中所云"这是一个既恐怖又启发灵感的故事，并且具有巨大持久的重要性"。在承认冲绳人民的抗争可歌可泣的同时，冲绳的现状也影射了国际政治中阴暗可怖的一面。2013年，在中日钓鱼岛争端不断发酵的同时，冲绳（琉球）也开始成为媒体和学界的关注点，也许这些新的变化会为冲绳对抗美日带来乌云中的一丝希望。加文·麦考马克教授和乘松聪子女士的这本书，一定会为新近增多的读者群了解这段不遥远却又有些陌生的历史提供一些帮助和启发。

在本书的翻译过程中，译者有幸得到了作者加文·麦考马克教授的大力支持。作者不仅对书关于冲绳的地名和人名进行了认真校对，在翻译过程中也及时回答了译者的相关问题，邮件互动的频率犹如译者邮箱中的广告。令译者十分震惊的是，麦考马克教授还要求重新撰写书中第十一章关于钓鱼岛的内容，其敬业精神和严谨的学术态度让人折服。某一时刻，译者的翻译与作者的重写及反复校对同时进行，译者依稀感觉到作者的忙碌与认真。译者还在翻译过程中第一时间收到了麦考马克教授邮寄的《冲绳之怒》的日文翻译版，使得译者可以借鉴日文版中的一些称谓，包括译著的最后书名《冲绳之怒：美日同盟下的抗争》。此外，麦考马克教授在世界巡回讲学（康奈尔大学、柏林自由大学等）介绍本书时还能兼顾与译者的交流，无论是在欧洲还是美国，麦考马克教授时时牵挂着翻译的进行。自然地，译者需要向麦考马克教授表示由衷的感谢。

此外，在本书的翻译中，我的妻子贡杨对一些章节进行了初译，在此向她表示感谢。译著的校对过程中，得到于飞、王广涛、沈晓雷等好友的大力支持，他们帮助译者及时消除了一些谬误，使得译文的质量得到了一定的提高。同时，感谢社会科学文献出版社的高明秀、张金勇编辑对译者的信任和在翻译过程中给予的帮助。在译者的不同学习阶段，张海滨教授、李淑云教授、霍文杰教授、唐彦林教授等老师给予了我极大学术鼓励和指导，在此一并表示感谢。

董　亮

2013 年 9 月于畅春新园

图书在版编目（CIP）数据

冲绳之怒：美日同盟下的抗争／（澳）麦考马克（McCormack，G.），
（日）乘松聪子著；董亮译 .—北京：社会科学文献出版社，
2015. 1
ISBN 978 - 7 - 5097 - 6934 - 8

Ⅰ.①冲… Ⅱ.①麦… ②乘… ③董… Ⅲ.①日美关系 -
研究 - 现代 Ⅳ.①D871. 22 ②D831. 32

中国版本图书馆 CIP 数据核字（2014）第 297631 号

冲绳之怒：美日同盟下的抗争

著　　者／〔澳〕加文·麦考马克　〔日〕乘松聪子
译　　者／董　亮

出 版 人／谢寿光
项目统筹／祝得彬
责任编辑／张金勇

出　　版／社会科学文献出版社·全球与地区问题出版中心（010）59367004
　　　　　地址：北京市北三环中路甲 29 号院华龙大厦　邮编：100029
　　　　　网址：www. ssap. com. cn
发　　行／市场营销中心（010）59367081　59367090
　　　　　读者服务中心（010）59367028
印　　装／北京季蜂印刷有限公司

规　　格／开　本：787mm × 1092mm　1/16
　　　　　印　张：18.5　字　数：295 千字
版　　次／2015 年 1 月第 1 版　2015 年 1 月第 1 次印刷
书　　号／ISBN 978 - 7 - 5097 - 6934 - 8
著作权合同
登记号　　／图字 01 - 2012 - 5617 号
定　　价／69.00 元